社会科学方法论与社会哲学研究丛书

本丛书系 2017 年上海市文教结合"高校服务国家重大战略出版工程"项目

当代西方社会科学中的
实用维度和批判维度

孙 斌 著

上海三联书店

"社会科学方法论与社会哲学研究"丛书总序

本丛书以"社会科学方法论与社会哲学"为研究主题。社会研究要以人为本,而人总是生活在社会中。社会研究的种种问题都与人生的目的和意义相关。事实与价值、规律与规范、必然与自由、决定论与非决定论、一元与多元、说明与诠释等社会研究中的观点和方法论争论,乃至社会科学、人文科学、文化科学、精神科学等学科分类和这些名称的由来,无不与人在社会中的生存方式紧密关联。人一方面有自我意识、自我决断能力,自己为自己立法和选择走自己的道路,另一方面人也受制于自然环境和社会条件。有些学者旨在建立一种既定性又定量的社会科学,希望能像自然科学一样正确预言未来发生的事件;有些学者认为社会科学与自然科学有本质差别,社会科学具有阐明人生意义和伦理教化的职责;还有一些学者则旨在把上述两个目标综合起来。于是乎,实证主义、实用主义、结构主义、现象学、结构功能论、符号互动论、交往行为理论、后结构主义和后现代主义等形形色色的社会理论应运而生。在这些社会理论中所涉及的本体论、认识论和方法论问题,是这套社会哲学研究丛书重点关注的问题。

谈到现代的社会科学方法论与社会哲学,不免需要介绍和评述现代西方社会哲学的各个流派,我们这套丛书的诸多小册子将以此为专题分别展开研究。但作为中国的研究者,心目中要时时谨记,如何联系中国现实的国情和文化传统,加以反思地把这些社会理论和社会研究的方法介绍给中国读者。这是我们这套丛书面世的意义之所在。我从贺麟先生在其《文化与人生》的序言中得到启发。他提出了"有我"、"有渊源"和"吸收西洋思想"这三个要点。我想这三个要点也是这套丛书的要求。"有我"指有自己的思想见解,不人云亦云地抄袭现成公式口号,以自己的真知灼见解答我们自己的时代所困扰我们的问题。"有渊源"指,虽说有我,但并非狂妄自大,前无古人;追思中国传统文化的深远渊源,在与传统的对话中获得启发,以史为鉴,寻找解答当前社会问题最佳方案。"吸收西洋思想"指,有渊源,发扬文化传统,却并不顽固守旧;对于西洋人的社会思想和哲学,虚心以理会之,切己以体察之,期望将其根本精神,用自己的语言,解释给国人,使中国人感到并不陌生。

贺麟先生是在八年抗日战争取得胜利之时写下这篇序言的。他认为,在这期间,不但民族的优点得以高度发扬,而且也孕育了建国和复兴的种子。笔者意识到,如今这些种子已经到了茁壮成长的时候了。本小册子的各位作者,希望继承贺麟先生的志愿,融贯中西文化,采纳百家之长,为民族复兴和人类幸福、社会哲学的研究作贡献。

本系列丛书的研究和出版得到 2015 年上海高校服务国家重大战略工程"社会科学方法论与社会哲学研究丛书"、2017 年度教育部哲学社会科学研究重大课题攻关项目"当代国外社会科学方法论新形态及中国化研究"(项目批准号:175ZD041),以及复旦大学哲学学院专项出版经费的资助。

张庆熊　谨识
2018 年 5 月 3 日

目 录

前言 …………………………………………… 1

第一章　杜威 ………………………………… 1
　第一节　个人及其行动 …………………… 2
　　一、危险与行动 ………………………… 3
　　二、经验与节奏 ………………………… 10
　　三、私人性与非私人性 ………………… 16
　第二节　民主及其再造 …………………… 21
　　一、自我与实验 ………………………… 22
　　二、两种劳动 …………………………… 28
　　三、民主成为一种生活方式 …………… 34

第二章　米德 ………………………………… 41
　第一节　时间成为社会的尺度 …………… 42
　　一、生物学与哲学在方法上的贡献Ⅰ … 43
　　二、生物学与哲学在方法上的贡献Ⅱ … 48
　　三、心灵、时间与自我意识 …………… 52
　　四、作为过程的社会 …………………… 57
　第二节　动作与交往 ……………………… 62
　　一、智能与符号 ………………………… 63
　　二、角色扮演的意义 …………………… 67
　　三、语言与泛化的他人 ………………… 71

四、作为现在的社会 …………………………… 75

第三章 罗蒂 …………………………………………… 81
    第一节 真理是一种认可 ………………………… 82
        一、描述与制造 …………………………… 83
        二、信念与救赎 …………………………… 88
        三、诉诸想象力的未来 I ………………… 92
        四、诉诸想象力的未来 II ………………… 97
    第二节 希望比知识更重要 ……………………… 101
        一、为什么是希望？ ……………………… 103
        二、作为偶然的自由 ……………………… 107
        三、作为反讽的自由 ……………………… 111
        四、"托洛茨基和野兰花" ……………… 115

第四章 本雅明 ………………………………………… 119
    第一节 叙述与阅读的没落 ……………………… 120
        一、扩张的信息 …………………………… 121
        二、衰退的经验 …………………………… 127
    第二节 对拉近的看的欲求 ……………………… 134
        一、尸体在曝光中复活 …………………… 135
        二、演员与表象 …………………………… 143
        三、比真更真 ……………………………… 150

第五章 马尔库塞 ……………………………………… 157
    第一节 心理学问题成为政治问题 ……………… 158
        一、从理性到爱欲 ………………………… 160

　　　　二、非压抑的生存方式 …………… 165
　第二节　技术统治下的现代社会 …………… 171
　　　　一、技术合理性对批判力量的侵蚀 … 172
　　　　二、作为意识形态的技术 …………… 177
　第三节　艺术的否定性带来的解放 …………… 182
　　　　一、否定与肯定的重叠 …………… 184
　　　　二、感性向度的重建及其意义 …………… 188

第六章　阿多诺 …………… 193
　第一节　交换社会以及对它的批判 …………… 194
　　　　一、作为交换原则的同一性Ⅰ …………… 195
　　　　二、作为交换原则的同一性Ⅱ …………… 200
　　　　三、社会成为命运般的东西 …………… 205
　第二节　逃脱交换社会的可能途径 …………… 210
　　　　一、艺术成为社会的社会性反题 …………… 211
　　　　二、作为方法的规定的否定 …………… 216
　第三节　对于幸福的形而上学经验 …………… 220
　　　　一、对不可替代的东西的经验 …………… 221
　　　　二、如何在错误的生活之中生活 …………… 225

第七章　阿佩尔 …………… 231
　第一节　主体间性及其与世界的关系 …………… 232
　　　　一、从"单独一人"的主体性转向主体
　　　　　　间性 …………… 233
　　　　二、衔接形式以及认知旨趣 …………… 239
　第二节　建基于先验语用学之上的对话

伦理学 …………………………………… *247*
一、交往共同体与语用学问题 ……… *249*
二、对话伦理学的原则以及应用 …… *256*

结语 …………………………………… *263*

参考文献 ……………………………… *266*

前　　言

　　一直以来,我们似乎总是在我们愿意和乐意承认的领域中取得成就。在这个过程中,我们发现,我们自身日益成为一种复杂的东西,或者说,我们日益以复杂的方式来对待自身。可以争论的是,究竟是这些成就作为外部原因使我们变得复杂,还是我们的复杂通过这些成就为自身开辟了道路。但无可置疑的是,就我们乃是由着这种复杂来构建知识和采取行动而言,我们不得不把它当作一个基本的语境来考察。这样的考察被归结到社会科学的标题之下,因为就社会以公共的方式体现我们自身的诸般关系而言,恐怕没有任何东西比它更能刻画这个语境了。事实上,那些属于该标题的诸如社会学、政治学、经济学等学科已经进入当前时代最具影响力的学科行列;人们把热忱的思考贡献给它们,并通过它们转而贡献给自身,仿佛恰与德尔菲神庙上那句神谕的意思相契合。

　　这些思考越是发展,就越是把一个问题追认为是前提性的,这就是社会科学与自然科学的关系问题。在这个问题上存在着众说纷纭的观点:社会科学有其不同于自然科学的结构性特征,因此必须摆脱后者的影响;社会科学是从自然科学那里获得其基本框架的,因此必须以前者为理论原型;社会科学与自然科学之间有着共性的东西,因此可以彼此沟通和分享,等等。不难发现,这些观点不尽一致,甚至截然相反;但有趣的是,它们非但没有阻碍社会科学取得成就,反而各自发展成为有启发性的思想进路。这恐怕只能说明社会科学或者说思想本身的活跃性,它们从来没有被全部给出,而总是在它们的过程中成为自身,就像黑格尔说的,"这便是思想的情形,即它只能在生产自身的过程中发现自身"①。唯是之故,逻辑上的前提可以并且往往在时间上的迟后被追认。

社会科学理论中许多论争特别是派别的论争,归根到底恐怕都与上述情形有关。而我们更愿意从这个情形中承认一个事实,即,我们既用社会关系去解释物理现象,也用物理关系去解释社会现象。在这里,显而易见,我们无法把何者认定为是第一位的。不过,要紧的还不是这个,而是解释,解释意味着我们藉着思想从直观的状态中摆脱了出来。即便像感觉这样看似极其直接和私人的东西也不就是直观,这就如同约翰·杜威(John Dewey)所说,"辞典告诉查阅它的人,像甜和苦这些词早期的用法并不是像这样指感觉的性质,而是将事物辨别为赞成的和敌对的"②。事实上,社会关系以及物理关系本身已经就是解释的结果了,当然更重要的,它们仍然处在解释的过程之中。就此而言,解释也是一种塑造,即它塑造了事物由以于其中获得其自身意义的关系,这样的有意义的事物包括有意义的我们构成了我们的世界。

要说明的是,解释和塑造的只是关系,而不是意义,意义是

---

① G. W. F. Hegel, *Lectures on the History of Philosophy*, Volume 1: *Greek Philosophy to Plato*, Translated by E. S. Haldane, Lincoln and London: Universtiy of Nebraska Press, 1995, p. 5.

② John Dewey, *Art as Experience* in *The Later Works*, 1925–1953, Volume 10: 1934, Edited by Jo Ann Boydston, With an Introduction by Abraham Kaplan, Carbondale and Edwardsville: Southern Illinois University Press, 1987, p. 22.

在关系中自行生产和呈现的。在这个尺度上,即在让意义世界自行呈现的尺度上,那些观点和论争并没有实质性地彼此为敌。但是,敌人还是存在的,这就是技术化的态度。技术也是一种关系,因此它不生产意义,而是守护、照看和管理意义,就像它在历史上一直所做的那样。但是,"这就仿佛,一个杰出的花草布置者最后会认为,他自己至少也生产了一片非常微小的草叶"①。维特根斯坦的这个比喻是意味深长的。相仿佛地,就这里的讨论而言,我们无法追溯到可被指认的技术专家,即某位花草布置者,但我们可以追溯到一种技术化的态度,在这种态度下,意义的生产被管理冒名顶替了。冒名顶替的生产当然不是真正的生产,而是以管理之实所行的意义的挪用、拼凑和扭曲。事实上,前面提及的那些有影响力的社会科学学科正面临着这样的危险。

为了避免或者至少降低危险,社会科学不应该也不能够放弃检讨的契机,而检讨正是社会科学理论本身构成的一部分。本书检讨为当代社会科学提供理论资源的两种思潮:实用主义和批判理论。这两种思潮当然无法被简单地归在社会科学的标题之下,它们作为在思想上极具渗透力的资源广泛地存在于诸多学科之中。就社会科学而言,我们所重视的是哲学层面上的方法,这是与它的任务相一致的,即解释和塑造社会现象之间的关系,从而让意义在关系中自行呈现:一方面,就这个任务旨在解释和塑造而言,方法占有更为重要的地位;另一方面,关系就其乃对意义的照看而言,本身就表现为方法的展开。这也使得

---

① Ludwig Wittgenstein, *Culture and Value: A Selection from the Posthumous Remains*, Edited by Georg Henrik von Wright, Oxford: Blackwell Publishers, 1998, p. 17.

它同形而上学的任务区别开来,因为形而上学注重对意义的研究,如我们所熟知的,意义是诉诸多还是归结为一,是从物质的方面还是从精神的方面来刻画,等等。

当然,从某种角度来说,形而上学的意味并没有在我们所描述的社会科学中消失,因为让意义自行呈现也可以被看作是对意义的一种研究进路,就像维特根斯坦所说的,"确实有不可说的东西,它们显示自身,它们是神秘的东西"[①]。对于这样的或者其他的牵涉到形而上学的考虑,我们并不否认,但也不会花费篇幅来说明,而是更愿意将其视为一种无需多言的背景,以便更好地致力于从方法上来检讨上述两种思潮。就方法而言,这两种思潮所给出的不仅是对社会关系的解释和塑造,而且更是对它们的再解释和再塑造,即改造。改造可以在最大限度上规避前面所提及的那种危险:它作为一种自我批判的样式,一方面打破花草布置者不时产生的关于自己至少创造了一棵草的幻想,另一方面把他的才能以新的方式引回到守护、照看和管理的工作上。

在我们看来,詹姆斯对实用主义所给出的一个判断起着奠定基调的作用,他说:"这样的话,实用主义的范围就是——首先,是一种方法;其次,是关于真理意味着什么的一种发生论(genetic theory)。"[②]这个判断把皮尔士实用主义的重行动和实效的原则放在了一个更易自由接近的位置上。在詹姆斯看来,较之真理的石化而言,从发生论的立场来看待真理是什么显然

[①] Ludwig Wittgenstein, *Tractatus Logico-Philosophicus*, Translated by D. F. Pears and B. F. McGuinness, London: Routledge & Kegan Paul, 1963, p. 151.

[②] William James, *Pragmatism and Other Essays*, New York: Washington Square Press, 1963, p. 32.

更为妥当。事实上,发生论所描述的正是方法展开之下的意义生成。这不是把真理归结到方法,而是把真理看作一个以方法来改造的发生过程。无论如何,这一点与我们所陈述的社会科学的任务相契合。尽管詹姆斯所给出的这个判断保持为对实用主义的基本刻画,但是在本书所讨论的杜威、乔治·赫伯特·米德(George Herbert Mead)和理查德·罗蒂(Richard Rorty)那里,实用主义作为社会科学理论的维度会得到分别的阐述,或许这正是方法的改造的应有之义。

同样地,与批判理论联系在一起的那些法兰克福学派成员们似乎也一直在变换着他们的角度甚至立场。不过,批判理论恐怕也是最应该成为社会科学理论的维度的一种思潮,因为它明确把对于社会的批判性研究当作自己的主要工作。霍克海默是批判理论这个表述的提出者,他在比较传统理论和批判理论时说道,"但是批判理论在其概念形成以及发展的所有阶段上都非常有意识地关注人类活动的合理组织,它的任务就是对这种合理组织予以阐明并使其合法化。因为这种理论不仅关注已经由现存生活方式所强加的目标,而且也关注人类以及他们的所有潜能。"[1]在这里,合法地位可以得到多种解读,可是其中所透露的一点是明确的,即不把任何现存的东西视作理所当然,而要从人类及其所有潜能出发来加以改造。本书所讨论的瓦尔特·本雅明(Walter Benjamin)、赫伯特·马尔库塞(Herbert Marcuse)、特奥多·W. 阿多诺(Theodor W. Adorno)、卡尔-奥托·阿佩尔(Karl-Otto Apel)都给出了改造的方案。

---

[1] Max Horkheimer, *Critical Theory: Selected Essays*, Translated by Matthew J. O'connell and Others, New York: The Continuum Publishing Company, 2002, p. 245.

在这本研究社会科学的书中,之所以把实用主义和批判理论摆在一起来讨论,除了因为它们都提供了方法上的改造之外,还因为它们彼此之间有着错综复杂的关系。从霍克海默到阿佩尔,都注意到了实用主义的传统。所不同的是,霍克海默对于实用主义所持的主要是批判的态度,而阿佩尔则在他的作品中充分肯定并汲取了实用主义的洞见。这很大程度上说明,实用主义同样有着批判的契机。而在体现实用主义新发展的普特南看来,这两种思潮之间的比较是意义重大的,他说,"事实上,把我所说的新法兰克福学派中的发展与詹姆斯和皮尔士的美国实用主义进行比较,是一件有意思的事情"[1]。当然,也许更为重要的不是分析这些学者在一些特定问题和观点上的碰撞与交流,而是思考这两种思潮作为社会科学的维度如何彼此共同促进方法的改造。对此,也许实效与批判的融合可以算是一种描述。

---

[1] Giovanna Borradori, *The American Philosopher: Conversations with Quine, Davidson, Putnam, Nozick, Danto, Rorty, Cavell, MacIntyre, and Kuhn*, Translated by Rosanna Crocitto, Chicago and London: The University of Chicago Press, 1994, p. 61.

第一章 杜　威

杜威的工作是广泛的,这不仅是指他涉足的学术研究和社会活动的领域是广泛的,更是指他从他的哲学思考所发展出来的改造作用是广泛的。他思想中那些占据核心地位的概念体现着这种改造,这些概念跨学科地发挥着它们的作用。这成为杜威社会研究的基础和准备。他认为,"社会由个人组成:无论怎样自诩为新的哲学都不能质疑或改变这个明显而基本的事实"①。乍看起来,杜威的这番话似乎并没有比契约论说出更多的东西,但是,如果我们明白,社会和个人在杜威那里得到了具有改造作用的概念的支持的话,那么事情就不一样了。事实上,杜威直接就讨论了新的和旧的两种个人主义。在杜威那里,个人总是行动的个人,这个行动的基本意义是改造,即个人以其行动来获得自身和改造自身。如果是这样的话,那么从社会方面来了解的民主对于个人来说,主要的不是制度,而是一种行动方式或者说生活方式。与个人的行动相呼应,民主总是民主的再造。或许,杜威也已经暗示了这一点,即新的哲学并不改变的基本事实是要得到重新解释的。与概念上的重新解释同时发生的

---

① John Dewey, *Reconstruction in Philosophy*, in *The Middle Works 1899–1924*, Volume 12: 1920, Edited by Jo Ann Boydston, with an Introduction by Ralph Ross, Carbondale and Edwardsville: Southern Illinois University Press, 1982, p. 187.

是社会现实的深刻变动,这是同一件事情的两个方面。也就是说,杜威的这些思考无非是他对已经和正在发生变化的时代精神的把握。

第一节 个人及其行动

当我们把目光转向我们自己的时候,个人是最为直观的对象。但是一旦他被直观到的时候,就处在一种特定的关系,确切地说,是社会关系之中了。因此,当我们要对他有所道说的时候,就置他的直观性于不顾了。这种置之不顾本身并不能被指责是不合法的,因为它为一些甚至非常重要的考察视角提供了空间。但它在置个人的直观性于不顾之时,往往也置个人的直接性于不顾了。个人是环境的直接遭际者,任何考察视角所发现的东西都由这个遭际者所承受。这种遭际是复杂的,正如环境是复杂的,因此那里不存在一般的方式,而只存在特殊的方式。所以,一旦个人由于其直观性和直接性的置之不顾而成为一般的概念,那么问题就产生了。在这一点上,杜威给出了一个基本的辨析,"正如'个人的'并非是一样东西,而是一个统括的术语,它代表共同生活影响之下所引发和巩固的人性的各种各样特殊的反应、习惯、气质和能力,'社会的'也是如此"①。在这里,杜威既没有抛开社会的方面,所强调的又是个人的特殊性。惟其如此,社会也恢复为对于极其多样东西的指涉。个人的特

---

① John Dewey, *Reconstruction in Philosophy*, in *The Middle Works 1899–1924*, Volume 12: 1920, Edited by Jo Ann Boydston, With an Introduction by Ralph Ross, Carbondale and Edwardsville: Southern Illinois University Press, 1982, p. 194.

殊性所指的不是不同方面的叠加状态,而是这些方面的引发过程,即它们在行动中确切地说在冒着危险的行动中被引发出来。这个过程刻画了杜威意义上的经验。而当它分别从归属和认知来分析时,个人的私人性和非私人性就获得了说明的机会。

一、危险与行动

杜威在《确定性的寻求》中说的第一句话就是,"人生活在充满危险的世界上,便不得不寻求安全"[①]。这里所说的危险并非是可被指认为某物或某事的敌对的东西,而是一种无法被指认的不确定性,亦即世界本身的不确定与不稳定,这就像杜威所描述的,"世界是一幕险境;它不确定,不稳定,不可思议地不稳定"[②]。如果是这样的话,那么能被指认出来的敌对的东西,以及能被指认出来借以逃避这种敌对的东西的东西都不是给定的,而只是创造的。在这个创造中,就社会科学而言,不仅社会的安排、法律以及制度得到建立,而且敌对的东西也得到了规定。而在杜威看来,这个创造从根本上来说是指个人得到了创造,他说:"既然确系为真的是,社会的安排、法律、制度为人而设,人不是为它们而设;那么它们就是人的福利和进步的手段和代理。但是,它们不是为个人获取什么东西的手段,甚至不是获

---

① John Dewey, *The Quest for Certainty*, in *The Later Works 1925–1953, Volume 4: 1929*, Edited by Jo Ann Boydston, With an Introduction by Stephen Toulmin, Carbondale and Edwardsville: Southern Illinois University Press, 1984, p. 3.
② John Dewey, *Experience and Nature*, in *The Later Works 1925–1953, Volume 1: 1925*, Edited by Jo Ann Boydston, With an Introduction by Sidney Hook, Carbondale and Edwardsville: Southern Illinois University Press, 1981, p. 43.

取幸福的手段。它们是创造个人的手段。"[1]杜威这里的陈述体现了他对个人的一贯看法,即个人不是某种给定的、既存的东西。事实上,他在这段引文前面就说道:"真正的困难在于,个人被当作是给定的东西,已经在那儿的东西。"[2]毫无疑问,在杜威的考虑中,个人被置于一种前提性的地位并在这个位置上得到追问。在这种追问下,一个在物理学意义上孤立存在的个体并非直接就是个人,一个为福利和进步而勉力奋斗的人也并非当然就是个人,尤其是当这种奋斗是以金钱为尺度和手段[3]的时候。之所以如此,是因为对于个人这个前提而言,这样的孤立存在和勉力奋斗或者是未及或者是错失。然而,这在某种程度上是不可避免的,因为如果说个人是创造出来的,那么他就总是处在新的状态之中,这就给未及和错失留下了可能。毋宁说,未及和错失是意义重大的,这是因为,它们较之世界本身的那种难以指认的危险来说是公然和坦白的。这种公然和坦白使它们成为对象性的东西,即行动的对象。也就是说,人的行动不是指向这个世界所充满的危险,而是指向他的行动所造成的结果。这既是出于指认和不可指认的缘故,也是出于创造和非创造的缘故。

---

[1] John Dewey, *Reconstruction in Philosophy*, in *The Middle Works 1899 - 1924*, Volume 12: 1920, Edited by Jo Ann Boydston, With an Introduction by Ralph Ross, Carbondale and Edwardsville: Southern Illinois University Press, 1982, p. 191.

[2] Ibid., p. 190.

[3] 杜威在批评旧个人主义的时候,曾经说道,"旧个人主义的全部意义现在已经缩减为一种金钱的规模和尺度,这么说并不过分。"(John Dewey, *Individualism, old and new*, in *The Later Works 1925 - 1953*, Volume 5: 1929 -1930, Edited by Jo Ann Boydston, With an Introduction by Paul Kurtz, Carbondale and Edwardsville: Southern Illinois University Press, 1984, p. 84.)

这个时候,危险归根到底仅仅是一种刺激或者说邀请,而它本身是什么我们一无所知,亦即,我们对于它无法形成杜威所批评的那种旁观者立场上的知识。与这个刺激和邀请同时发生的是人的行动,"哪里有生命,哪里就有行为、有活动……为了维持生命,就要转变周围环境中的一些要素"①。这样的行动与这样的危险成为一种起始的东西。

惟其如此,我们应当根据行动来考虑环境,而不是根据环境来考虑行动。其原因在于两点:第一,没有什么来自环境的东西是未经行动改造便被交付给我们的,哪怕这个行动只是一种可能性意义上的行动,或者只是将某种设定加诸本身不确定的对象;第二,我们在某物或某事上所意欲取得的实效已经在它们经由行动改造被交付我们时获得标示了,即对象是在行动以及行动所欲求的实效中呈现出来的。这就如同康德在一个例子中所分析的,"医生必须对处于危险之中的病人做些什么,但是他不熟悉这种疾病。他观察现象并判断它是肺结核,因为他不知道有什么更好的判断。他的信念甚至就他自己的判断来讲也只不过是偶然的,另一种信念也许更切中它。我把这样偶然的但却为针对某些行动的现实的手段运用提供根据的信念称为实用的信念"②。在这里,"危险(Gefahr)"所透露的正是一种不确定和不稳定,它刺激或者说邀请医生采取行动,而医生采取行动的对象不是危险本身,而是他的行动即判断或者说设定加诸其

---

① John Dewey, *Reconstruction in Philosophy*, in *The Middle Works 1899 – 1924*, Volume 12: 1920, Edited by Jo Ann Boydston, With an Introduction by Ralph Ross, Carbondale and Edwardsville: Southern Illinois University Press, 1982, p. 128.
② Immanuel Kant, *Kritik der reinen Vernunft*, Hamburg: Verlag von Felix Meiner, 1956, S. 742.

上的东西,也就是这里所说的肺结核。所谓的"实用的(pragmatisch)"由此而得到刻画。而我们知道,从皮尔士开始的实用主义正是在康德哲学中,确切地说,从康德的"实用的"这个概念中获取启发的。事实上,实用主义这个作为皮尔士新理论标题的词就体现了他对康德的"实用的"所做的考虑,他说,在康德的术语里面,"实践的和实用的相距甚远宛如两极……后者表达了与人的某种确定目的的关系。现在新理论最为显著的特征便是它认识到了理性认知和理性目的之间的一种不可分割的联系;恰是这个考虑决定实用主义之名乃是优先之选"[①]。

我们之所以从"实用的"出发来展开讨论,是想避免一种可能更为人们所熟悉的一般性的考虑,即,与作为行动者的人分离的环境对人来说乃是无。这个考虑当然没有错,但是在杜威以及实用主义这里,它有它的特殊的表现。藉着"实用的"这个视角,我们再来看杜威所说的寻求安全,就会发现,在这个充满危险的世界上,不管是安全还是不安全其实都是行动的结果,都是由系于人的某种确定目的的行动而获得规定的。换言之,我们的出发点不是环境的顺利或者不顺利,而是行动的妥当与不妥当。由是之故,我们的研究对象就是行动。对于杜威来说,行动既意味着过程,也意味着结果,就像他在工作/作品(work)这个词上所获得的发现:"……'work'既指一个过程,也指这个过程所完成的产品,这并不是语言上的偶然事件。倘若没有动词的

[①] Charles Sanders Peirce, *The Collected Papers of Charles Sanders Peirce Vol. 5*, Edited by Charles Hartshorne and Paul Weiss, Cambridge: Harvard University Press, 1934, p. 412.

意义,那么名词的意义就停留在空白之中了。"① 也就是说,过程是为着产品的过程,产品是含着过程的产品。就此而言,社会的安排、法律以及制度虽然就其本身而言乃是产品或者说名词,但是只有在它们的建立即行动或者说动词中我们才能发现根本的意义。这是杜威在他的研究包括社会科学的研究中所坚持的一个基本思路。不过,在考察杜威的系于行动的社会科学理论特别是民主理论之前,我们还是集中于他在行动这一更为基本的概念上所做的阐述,即经验理论。可以说,经验理论正是对行动的本性与结构的讨论,因而也是对行动妥当与否的讨论。

行动的起始地位使得经验在杜威那里获得了一个完全不同于传统的定义,即一种完全不同于接受性和被动性的定义。他说,"经验变成了一桩首先是做的事情。……活的生灵经历、遭受它自己的行为的结果。做和遭受或者经历之间的密切关系形成了我们称作经验的东西"②。在杜威这个对于经验的经典描述中,做和经历之间的结构性关系得到了揭示。不难看出,在此关系中,做所透露的是作为原因的行动,而经历所透露的是作为结果的行动。在这里,行动的因果性完全是在经验的组织中而言的,但它所起的那种结合和统一的作用与康德所说的范畴相仿佛。不过,这是一条完全不同于先验哲学的进路,即追求实效的进路。实效只有在因果性的行动中才能产生,反过来说,做和

---

① John Dewey, *Art as Experience*, in *The Later Works*, 1925–1953, Volume 10: 1934, Edited by Jo Ann Boydston, With an Introduction by Abraham Kaplan, Carbondale and Edwardsville: Southern Illinois University Press, 1987, p. 58.

② John Dewey, *Reconstruction in Philosophy*, in *The Middle Works 1899–1924*, Volume 12: 1920, Edited by Jo Ann Boydston, With an Introduction by Ralph Ross, Carbondale and Edwardsville: Southern Illinois University Press, 1982, p. 129.

经历彼此割裂便无法产生实效。对此,我们可以借助皮尔士给出的一个引起广泛兴趣的例子来加以分析,他说,"……让我们问一下,我们在说一个东西是硬的时意味着什么。显然是意味着,它不会被许多其他的物体所抓破"①。怀特在他的《分析的时代》里,从皮尔士的这个例子中解读出了一种"假如——那么"的形式,即,"我们必须把'这是硬的'这个句子,翻译成某种类似于'假使一个人企图用手抓破这个东西的表层,他将不可能获得成功'的句子。总的说来,皮尔士主张,当我们将一个述语应用于一个客体(如'这是硬的'),作一个普通定言单称陈述时,我们就该将它翻译成一个有条件的或假设性的陈述,就是说,要将它翻译成如同下列形式的一个'假如——那么'的陈述:'假如动作O施于其上,那么E就将被经验到'"②。在这里,非常明确地,所经验的东西乃是行动的结果,而所谓的条件和假设所透露的正是作为原因的行动。

杜威在其经验理论中借着做和经历的结构性关系所阐述的行动的因果性,无疑回应了皮尔士所考虑的那种"假如——那么"的形式。当然,这并不是简单地意味着陈述方式的改变,而是意味着行动的因果性以及实效性使得那些不确定、不稳定的东西获得了安排,取得了意义。比如,杜威分析了一个发现美洲的例子。在杜威看来,如果说一群欧洲人在一次暴风雨中的航行之后登上了其他欧洲人所没有到达过的美洲海岸,仅仅如此还不能算是发现,因为"美洲的发现包括把这片新接触的陆地插

---

① Charles Sanders Peirce, *The Collected Papers of Charles Sanders Peirce Vol. 5*, Edited by Charles Hartshorne and Paul Weiss, Cambridge: Harvard University Press, 1934, p. 403.
② M. 怀特编著:《分析的时代:二十世纪的哲学家》,杜任之主译,北京:商务印书馆,1985年,第139页。

入世界地图之中去。而且,这种插入并非是简单地附加了一点什么,而是改变了原先的世界图像,这涉及它的诸块表面以及这些表面的安排"①。也就是说,就世界图像而言,暴风雨之后登上美洲大陆的欧洲人仍然处在不确定和不稳定之中,他们甚至不知道他们所登上的这块大陆是美洲大陆,或者甚至不知道它是大陆。只有通过"假如——那么"这种探究式的行动——即他们不是停留于暴风雨,而是通过条件和假设来行动——美洲大陆才可能被插入到世界地图之中,从而获得自身的意义。与此同时,世界图像本身获得了意义上的改变和丰富。事实上,意义由行动而获得也正是实用主义的传统要告诉我们的东西,这就像皮尔士所说的,"威廉·詹姆斯把实用主义定义为这样一条教义,即,一个概念的全部'意义'或者在被推荐的行为方式中或者在被期待的经验方式中表达自身。在这个定义同我的定义之间,确实似乎没有那种大多在实践中变得短暂易逝的细微理论分歧"②。尽管实用主义在皮尔士、詹姆斯以及杜威那里会表现出某些差异,但是,这个传统的核心原则恐怕并没有根本的改变。杜威把在皮尔士那里更多地表现为逻辑上的东西同平常的生活进程联系起来,这是与他对寻求安全的考虑相一致的。

---

① John Dewey, *Experience and Nature*, in *The Later Works 1925-1953*, Volume 1: 1925, Edited by Jo Ann Boydston, With an Introduction by Sidney Hook, Carbondale and Edwardsville: Southern Illinois University Press, 1981, p. 125.
② Charles Sanders Peirce, *The Collected Papers of Charles Sanders Peirce Vol. 5*, Edited by Charles Hartshorne and Paul Weiss, Cambridge: Harvard University Press, 1934, p. 466.

二、经验与节奏

既然经验中存在着做和经历的结构性关系,那么这个关系的偏差和失衡就意味着行动的失效和失误。比如,我们会看到,倘若没有经历,做就会变得松弛和散漫;倘若没有做,经历就会变得迟钝和盲目。这个时候,我们陷于我们自己所造成的不安全。而现在,我们正是陷于这样的不安全,因为做和经历的关系被破坏了,我们的行动变得不妥当了。对此,杜威这样陈述道:"对做的狂热、对行的渴求,导致很多人的经验几乎令人难以置信地贫乏、浮于表面,尤其是在我们生活于其中的这个匆忙而又不耐烦的人文环境里。没有一个经验有机会完成自身,因为其他的东西是如此迅速地进入。那被称为经验的东西变得如此散漫和混杂,以至于简直不值得用这个名称。"[1]在这里,杜威就人的行动而言的人文环境(human environment)很大程度上恐怕也正是对社会环境的刻画。现在,这个环境里的经验发生了混乱,而混乱的原因就是过多的做扰乱了做和经历之间的关系。

---

[1] John Dewey, *Art as Experience*, in *The Later Works*, *1925–1953*, *Volume 10*: *1934*, Edited by Jo Ann Boydston, With an Introduction by Abraham Kaplan, Carbondale and Edwardsville: Southern Illinois University Press, 1987, p. 51. 当然,杜威也注意到了与这种狂热和渴望相对立的另外一个极端,即对于做和行的彻底放弃。在他看来,这个极端同样意味着做和经历的关系的破坏,他对比性地谈到,"较之那些被行动的渴求所驱使的人而言,感伤主义者和白日梦家也许有更多的幻想和印象穿行于他们的意识之中。但是,他的经验同样是扭曲的,这是因为,当做和接受之间不存在平衡时,就没有什么东西在心灵中生根。"(John Dewey, *Art as Experience*, in *The Later Works*, *1925–1953*, *Volume 10*: *1934*, Edited by Jo Ann Boydston, With an Introduction by Abraham Kaplan, Carbondale and Edwardsville: Southern Illinois University Press, 1987, p. 51.)但是,杜威更为关注的还是过多的做所造成的问题,这也是我们这里集中讨论的。

人们在热衷于做和行的同时,没有足够的耐心去感受,以便有所积累地继续下去,使那被经验到的事情走过其历程而得以完成。不难发现,在这个时代,正充斥着这样的社会事件,它们由一种不明确的悸动而开始,但很快就随着另外一些利害关系的考虑而戛然而止,或者随着热情的退却和转移而不了了之,这就如同杜威所说的,"我们将手放上犁又将手收回来;我们开始然后就停止,这不是因为经验已经达到了它由以发动的终点,而是因为有着外来的阻断或内在的懒散"①。作为结果,在这样的环境中,我们不是通过我们的行为获得一种将生活推向前进的连续性,恰恰相反,我们由于我们的行为而陷入一种漫无头绪与方向的分裂和混乱。这种分裂和混乱同时也是社会的分裂和混乱。而更为糟糕的是,做的狂热和行的渴求使得这样的分裂和混乱无法成为我们的检视对象。于是,我们一方面不断地狂热和渴求,另一方面不断地分裂和混乱,简而言之,不断地把自己带入自己所造成的不安全。

从根本上来说,这种不安全的造成是由于我们没有在行动中构建起我们与事物的内在关系,或者更为直接地说,做的狂热和行的渴求并没有使得我们与事物发生那种可以产生意义的关系。这是因为,这样的关系必定意味着在经验中做出抉择,即对所发生的事情明确地说是或者说不。否则的话,与其说我们在过多的做中表现出了一种永不驻留,不如说表现出了一种随波逐流。对此,杜威的描述是,"事情发生了,但是它们既没有被明确地包括进来,也没有被决断地排斥出去;我们随波逐流。我们

---

① John Dewey, *Art as Experience*, in *The Later Works*, *1925-1953*, *Volume 10*: *1934*, Edited by Jo Ann Boydston, With an Introduction by Abraham Kaplan, Carbondale and Edwardsville: Southern Illinois University Press, 1987, p. 42.

随外部的压力而屈服,或者逃避和妥协。存在着开端和停止,但是不存在真正的开始和结束。一件事情取代另一件事情,然而没有吸收它并将它继续下去。存在着经验,但却是如此弛缓和散漫,以至于它不成为一则经验"①。可以说,就事情发生了而言,事情被经验到了;但是,就事情没有得到吸收和继续而言,又不构成一则经验。因此,所存在的实际上就是杜威所说的那种简直不值得用经验这个名称的经验,而真正的经验是一则经验。所谓的一则经验,说到底就是有着开始、持续和高潮的一个完整的经验历程。杜威在指出一则经验的整体特点的同时,还指出了另一个特点,他是这么说的:"在这样的经验中,每个接续的部分都自由地流动到那继之而起的东西,没有接缝,也没有未被填充的空白。与此同时,各部分的自我确认也没有被牺牲掉。"②也就是说,在一则经验作为整体得到完成之时,它的各个部分自身的个性并没有消除。我们由此也获得了对于社会的一种考虑,即一方面社会是连续的整体,另一方面这个整体又不牺牲部分。这里所说的部分可以被理解为个别的东西,它们是经验获得积累并再次向前推进的契机。对于以上这些问题,我们有必要结合杜威所说的经验的节奏来理解。事实上,如果说经验意味着做和经历,那么做和经历就已经透露出一种节奏来了。

对于这种节奏,杜威有一个非常明确的说法,"经验就像呼吸,它是吸入与呼出的一种节奏"③。在这里,呼吸是对生命即

---

① John Dewey, *Art as Experience*, in *The Later Works*, *1925-1953*, *Volume 10*: *1934*, Edited by Jo Ann Boydston, With an Introduction by Abraham Kaplan, Carbondale and Edwardsville: Southern Illinois University Press, 1987, pp. 46-47.
② Ibid., p. 43.
③ Ibid., p. 62.

有机体的直接提示。吸入意味着生命驻留于所经历的东西,以便压缩能量和领会意义;呼出意味着压缩的能量得到释放,从而使生命获得一种更新的继续,亦即杜威说的,"在压缩和释放交替的地方之外,不存在节奏"①。如果是这样的话,那么驻留也得到了一种说明,即,它不是无所事事的中止,也不是白白耗去的暂停,而是默默地对过去进行加强,并且对将来做出准备。唯是之故,"在节奏性的安排里,每一个结束和暂停,都像音乐中的休止那样,既划分界限和赋予个性又起着连接的作用。音乐中的休止不是一个空白,而是一个节奏性的沉默,它对已做的东西进行加强,同时又传达一种向前的冲动,而不是止于它所界定的那个点上"②。由于节奏,每一件事情的个性得到了刻画,同时这些事情又彼此连接在一起。由此反观前面所提及的那些充斥于这个时代的戛然而止或者不了了之的社会事件,就会发现,它们一方面是含混不清的,另一方面又是彼此分裂的。对于社会中所存在的这种含混和分裂,我们将在下一节展开详细讨论。我们这里要考察的是,这种节奏是由何而来的?杜威把它追溯到自然节奏,他在描述了晨和暮、日和夜、雨和晴以及醒与睡、饥与饱、作与息等等之后说,"于是,所领会到的自然节奏就得到了使用,即被用来将明显的秩序引入到人类混乱的观察与意象的某个方面之中。人不再使他的活动必然地遵从自然循环的节奏性变化,而是利用那些由必然性强加在他身上的东西来颂扬他同自然的关系,

---

① John Dewey, *Art as Experience*, in *The Later Works*, *1925–1953*, *Volume 10*: *1934*, Edited by Jo Ann Boydston, With an Introduction by Abraham Kaplan, Carbondale and Edwardsville: Southern Illinois University Press, 1987, p. 184.
② Ibid., p. 177.

仿佛自然将其王国中的自由授予了他"①。不过,这里所强调的与其说是自然节奏,不如说是人类对自然节奏的参与以及在这个节奏中所获得的自由,换言之,自然的节奏一开始就是经验的节奏。

进一步地,人所领会到的这个自然节奏不仅被引入到自然科学,而且被引入到社会科学。在这个意义上,后者并不是前者的原则在另一个领域中的简单贯彻。事实上,杜威在谈到"近代对自然的科学兴趣"这个问题时,曾经说,"正如文德尔班所言,新的自然科学乃是人文主义的女儿"②。因此,事情的根本还是自然以及我们藉着它对我们的问题包括社会问题所做的处理。如果是这样的话,那么我们就会发现,通常所认为的自然科学特有的方法就其来源于自然节奏而言,同样适用于社会科学。对此,杜威这样陈述道:"社会科学——那些被称为历史学、经济学、政治学、社会学的研究——的每一步前进都表明,只有在我们应用自然科学所特有的收集资料、形成假说并以行动对其加以检验的方法时,只有在我们为了提升社会福利而利用物理和化学所探明的技术知识时,社会问题才能够得到明智的应对。"③在这里,一方面,收集资料、形成假说以及行动检验所透露的,正是自然节奏以及人对它们的参与,另一方面,在应对社会问题的过程中,技术知识获得了塑造关系的节奏性安排。

---

① John Dewey, *Art as Experience*, in *The Later Works*, 1925–1953, Volume 10: 1934, Edited by Jo Ann Boydston, With an Introduction by Abraham Kaplan, Carbondale and Edwardsville: Southern Illinois University Press, 1987, p. 153.

② John Dewey, *Democracy and Education*, in *The Middle Works*, 1899–1924, Volume 9: 1916, Edited by Jo Ann Boydston, With an Introduction by Sidney Hook, Carbondale and Edwardsville: Southern Illinois University Press, 1980, p. 290.

③ Ibid., p. 294.

由此，我们或许也可以获得一个更为有益的启示，这就是，自然科学和社会科学所指向的东西与其说处在一种冲突之中，不如说处在一种节奏之中。换言之，杜威从柏拉图作品中所发现的那种实证观点和传统观点之间的对立获得了一种新的阐释。我们知道，他在谈及柏拉图时这样说道，"柏拉图在他的对话中时常引出对照。鞋匠虽能评判一双好鞋，但却根本不能评判是否以及何时穿鞋为好这样更为重要的问题；医生虽善于评判健康，但对保重身体或毋宁去死究竟是好事还是坏事却并不知道"[①]。而事实上，好鞋与穿鞋的妥否之间，健康与生死的好坏之间并没有一种截然的断裂：前者是为着后者的准备，它们之间虽有暂停，但却是得到节奏性安排的连续，这也写照了前者所牵涉的技术知识与后者所牵涉的社会问题之间的关系。杜威对于许多问题的考虑都指明了这一点，比如在谈到教育问题时就说，"不应该致力于把作为自然研究的科学同作为人类旨趣记录的文学分离开来，而应当致力于把自然科学同诸如历史、文学、经济学和政治学之类的各人文学科相杂交"[②]。同时，也正是由于这样的节奏的存在，技术知识的运作没有表现出我们认为要加以警惕的那种技术化的态度。

[①] John Dewey, *Reconstruction in Philosophy*, in *The Middle Works 1899 – 1924*, Volume 12：1920, Edited by Jo Ann Boydston, With an Introduction by Ralph Ross, Carbondale and Edwardsville：Southern Illinois University Press, 1982, p. 88.

[②] John Dewey, *Democracy and Education*, in *The Middle Works*, 1899 – 1924, Volume 9：1916, Edited by Jo Ann Boydston, With an Introduction by Sidney Hook, Carbondale and Edwardsville：Southern Illinois University Press, 1980, pp. 294 – 295.

三、私人性与非私人性

如前所述,节奏作为经验的节奏,从根本上来说意味着人对它们的领会和参与。那么,这种领会和参与可以被归结到什么呢?当然是个人。但是,这样的归结并不赋予个人以这样一种地位,即,他在他的经验中所认知到的东西是别人所无法认知的。恰恰相反,在杜威那里,尽管个人的经验归属于个人,但是个人所经验到的东西并不是他所私有的。换言之,个人在他的经验中所获得的更多地是对所经验之物的方法和途径,而不是某种优先权。在这个问题上,杜威以一个有关牙痛的例子来阐述他的想法,他说,"例如,当有人说我的牙痛是私有的,是直接被我认知并且是任何其他人所完全无法达到的时候,这个陈述里只有一个要素是可以得到经验证实的。而那个要素和'认知'毫无关系。可以证实的事实是,你有牙痛是一桩跟我有牙痛非常不同的事情。但这并不能推出,你认知你所有的东西是一种牙痛和别人认知它的方式之间有任何不同。事实上,牙医或许比那个有牙痛的人能更好地认知牙痛的性质,这次牙痛的特殊位置和其他特征"[①]。对此,我们很容易得出结论说,所经验到的东西就归属而言是私人的,就认知而言是非私人的。

但问题是,归属并不是一桩同认知无关的事情。这是因为,如果个人对于归属于他的东西没有认知,那么他就不仅不知道什么东西归属他,而且也不知道是不是有什么东西归属他。换

---

① John Dewey, "How Is Mind to Be Known?", in *The Later Works 1925 – 1953, Volume 15: 1942 – 1948*, Edited by Jo Ann Boydston, With an Introduction by Lewis S. Feuer, Carbondale and Edwardsville: Southern Illinois University Press, 1989, p. 30.

言之,归属变得空洞起来。这就如维特根斯坦所做的一个考虑,"假定每个人都有一个装着某样东西的盒子:我们把它称作'甲虫'。没有人可以窥视其他人的盒子,并且每个人都说他只是通过看他的甲虫而知道甲虫是什么。——在这里,完全有可能每个人盒子里装着不同的东西。人们甚至可以想像这样一种东西是不断变化的。——但是假定'甲虫'这个词在这些人的语言中有一种使用呢?——如果是这样的话……盒子甚至可能是空的。——盒子里的东西可以被'削减';它被取消了,不管它是什么"[1]。维特根斯坦这个从他的语言游戏出发的考虑提醒我们,要紧的问题不是什么被归属,而是什么是什么;后一个问题是在词的使用中得到解决的,而词的使用所涉及的正是认知的问题。这个认知作为一件非私人的事情,在杜威那里直接同社会的事实相关联。换言之,归属于私人的私有之物只有当其透露着社会的事实的时候,才得以可能被认知并得以可能成为其自身。对此,杜威说,"而且,享受和痛苦就其发生而言的私有性似乎是在描述一个社会的事实——就如同守财奴占有并贪婪地看着一堆'私有'的金子的情形"[2]。如果说金子与社会的事实没有关系或者这种关系没有得到认知的话,那么不管说这个守财奴私有还是不私有一堆金子都是没有意义的,甚至守财这个形容与金子这个指称也是没有意义的,享受和痛苦也同样如此。

不仅如此,私人本身就是从社会的方面获得其规定的。这

---

[1] Ludwig Wittgenstein, *Philosophical Investigations*, Translated by G. E. M. Anscombe, Oxford: Blackwell Publishers, 1999, p. 100.

[2] John Dewey, "How Is Mind to Be Known?", in *The Later Works 1925 - 1953, Volume 15: 1942 - 1948*, Edited by Jo Ann Boydston, With an Introduction by Lewis S. Feuer, Carbondale and Edwardsville: Southern Illinois University Press, 1989, p. 30.

里所说的规定不仅是概念上的思辨,而且是制度上的实施。杜威这样描述道:"我在最近读的一本书中偶然发现了下面一句话:'私自的个人通过投出私自的一票而私自地阐明了他的意志。'无需论证就可指出,投出私自的或秘密的一票的资格乃是一件由公众所决定的事情,并且是一种相信会合乎社会需求的安排。只有当公众决定的有关年龄、公民身份、登记等条件得到满足时,上面所引句子中提到的'私人'才能够投出一票。"[1]在这里,对于私人的规定而言,如果说公众的决定和社会的需求所刻画的乃是前提性的或者说背景性的东西,那么年龄之类所刻画的则是可公共度量并且直接诉诸现实操作和执行的制度。既然私人的规定是从社会确切地说社会制度的方面获得的,那么我们就不应当把私人归诸不作区分的一般而言的社会。这就如同,私有金子和私自投票并不存在于所有的社会之中,而只是存在于得到制度需求和保障的特定社会之中。

换句话说,私人的存在就已经是某种社会制度的体现了。这在杜威接下来的一番话中得到道明:"同样地,把商业中的'私人的首创性'竭力强调为某种社会制度的标志的,乃是那些因为所谓的社会利益而把它当作一种社会政策来加以支持的人。人们甚至可以进一步说,承认享受和痛苦为私人所有的意义乃是一桩关乎社会道德的事情。因为它是超越于种族和教义限制之外的人道主义和博爱主义最近发展的一种伴随物。"[2]在杜威的这段就当下社会现实所做的评论中,我们看到,作为对社会制度

---

[1] John Dewey, "How Is Mind to Be Known?", in *The Later Works 1925 - 1953, Volume 15: 1942 - 1948*, Edited by Jo Ann Boydston, With an Introduction by Lewis S. Feuer, Carbondale and Edwardsville: Southern Illinois University Press, 1989, pp. 30 - 31.

[2] Ibid., p. 31.

有所刻画的私人,同时也揭示了与这种制度密切相关的道德原则。后者意味着,人获得其作为人的地位的尺度乃是其私有的享受和痛苦,而不是其种族和教义。这当然可以被理解为一种超越,并且它在程度上与前者相当,因为"私人的首创性"同样也并不以种族和教义为尺度。不过,在这里,杜威更多地所关注的恐怕还是行动,即与私人相关的行动,而不是要为我们提供某种社会批判和道德分析的线索,尽管他的那些评论的确会给我们这种印象。

事实上,我们只消稍加思考,就会很容易再次发现行动这个主题。无论是私有金子还是私自投票,都意味着行动,并且作为行动与别的行动相联系。"私人的首创性"也是如此,它联系于对社会有利益的行动。同样地,成为人道主义和博爱主义的伴随物的,其实并不是承认享受和痛苦是私有这件事情本身,而是由此而吁求的对享受的分享和对痛苦的解除。而分享和解除正是行动,对获得人的地位的存在者所采取的行动。也就是说,确切地来讲,人获得其作为人的地位的尺度乃是吁求和引起行动的私有的享受和痛苦。由此,我们回过头再来看杜威的那个关于牙痛的分析,就会发现他强调的"认知"的更为深刻的含义了。医生比牙痛的归属者更清楚地知道他的牙痛的性质和特征之类这个事实,固然表明牙痛的人对于知道牙痛没有优先权,但也并不是要表明医生是一个具有专业知识的旁观者。之所以这么说,是因为医生意味着牙痛的解除者,亦即对牙痛采取具有实际效果的行动的人。在这个意义上,"认知"所透露的实际上是行动。事实上,也并不存在作为身体中的某样东西的牙痛,而只存在无法被当作某样东西来加以指认的造成牙痛的条件和解除牙痛的途径。这里的所说的牙痛的性质和特征之类就是对造成牙痛的条件的刻画,同时也是对解除牙痛的途径的指示;后者显然更为重要,因为它意味着产生实效的行动。所以,一方面,这个牙痛的人并不是拥有一种叫做牙痛的东西,而是就融在他的牙痛的表现以及呼求解除牙痛的行动之中,另一方面,呼求解除牙痛的行动又以社会的方式与医生的行动联结在了一起,而医生则融在他的诊断以及治疗的行动之中。

到这里,我们就可以说,所经验到的东西就认知而言是非私人的这桩事情从根本上来说是指,所经验到的东西就行动而言是非私人的。这也正是维特根斯坦那个分析中最终落实到的"使用"所给我们的启示,即,私人性和非私人性的问题是在其"使用"中即与私人相关的行动中得到揭示的。最后,我们说,个人及其行动在私人的问题上得到了深化。这是因为,我们发现,私人不是离开了归属与认知之外的某个独立自存的东西,而是融在相应的归属和认知之中,即融在行动之中,或者确切地说,融在社会的行动之中。这就把我们在讨论危险与行动以及经验与节奏时所考察的个人带到了杜威所强调的那桩事情,即前面所提及的,个人不是给定的东西,而是创造出来的东西。个人的创造就是个人行动。这正应和了黑格尔在《精神现象学》中的一个考虑:"人的真正的存在毋宁就是他的行为……行为就是这个行为,而个人就是行为之所是。"[①]这种应和当然不是巧合或者偶然,因为黑格尔正是杜威的重要思想资源之一。我们看到,这种个人融于其中的行动或者说行为,在杜威关于经验的思考中得到了结构性的阐发,这也正是我们一直在讨论的东西。

---

① G. W. F. Hegel, *Phenomenology of Spirit*, Translated by A. V. Miller, Oxford: Oxford University Press, 1977, pp. 193 – 194.

第二节 民主及其再造

个人以他的行动来寻求连续的经验,因为生活是连续的。生活的连续不在于旧的状态的维持,而在于新的状态的再造。这并不是说旧的关于生活的信念就被抛弃了,而是说它们在个人身上获得一种无法替代的特殊性,即与个人独有的感觉和观念联系在一起的特殊性。这就是杜威所说的,"人们并不是真的扔掉所有流传的关于现实生存的信念,而是以他们私人的、独有的感觉和观念为基础重新开始"[1]。在这里,重新开始这个表述是意味深长的,它提醒我们,任何关于生活的信念只要落于个人的行动,它就不是旧的了,而是呈现于再造之中。当然,与这个再造联系在一起的不仅是个人,而且是个人由其融于其中的全部行动所构造出来的生活方式。对于个人来说,他的生活方式的最直接的表现恐怕就是那些每日所发生的事情,如与邻居在街角相遇或者同朋友在家里小聚,等等。这些事情在杜威看来是非同寻常的,因为民主就存在于其中,他说:"我倾向于相信,民主的核心和最终保证就在于,邻居们自由地聚在街角来回讨论在当天未经审查的新闻中所读到的东西,以及朋友们聚在房

---

[1] John Dewey, *Democracy and Education*, in *The Middle Works*, *1899 – 1924*, *Volume 9*: *1916*, Edited by Jo Ann Boydston, With an Introduction by Sidney Hook, Carbondale and Edwardsville: Southern Illinois University Press, 1980, p. 304.

子和公寓的客厅里彼此自由地交谈。"①不难看出,较之那种将民主理解为一种制度的想法来说,杜威更愿意把民主理解为一种生活方式。正因为民主是一种生活方式,所以它必须随着个人一起得到再造,"每个世代都必须为自身再造民主;民主的本性、本质是某种不能从一个人或一个世代传给另一个人或另一个世代的东西,而是必须根据年深日久我们成为其一部分的社会生活的需要、问题和条件来造出来,这是一种年复一年极其急速变化的社会生活"②。民主的再造也为我们的全部社会生活提供了理解的契机。

一、自我与实验

杜威之所以从日常生活中自由的邻里讨论或者朋友交谈来考虑民主,是因为如果民主同日常生活脱离开来,那么它就会变成一种外在的东西,一种像幻想中的永动机那样永远自行运作的政治机器。在杜威看来,一旦人们将民主视为一种自行运作的机器,并且将自身以及自身融于其中的行动交付给它,就陷入到了极大的危机里面,他写道:"当前的深重危机很大程度上归因于一个事实,即,长期以来,我们的行动就好像民主是某样自动使自身永存的东西;好像我们的祖先已经成功地建立起一架

---

① John Dewey, "Creative Democracy — The Task Before Us", in *The Later Works*, 1925–1953, Volume 14: 1939–1941, Edited by Jo Ann Boydston, With an Introduction by R. W. Sleeper, Carbondale and Edwardsville: Southern Illinois University Press, 1988, p. 227.

② John Dewey, "Democracy and Education in the World of Today", in *The Later Works*, 1925–1953, Volume 13: 1938–1939, Edited by Jo Ann Boydston, With an Introduction by Steven M. Cahn, Carbondale and Edwardsville: Southern Illinois University Press, 1988, p. 299.

克服了政治上永动问题的机器。我们的行动就好像民主是主要发生在华盛顿和奥尔巴尼——或者其他州府——的事情,其动力是男人们和女人们一年左右去一次投票站时所发生的事情……"①那么,这个危机的实质是什么呢?并不仅仅是说人成为了外在之物的附属,而且是说人失去了他的生活以及他自身。这是因为,当民主成为机器时,人就失去了作为信念来对其行动做出指导的民主;换言之,他无法通过民主的方式来推进他的生活、拓展他的经验。在民主对经验成长的促进作用上,杜威给出了这样一个判断:"民主是一种信念,即相信人类经验能够产生诸般目的和方法,藉着这些目的和方法,进一步的经验将在有序的丰富性中成长起来。"②这个判断是与杜威关于个人并非给定之物的一贯主张相一致的。

我们之所以强调,民主的失去不仅意味着经验的丰富与成长的失去,而且意味着我们自身的失去,还因为在杜威那里,我们自身或者说自我并非是经验的承担或负载,而是被吸收在经验之中。这就是杜威所说的,"同样失败的是,自我被当作经验的承载者或运送者,而不是一个被吸收到所产生之物中去的因素,就像汽产生水的情形那样"③。在这个比喻中,水是所产生的东西,在它的产生过程中,那个产生它的汽

---

① John Dewey, "Creative Democracy — The Task Before Us", in *The Later Works*, 1925–1953, Volume 14: 1939–1941, Edited by Jo Ann Boydston, With an Introduction by R. W. Sleeper, Carbondale and Edwardsville: Southern Illinois University Press, 1988, p. 225.
② Ibid., p. 229.
③ John Dewey, *Art as Experience*, in *The Later Works*, 1925–1953, Volume 10: 1934, Edited by Jo Ann Boydston, With an Introduction by Abraham Kaplan, Carbondale and Edwardsville: Southern Illinois University Press, 1987, p. 255.

并不离开它而独立存在，而是被吸收到它之中了。与之相仿佛，自我也被吸收到经验之中。这样，几乎也可以说，所谓自我就是经验，亦即，不是说首先存在一个作为主体的自我，然后这个自我再去经验，从而形成自我的经验即归属于那个首先存在的自我的经验，而是说，自我首先就以被吸收的方式存在于它所产生的经验之中。对此，杜威的表述是："说'我经验'或'我思考'既不确切也不恰当……经验，即具有它们自身所特有的属性和关系的一系列的事务进程，出现着、发生着、并且是其所是。那些被命名为自我的事件就在这些所出现的事务之中和之内，而不是在它们之外或之下。"[1]在这里，自我并非主体，而是事件。作为事件的自我同作为事务的经验是同一桩事情。

或者，我们也可以将杜威所说的自我与海德格尔的此在做比较。在海德格尔看来，"此在并非是一种附加有能力做某事的现成的东西，而首先是可能之在"[2]。这个现成的东西就是一种承载者或运送者，它负担着行动的能力，但海德格尔并不承认。他所承认的"可能之在"是尚未现实的、尚未完成的，必须在将来呈现出来的，也就是说，它是被吸收进那个在起来的过程的。海德格尔对可能性所做的说明进一步揭示了这一点，"可能性作为

---

[1] John Dewey, *Experience and Nature*, in *The Later Works 1925–1953*, Volume 1: 1925, Edited by Jo Ann Boydston, With an Introduction by Sidney Hook, Carbondale and Edwardsville: Southern Illinois University Press, 1981, p. 179.

[2] Martin Heidegger, *Sein und Zeit*, Tübingen: Max Niemeyer Verlag, 1993, p. 143.

现成状态的情态范畴意味着尚未现实的东西以及永不必然的东西"①。如果结合杜威的想法,那么我们可以说,自我也是一个尚未现实的东西,它一方面在经验中不断形成,另一方面又总是没有圆满完成。这就如同杜威所说的,"旧的自我被摆脱,新的自我只在形成之中,而它最后所获得的形式将取决于冒险的不可预见的结果"②。之所以冒险的结果是不可预见的,是因为冒险意味着不断摆脱任何特别是来自外部的强制和强加,从而使生活得以推进、经验得以成长。而民主正是使这样一种冒险成为可能的东西,因为民主作为信念,"相信每个人都有能力从他人的强制和强加中摆脱出来过他自己的生活,倘若适当的条件得以提供的话"③。但是,正如冒险一词本身所提示的,事情存在着不确定和不稳定,因此冒险同时还意味着使这种动荡不定发生与有机体的生存状态和要求相适的变化。

这种变化通过实验来达成。事实上,冒险作为一种向着不确定和不稳定而采取的行动就已经是实验了。如果是这样的话,那么将自我吸收于其中的经验就是实验。而我们也正是看

---

① Martin Heidegger, *Sein und Zeit*, Tübingen: Max Niemeyer Verlag, 1993, p. 143.
② John Dewey, *Experience and Nature*, in *The Later Works 1925 – 1953*, *Volume 1: 1925*, Edited by Jo Ann Boydston, With an Introduction by Sidney Hook, Carbondale and Edwardsville: Southern Illinois University Press, 1981, p. 189.
③ John Dewey, "Creative Democracy — The Task Before Us", in *The Later Works*, *1925 – 1953*, *Volume 14: 1939 – 1941*, Edited by Jo Ann Boydston, With an Introduction by R. W. Sleeper, Carbondale and Edwardsville: Southern Illinois University Press, 1988, p. 227.

到,像"作为实验的经验"①这样非常明确的提法甚至作为标题出现在杜威的著作中。杜威在这个标题下对实验方法做了这样的描述,"但是实验方法的引入恰恰表明,在条件控制下进行的这样一些操作,正是有关自然的富有成效的观念由以获得和检验的途径"②。也就是说,对于自然的了解不在于静观,而在于实验,即在得到控制的条件下对它采取行动、施加改变并观察反应。在杜威看来,实验方法不仅在物理学家和化学家那里得到运用,而且也在看似并不对星斗施加改变的天文学家那里得到运用,他说,"现在,如果一个人,比方说一个物理学家或者化学家,想要知道什么,他绝不会仅仅是冥思苦想。……他着手去做,把一些能量加到那物质上去,看看它如何反应;他把它置于异乎寻常的条件下以便引起某种变化。尽管天文学家不能改变遥远的星体,但他也不再只是凝视。假如他不能改变星体本身,那么他至少可以在它们的光到达地球时用透镜和棱镜来对其加以改变;他会想方设法去发现否则就注意不到的种种变化。他不会对变化采取敌视的态度,也不会因为星体的神性和完美而否定星体的变化,他常常留神于发现他能借以形成关于星体构造和星体系统的推论的某种变化"③。这段描述揭示了实验的实质,即变化。变化既是生命的特征,也是环境的特征。但是,

---

① John Dewey, *Democracy and Education*, in *The Middle Works*, 1899－1924, Volume 9：1916, Edited by Jo Ann Boydston, With an Introduction by Sidney Hook, Carbondale and Edwardsville：Southern Illinois University Press, 1980, p. 280.

② Ibid., p. 281.

③ John Dewey, *Reconstruction in Philosophy*, in *The Middle Works 1899－1924*, Volume 12：1920, Edited by Jo Ann Boydston, With an Introduction by Ralph Ross, Carbondale and Edwardsville：Southern Illinois University Press, 1982, pp. 144－145.

变化在它们那里的地位是不同的：生命是一种能够由于和为着自己的变化而去发现和变化变化的变化，也就是说，一个个变化成为生命的一个个环节。这种变化就生命历程由诸环节构成而言就是实验，就生命历程本身始终是连续不断的而言就是经验。事实上，这也正是作为节奏的经验所包含的意思。而自我无非就是这些变化的总称，民主则是对于这样的变化的信念。

因此，杜威在这里并不仅仅是向我们描述一种在自然科学中得到应用的实验方法，而是在对有机体的生存方式进行哲学思考，亦即借此向我们揭示生命有机体作为能动者与其环境发生关系的基本模式。这种模式被杜威称作实用主义、实验主义和工具主义。而就人的环境总是渗透着人的行动而言，这样的模式同更为广泛的社会事务以及人生事务相关。杜威在他对哲学现状的考虑中道出了这一事实，"哲学现状的另一相位也需要加以注意。……把那定义科学的检验知识的方法从物理学事件和生理学事件延伸到社会事务和明显的人生事务。这种运动就其各个方面而言被称之以实用主义、实验主义、工具主义的名字"[①]。但是，社会事务和人生事务并不是固定的，正如有机体的生存状态和要求并不是固定的。因此，实验主义之类名字的另外一层重要意义在于：有机体本身就是一场实验。换句话说，当有机体以实验的方式变化对象时，它也正在变化自身并从而使自身处于实验之中。有机体的规定性在这种自我实验中逐步呈现出来。就此而言，人类的历史就是人类实验自身的历史。

---

① John Dewey, "Introduction to *Problems of Men*: The Problems of Men and the Present State of Philosophy", in *The Later Works 1925 - 1953, Volume 15: 1942 - 1948*, Edited by Jo Ann Boydston, With an Introduction by Lewis S. Feuer, Carbondale and Edwardsville: Southern Illinois University Press, 1989, p. 161.

这个历史尚未结束意味着,人类这种有机体的规定性尚未完全呈现。杜威的哲学考虑让我们明白,社会事务和人生事务在任何时候都不具有神圣的和完美的本性,它们只是实验的展开。实验取得了许多甚至可以被称作是伟大的业绩,但真正伟大的不是这些业绩,而是实验本身;因为那些业绩一旦成为强制和强加,就会变成敌对人的东西,当然是由人自己创造出来的敌对人的东西。在这个意义上,民主也许可以被看作是这些伟大的业绩之一,但是从根本来说,它应当被看作是实验,或者说,是对实验的信念,对变化和变化变化的信念:这道出了再造民主的实质。而自我就是这样的信念所引领的一系列行动。

二、两种劳动

就社会事务和人生事务而言,实验或者说变化有着一种更为普遍的现实样态,这就是劳动,即如杜威所承认的,"必须从事一定量的劳动,这是不言而喻的。人类必须生活,这就需要工作以便提供生活资源"[①]。劳动的普遍性并不是说,劳动只以一种方式存在于人类历史之中,恰恰相反,劳动总是从不同的社会结构中获得其相应的现实性。但是,在资本主义时代,人们似乎只知道一种劳动,一种忙碌的劳动,这就是与私有制相联系的雇佣劳动。劳动者在这种劳动中频繁地消耗自己的智力与体力同各种事物打交道,然而却并没有因此而拥有对事物的一则经验,因为这种劳动带给人们的只是一段段分裂的经验,劳动者无法凭

---

① John Dewey, *Democracy and Education*, in *The Middle Works*, *1899 – 1924*, *Volume 9: 1916*, Edited by Jo Ann Boydston, With an Introduction by Sidney Hook, Carbondale and Edwardsville: Southern Illinois University Press, 1980, p. 260.

借它们与事物本身乃至世界相沟通,尽管他们看起来始终在忙碌着。不仅如此,劳动者越是多地忙碌于这种劳动,情况就越是严重。马克思的异化劳动的理论揭露了这种劳动的本质。杜威没有从异化劳动的理论入手,但同样强调,劳动是有用的,不过这个有用不是脱离于人的效率和忙碌,而是归之于人的乐趣和享受;只有在一定的条件下情况才不是如此。这就是杜威说的,"无论何时只要有可能就总是随着仪式和典礼的陪伴而发生转变的有用劳动(useful labor),乃是从属于产生直接享受的艺术的;否则的话,它就是缺乏闲暇之时在环境的强迫下进行的"[1]。换言之,只有在缺乏闲暇和环境压迫的情况下,劳动才从连续的经验中分裂出来。但恰恰是这样的劳动成为了这个时代人们所熟知的劳动。

杜威为我们追溯了那种本来意义上的劳动,即旨在形成生动而连贯的经验的劳动。他说:"在农业和较高的工业技术发展起来之前,为着获取食物或免遭攻击而付出能量是相对短期的,而与之相轮换的空闲则是长期的。我们由于自己的习惯,往往认为人们总是忙碌的,即便是不忙于做至少也忙于考虑和计划。但是,那个时候的人们只是在从事打猎、捕鱼或远征时才忙碌。不过,心灵在醒着的时候便必定需要填充;它不能因为身体闲着就完全地空着。除开对动物的经验,除开在戏剧兴趣的影响下发生变形以使得典型的捕猎事件变得更生动和更连贯的经验之外,还有什么想法会挤进他的心里面呢?"[2]杜威这里所讨论的

---

[1] John Dewey, *Experience and Nature*, in *The Later Works 1925-1953*, Volume 1: 1925, Edited by Jo Ann Boydston, With an Introduction by Sidney Hook, Carbondale and Edwardsville: Southern Illinois University Press, 1981, p. 69.

[2] John Dewey, *Reconstruction in Philosophy*, in *The Middle Works 1899-1924*, Volume 12: 1920, Edited by Jo Ann Boydston, With an Introduction by Ralph Ross, Carbondale and Edwardsville: Southern Illinois University Press, 1982, pp. 81-82.

劳动，也许是忙于或者说蔽于资本主义雇佣劳动中的人们所难以想像的，因为他们只知道与这种劳动完全相反的劳动，即那种呆板而机械的劳动。那么，劳动究竟是以何种方式达成那种生动和连贯呢？在杜威看来，不是别的，而就是劳动本身，即从劳动本身的结构和秩序中产生出来的东西。他说，"劳动，通过其结构和秩序，把它的范式和情节给了游戏；然后游戏又将兴趣返还给工作，给予工作以一种开始、持续和高潮的感觉"[1]。不难发现，这里的"开始、持续和高潮的感觉"就是杜威后来的术语"一则经验"所要说的事情。出自劳动的游戏回过来使我们对劳动充满兴趣。此时的劳动非但不是呆板的、异己的，反而是生动活泼、引人入胜的。也就是说，当我们在劳动的时候，我们其实是把自己的劳动当作游戏在享受。反过来，也只有这样的劳动才可能被劳动者不断地、自觉地去加以改进、提高和完善。然而，在资本主义社会，这种处于浑然连续中的劳动发生了分裂。

这种分裂的最直接表现就是劳动阶级和闲暇阶级的划分，杜威说，"……使人们得出这样的结论，即，工作严格等同于物质的兴趣，闲暇严格等同于理想的兴趣，而这种等同本身就是社会的产物。两千多年前所形成的社会情境的教育规划如此有影响，并且对劳动阶级和闲暇阶级的划分的含义给出了如此清晰而合乎逻辑的承认，以致它们应得到特别的注意"[2]。这两个阶

---

[1] John Dewey, *Experience and Nature*, in *The Later Works 1925-1953*, *Volume 1:1925*, Edited by Jo Ann Boydston, With an Introduction by Sidney Hook, Carbondale and Edwardsville: Southern Illinois University Press, 1981, p. 71.

[2] John Dewey, *Democracy and Education*, in *The Middle Works*, *1899-1924*, *Volume 9:1916*, Edited by Jo Ann Boydston, With an Introduction by Sidney Hook, Carbondale and Edwardsville: Southern Illinois University Press, 1980, p. 260.

级的划分意味着,杜威所说的那种产生直接享受的有用劳动被剥夺了与之相连续的闲暇,而这种连续在古老的时候是自然而然的,就像杜威所追溯的以渔猎为代表的劳作那样。换言之,当人们把有用劳动和闲暇考虑为两个形成彼此对比的术语时,实际上就把这样的剥夺或者说分裂当作了不言自明的前提,因为在他们看来,物质的兴趣和理想的兴趣当然是彼此对立的。杜威从这两个阶级和这两个术语中看到的是社会本身的分裂,"'有用劳动'和'闲暇'这两个赤裸裸的术语证实了一个已经做出的陈述,即,价值的分离和冲突不是自我封闭的,而是反映了社会生活内部的分隔"[1]。那么,这种分隔的实质是什么呢?之所以要问这个问题,是因为杜威在他的社会批判后面有一个同样或者说更为重要的形而上学的批判,后一个批判为前一个批判给出了方法上的准备。这个形而上学的批判是围绕手段和目的的关系展开的。

在杜威所追溯的打猎、捕鱼或远征这样的劳作中,手段和目的是连续的:一方面,劳动是手段,因为它是有用的;另一方面,劳动又是目的,因为它本身就使人充满兴趣。然而,现在的情况是,"在工业和审美静观之间所做的劳动阶级和闲暇阶级的社会划分,变成了某些事物仅为手段而另一些事物为目的的形而上学划分。手段是卑下的、从属的、奴性的;而目的则是自由的和最终的;作为手段的事物证明是固有缺陷和依赖性,而目的则证明是独立的和内在自足的存在"[2]。在手段和目的的这种分裂

---

[1] John Dewey, *Democracy and Education*, in *The Middle Works*, 1899–1924, Volume 9: 1916, Edited by Jo Ann Boydston, With an Introduction by Sidney Hook, Carbondale and Edwardsville: Southern Illinois University Press, 1980, p. 259.

[2] John Dewey, *Experience and Nature*, in *The Later Works 1925–1953*, Volume 1: 1925, Edited by Jo Ann Boydston, With an Introduction by Sidney Hook, Carbondale and Edwardsville: Southern Illinois University Press, 1981, p. 102.

中,我们发现,劳动尽管可以生产出令人感兴趣的东西,但是劳动本身作为一种单纯的手段不仅是卑贱而低下的,而且与目的毫无关系,因为目的是自身独立和完满的。对于仅仅从事静观的闲暇阶级来说,目的只是一个形式,它先行存在于物质材料之中,而与那使得它从物质材料中走出来的劳动毫无关系,就像杜威说的那样,"劳动、生产,似乎并没有创造形式;它处理质料或者变化着的事物,以便提供一个机会使得先行的形式在质料中体现出来"[1]。作为结果,闲暇阶级不是参与者而只是旁观者,就是说,他并不知道目的得以产生的那个连续的过程,而只是把目的当作一个仿佛是被给定的东西来加以旁观。与此同时,劳动阶级也同作为形式的目的分裂开来,杜威描述道,"对于工匠们来说,形式是异己的、不被知觉和不被欣赏的;由于专注于对材料的劳动,他们生活在一个变化的和质料的世界之中,即使当他们的劳动在形式的显现中达到目的时,也是如此"[2]。这就意味着,劳动者一方面自始至终都在辛劳,但另一方面他们自始至终都看不到劳作的目的,即使是当劳作的目的已经实现,他们也不会自然地过渡到这个目的,因为他们只是纯粹的手段,永远与目的分裂。

毋庸置疑,手段和目的的这种形而上学分裂是错误的。那么,这种错误的根源在于什么呢?杜威这样分析了人们对手段和目的关系的错误认识:"这种错误的根源在于一种习惯,即,把根本不是手段的事物称为手段;这些事物对于另外一些事情的

---

[1] John Dewey, *Experience and Nature*, in *The Later Works 1925–1953*, Volume 1: 1925, Edited by Jo Ann Boydston, With an Introduction by Sidney Hook, Carbondale and Edwardsville: Southern Illinois University Press, 1981, p. 78.
[2] Ibid.

发生来说，只是外在的和偶然在先的。同样地，除了偶然的情况之外，不是目的的事物也被称为是目的，因为它们并不是手段的履行和圆满完成，而只是结束一个过程的最后期限。因此人们常说，劳动者的辛劳是他的生计的手段，然而除了最牵强和最任意的方式之外，它同他的真实生活并没有什么关系。即使他的工资也简直不是他的劳动的目的或者结果。他可以做一百件其他工作中的任意一件，作为获取报酬的一个条件——他经常就是这么做的——并做得同样的好或者坏。"① 在这里，不是手段的手段正是与目的完全分裂的手段，而不是目的的目的正是与手段完全分裂的目的。也就是说，在分裂的情况下，手段和目的都失去了自己的意义。结果造成了手段和目的的混乱使用，并且将劳动者塞进这种混乱之中，使得他们看起来仿佛是为着某种目的而以劳动为手段，但是实际上，劳动并没有成为手段，因为它根本没有过渡到任何真正的目的。

要改变这种状况，必须重新从连续性的角度来理解目的和手段。而且，也只有这样，劳动才能恢复其本来的意义，即手段与目的之间的连续发展。这种状况用杜威的话来说就是，"目的不再是一个处于导致它的条件之外的终结点；它是当下各种倾向的连续发展着的意义——正是这些被指导的事情我们才称之为'手段'"②。到这里，可以说，所有的问题都集中到了连续性上，即恢复经验的连续性。而要恢复经验的连续性，就要对我们现在的经验内容进行重大修正，这意味着一种彻底的社会变革。

---

① John Dewey, *Experience and Nature*, in *The Later Works 1925 – 1953*, *Volume 1*: *1925*, Edited by Jo Ann Boydston, With an Introduction by Sidney Hook, Carbondale and Edwardsville: Southern Illinois University Press, 1981, pp. 274 – 275.
② Ibid., p. 280.

也就是说,永久的解决方案不可能是通过增加工资和缩短工时来给予劳动阶级以更多的闲暇,而只可能是彻底消除劳动阶级和闲暇阶级的划分,消除劳动和闲暇的划分。杜威在他对劳动和雇佣问题的思考中透露了这一点,他说,"我们非常清醒地意识到的劳动和雇佣的问题,是不能够仅仅通过改变工资、工作时间和卫生条件来加以解决的。除非是一场彻底的社会变革,否则的话,永久的解决就是不可能的,这场社会变革将影响到工人在生产以及他所生产物品的社会配置中的参与程度以及参与类型。只有这样一种变化才会对有用对象的创造所进入的经验内容做出严肃的修正。……那种认为根本的问题仅仅靠提高闲暇时间就能解决的想法是荒谬的。这样一种想法只不过是保留了劳动和闲暇之间的陈旧的二元划分"[1]。可以说,这种影响到生产以及分配的社会变革,其矛头正指向了雇佣劳动,而结果则是整个社会的变化,因为就像马克思和恩格斯所说的那样,"资本的条件是雇佣劳动"[2]。在这个意义上,杜威从经验角度所提出的彻底的社会变革具有根本性的意义。而彻底的社会变革正是民主之再造的表现和结果。

三、民主成为一种生活方式

对于实验以及劳动来说,调整、修正甚至彻底的变革乃是它们的本性,它们不需要一种外部的尤其是超越的综合、组织和指导。不难发现,这样设想的超越实际上是对行动的超越,并因此

---

[1] John Dewey, *Art as Experience*, in *The Later Works*, 1925–1953, Volume 10: 1934, Edited by Jo Ann Boydston, With an Introduction by Abraham Kaplan, Carbondale and Edwardsville: Southern Illinois University Press, 1987, pp. 345–346.

[2] 《马克思恩格斯选集》第一卷,北京:人民出版社,1995年,第284页。

而作为知识或者说认识论的东西进入一度被认为是永恒的领域。但是,对于行动的超越恰恰是不可能的,因为行动在生命那里是一切东西的前提与根本。换言之,这样的超越只可能是断裂,正如前面所讨论的,一旦目的成为超越的东西,那么它就成为了断裂的东西。这在杜威看来就是,所有的问题都必须在经验之中来加以考虑,他说:"经验在自身之中携带着结合和组织的原理。这些原理并没有因为它们是关乎生命和实践的而不是认识论的就见得差些。……这种生命所固有的组织使得超自然的和超经验的综合成为不必要。它作为经验之中的一种组织因素为理智的积极进化提供了基础和材料。"[1]杜威在其经验理论中给出的这个基本想法成为了理解其民主思想的线索,即,民主不需要一种外部的尤其是超越的指导和管理。这就如同前面所分析的,民主不是只在华盛顿和奥尔巴尼,也不是一架政治上的永动机,前者是外在的,后者是超越的。这意味着,民主是生活的固有本性,在日常生活之外没有另外一种可被冠以民主的生活,确切地说,在日常生活之外没有任何一种可冠以其他名目的生活,比如政治形式或者管理政府名目下的生活。

作为结果,一方面,就民主本身之中已经包含了特殊的政治形式和管理政府的方法而言,它是极其宽广的;另一方面,就民主意味着相信人类经验可由修正和变革而获得丰富和成长而言,它又是极其深刻的。正是在这种宽广和深刻的意义上,民主成为一种生活方式,因为在连续的经验中所呈现出来的全部人

---

[1] John Dewey, *Reconstruction in Philosophy*, in *The Middle Works 1899 - 1924*, Volume 12: 1920, Edited by Jo Ann Boydston, With an Introduction by Ralph Ross, Carbondale and Edwardsville: Southern Illinois University Press, 1982, p. 132.

类生活是最为宽广和深刻的。对此,杜威这样说道,"首先,较之一种特殊的政治形式、一种管理政府的方法、一种依靠全民普选和当选官员来制定法律和从事政府行政的方法来说,民主要宽广得多。它当然是这样。不过,它比这更加宽广和深刻。/ 民主的政治和政府相位是一种手段,目前所能发现的最好手段,该手段要实现的目的在人类关系和人格发展的广泛领域之中。就像我们常说的,它是一种生活方式,社会的和个人的生活方式,尽管我们也许尚未领会这句话中所包含的全部意思"①。在这里,从目的出发的人类关系和人格发展对于成为一种生活方式的民主给出了社会和个人两个维度的刻画。这个刻画的合法性在于,如前所述,既然目的既是当下各种倾向的连续发展又是对作为手段的事情的指导,那么把目的当作出发点就是完全正当的,事实上这也正是实用主义方法的题中之义。接下来,我们要问的是,这两个维度之间的关系是怎样的呢?杜威的考虑似乎是从个人入手的,即每个人都参与到社会生活或者说公共事务之中。

之所以这么说,是因为我们看到,杜威紧接着前面那段话写道:"在我看来,作为一种生活方式的民主的主旨可以被表达为,每个成熟的人都有必要参与到那些调节人们共同生活的价值的形成之中:这从一般社会福利的立场和个人充分发展的立场来看都是必要的。"②接下来的问题是,如何参与?要回答这个问题,我们首先要明白,在杜威看来,每个人的参与对于民主而言

---

① John Dewey, "Democracy and Educational Administration", in *The Later Works 1925-1953*, Volume 11: 1935-1937, Edited by Jo Ann Boydston, With an Introduction by John J. McDermott, Carbondale and Edwardsville: Southern Illinois University Press, 1987, p. 217.

② Ibid., pp. 217-218.

不是手段而是目的。因此,我们不能简单地把杜威所说的参与等同于诸如每隔一段时间例行的公民投票之类,从而把民主的参与归结为包括普选权在内的一系列制度性的东西。在这一点上,杜威明确表示,"普选、再选、执政者对选民的责任以及民主政府的其他因素都是手段,人们发现这些手段有利于实现作为真正人类生活方式的民主。它们不是最终的目的和最终的价值"[1]。如果是这样的话,那么应该怎样理解这种作为民主主旨的对价值形成的参与?回答恐怕是,因为日常生活本身就是那些调节人们共同生活的价值的形成过程,所以这里的参与是指每个人都能从他人的强制和强加中摆脱出来过他自己的生活,这也正是前面在讨论作为信念的民主时所提及的。事实上,我们已经知道,对于杜威来说,这样的日常生活中几乎每天发生的诸如邻居和朋友在街角或寓所的自由讨论之类,就是民主的核心和保证。这使我们得出结论说,我们一再追问的民主参与就是日常生活中的平等交往或者说交流。

杜威说,"对于平等的相信是民主信条的一个要素。但是,它不是对自然禀赋的平等的相信"[2]。前一句话道出了杜威的基本态度,但是后一句话可能更为重要,因为它表明,这里所说的平等不同于以往有关民主问题的肤浅讨论中一再出现但又充满曲解的平等概念。杜威之所以不把平等归结到自然禀赋,是因为自然禀赋通常被设想为一种给定不变的东西,而给定不变的东西是无所谓平等或者不平等的,即无论将其判断为平等还

---

[1] John Dewey, "Democracy and Educational Administration", in *The Later Works 1925 – 1953*, *Volume 11*: *1935 – 1937*, Edited by Jo Ann Boydston, With an Introduction by John J. McDermott, Carbondale and Edwardsville: Southern Illinois University Press, 1987, p. 218.

[2] Ibid., p. 219.

是不平等都是没有意义的。只有行动以及行动所创造和产生的东西才能被有意义地判断为平等或者不平等。我们可以在杜威对肤浅的评论家们的批评中发现这一点,他说:"早期民主政治自由主义的公式是,人是生而自由和平等的。肤浅的评论家们曾经认为,这个公式可被断然驳倒,因为事实是人类并不在力量、才能以及自然禀赋上生而平等。然而,这个公式从未假定它们是如此。……它是用这种方法说明,政治上的不平等乃是社会制度的产物;一个社会等级、阶级或身份和另一个等级、阶级或身份的人们之间不存在'自然的'内在差别;这样一些差别是法律和社会习俗的产物。"[1]因此,在杜威对民主问题的思考中,平等意味着,每个人都有平等的机会来发展自身,并摧毁强加在他身上的种种不平等。这些不平等借助制度、法律和习俗的力量披上了永恒不变的外衣,但是世界从来不是固定的序列,亦即杜威所说的,"现在,不管平等的观念对于民主来说意味着什么,我认为它意味着,世界不能被解释为物种、级别或者程度的一种固定序列"[2]。既然如此,那么平等所刻画的就不是状态,尤其不是给定或固定的状态,恰恰相反,是变化、发展、创造,即行动。换句话说,从天赋才能来说,人与人之间是有差别的,但是每个人从自己的才能出发采取行动的

---

[1] John Dewey, "Liberalism and Equality", in *The Later Works 1925－1953*, Volume 11: 1935-1937, Edited by Jo Ann Boydston, With an Introduction by John J. McDermott, Carbondale and Edwardsville: Southern Illinois University Press, 1987, p. 369.

[2] John Dewey, *Philosophy and Democracy*, in *The Middle Works 1899－1924*, Volume 11: 1918-1919, Edited by Jo Ann Boydston, With an Introduction by John Oscar Handlin and Lilian Handlin, Carbondale and Edwardsville: Southern Illinois University Press, 1982, p. 52.

机会是平等的。这个平等的行动机会是极其重要的,因为我们知道,人正是以他的这样的行动来获得他的作为人的生活的。惟其如此,杜威得出结论说:"简而言之,每个人平等地成为一个个人,并且享有平等的机会来发展他自己的才能,不管这些才能的范围是大还是小。"①这个结论恐怕正是点出了平等的要义。

不难发现,这种诉诸行动的平等不可能是一种已然的东西,而只可能是一种尚未的东西。同样地,民主所涉及的交流也不是旨在对先行存在的东西进行表达和沟通,而是要促成尚未的东西。杜威说:"政治民主的核心在于,通过讨论和交换意见来裁决社会差异。这种方法粗略地接近于以实验性的探究和检验来引起变化的方法:即科学的方法。"②这种科学的方法也就是前面提到的实验的方法。这意味着,交流对于民主来说是以实验性的方式来进行裁决和引起变化,而裁决和变化所指向的正是尚未的东西。事实上,杜威在另外一处谈及语言和交流的地方,更为明确地指出了交流的这种尚未的特性。他说:"语言的核心并非是对先行的事物的'表达',更不是对先行的思想的表达。它是交流;在一种有诸多伙伴参与的活动中建立起来的合作,在

---

① John Dewey, "Democracy and Educational Administration", in *The Later Works 1925 - 1953*, *Volume 11*: *1935 - 1937*, Edited by Jo Ann Boydston, With an Introduction by John J. McDermott, Carbondale and Edwardsville: Southern Illinois University Press, 1987, pp. 219 - 220.
② John Dewey, "Challenge to Liberal Thought", in *The Later Works 1925 - 1953*, *Volume 15*: *1942 - 1948*, Edited by Jo Ann Boydston, With an Introduction by Lewis S. Feuer, Carbondale and Edwardsville: Southern Illinois University Press, 1989, p. 273.

此活动中,每一个参与者的活动都由伙伴关系来加以修正和调节。"[1]也就是说,对于作为合作的交流来说,行动是它由以发生和由以完成的契机。唯是之故,交流的过程本身就是改变和调整的过程。如果是这样的话,那么当人们在进行民主的交往或者说交流时,他们实际上并不是在表达或者传递既有的东西,而是在再造出一种从未先行存在过的东西,这个东西是他们的全部生活,同时也是作为他们的生活方式的民主。简而言之,通过个人及其行动,民主及其再造深刻而广泛地体现在人们的实验、劳动以及生活的每一个环节之中。

---

[1] John Dewey, *Experience and Nature*, in *The Later Works 1925 – 1953*, Volume 1: *1925*, Edited by Jo Ann Boydston, With an Introduction by Sidney Hook, Carbondale and Edwardsville: Southern Illinois University Press, 1981, p. 141.

第二章　米　德

　　一般而言,米德的学术贡献似乎可以用社会行为主义以及符号互动论之类的术语来加以概括。的确,这样的概括,较之实用主义之类含义宽泛的词语或者说运动而言,更能精确地指认米德的工作的特点。与此同时,一切所需要的学理上的证明也是这样的概括所能够提供的。因此,我们并不因为这些术语不过是米德偶尔使用甚至不是他本人给出而感到不妥,而是担心,当我们循着这些术语很方便地去追踪相关的理论资源时,会把一些重要的东西耽搁起来。诚然,较之他的朋友杜威来说,米德更加追求精确性的考察。我们可以在他所做的一系列微观考察和分析中发现这一点。在这个意义上,他只是留给我们诸多论文和讲课而没有一部著作这个事实就成为了一件耐人寻味的事情——他似乎并不热衷于构建一个系统。因此,如果说杜威在哲学和当时那种以进化论为特征的生物学之间发现了多个平衡点的话,米德则把这个平衡点聚焦在社会科学上。当然,为了避免对作为这样的平衡点的社会科学做出泛泛的理解,我们马上要补充的是,它是以时间为基本尺度的。这是因为,只有从时间这个尺度入手,我们才能了解生命,进而了解米德所说的心灵、自我以及他在社会心理学这门课程下所做的思考。进一步地,借助于这样的了解,我们可以更加有意义地接近米德做出详细讨论的符号、语言以及动作等社会科学问题,特别是在时间的尺度上把社会既考虑为过程又考虑为现在。

第一节 时间成为社会的尺度

我们也许熟悉源于米德社会心理学这门课程相关材料的著作《心灵、自我与社会》中的一句话,"尽管心灵和自我本质上是社会的产物,是人类经验的社会方面的产物或现象,但是作为经验的基础的生理机制对于它们的起源和存在来说远非不相干——事实上是不可或缺的"[1]。这句话中所透露出来的向着社会以及生物方面的归结无疑是意义重大的。不过,如果我们把这样的归结同米德的另一个假设结合起来,那么我们恐怕会取得一条同样意义重大的探问进路。这个假设就是米德在《现在的哲学》中所说的,"我将遵照一个假设,即认知,以及作为认知过程的一部分的思想,乃是改造性的,因为改造对于宇宙中有智能的存在物(intelligent being)的行为而言是本质性的。这只是一个更为一般的命题的一部分,该命题就是,变化正在宇宙中发生,同时,作为这些变化的结果,宇宙正在变成一个不同的宇宙。智能只是这种变化的一个方面。它是作为一个正在进行的生命过程的一部分的变化,这个生命过程倾向于维持自身"[2]。这使得我们在宇宙改造和生命维持这两个直接彰显时间尺度的层面上取得了探问进路:它通向米德那些已经得到普遍阅读和研究的理论由之而出的东西。这些东西有助于我们从米德所分

---

[1] George H. Mead, *Mind, Self, and Society: From the Standpoint of a Social Behaviorist*, Edited and with an Introduction by Charles W. Morris, Chicago and London: the University of Chicago Press, 1967, pp. 1-2.

[2] George H. Mead, *The Philosophy of the Present*, Edited and with an Introduction by Arthur E. Murphy, LaSalle, IL: Open Court, 1932, pp. 3-4.

析的心灵与自我意识入手把社会在时间尺度上考虑为一个过程,并在这样的考虑中把问题推向深入。

一、生物学与哲学在方法上的贡献 I

莫里斯在为《心灵、自我与社会》写的导言中给出了一个判断,"到上个世纪末,没有哪项知识看起来比生物进化(biological evolution)的学说更加可靠。这个学说显著地唤起了人们对世界上发展变化的因素的注意,就像物理学和化学先前展示的结构恒定的要素那样。它的含义看起来就是,不仅人类有机体,而且心灵的全部生活,都必须在进化的发展中得到解释,分有它的变化的性质,并且在有机体和环境的交互作用中产生。心灵必须在行为中出现,并且可能还必须在行为中驻留。社会本身必须被设想为复杂的生物学实存物,并且与进化的范畴相符"[1]。我们不仅可以在米德而且也可以在杜威那里一次又一次地看到这个判断的正当性。不过,在我们循着这个判断进入到社会科学的考察之前,有必要对所牵涉到的方法问题做一个深入的追溯。不难发现,莫里斯提及的这个生物进化学说为那个时代的诸多学科提供了构造以及改造自身领域和问题领域的方法。换言之,这些学科需要一种更为妥当的提出问题的方法,并根据这些问题来获得自身的规定和前途。生物进化学说之所以取得这样的地位,是因为它给出了一种与传统科学非常不同的科学的样态和方法,这种不同可以用转向而不仅仅是变动来加以刻画。这样一来,当这些学科一方面需要科学的支

---

[1] George H. Mead, *Mind, Self, and Society: From the Standpoint of a Social Behaviorist*, Edited and with an Introduction by Charles W. Morris, Chicago and London: the University of Chicago Press, 1967, p. ix.

撑另一方面需要方法的引入时，进化论的转向就给了它们极大的启发。

米德当然把握到了这一点，并且把它同传统的机械科学做了对比，他说，"我现在所指的这场以'进化理论'为名的运动，是一场试图解释事物的形式如何产生的运动。机械科学不能够解释这一点。它可以打破形式，把它们分解成物理粒子；但它仅能做到这些。生物科学和天文科学都是从某些给定的形式开始的"[①]。这里的意思很清楚，即事物的形式是产生的，而不是给定的；因此，解释它们如何产生要比把它们当做给定的东西来分析更为重要。进一步地，米德特别从生物科学入手例证了这种对比："研究科学（research science）处理某些问题。它并不试图在任何具体领域中对作为整体的世界给出系统的说明。在早些时期，科学的功能看起来就是对宇宙包括一切生命形式提出系统的说明；并且主要的兴趣集中于对纲、科、属、种的单纯陈述。兴趣的中心是挑选适当的类型，选择那些对于分类来说最为适合的特征。但是，对科学的兴趣从这方面转向了研究工作。我们这里特别考虑了生物科学。不过，这对所有现代科学都是适用的。"[②]这里所说的生物科学是在机械科学的意义上而言的，它与就进化理论而言的生物科学形成了对照，后者的目标是生产，即米德说的，"物理科学家的目标是还原（reduction），而生物学家的目标是生产（production）。除非得到一个正在进行的生

---

① George H. Mead, *Movements of Thought in the Nineteenth Century*, Edited and with an Introduction by Merritt H. Moore, Chicago: University of Chicago Press, 1936, pp. 158 – 159.

② Ibid., p. 264.

命过程,否则生物学家就无法展开研究"①。在以生命过程为研究对象的生物学的对照下,那种系统说明和选择分类对对象及其性质恒定不变的设定就更加明显了。

反过来看米德以研究科学这个术语所命名的科学样态。这种科学的兴趣并不在于系统说明,而只在于处理问题。如果是这样的话,那么我们很容易指出,处理问题意味着采取行动,亦即,问题总是在实验或者说经验中而不是在说明中得到处理的,就像米德援引伽利略的落体研究来例证研究科学并强调其方法那样②。不过,在米德看来,行动的对象即问题并不是从外部强加的,而是由我们自己的行为所引发的。因此,问题实际上是在事情本身的发展或者说流动中产生的。作为结果,科学也必定是流动的,并且成为处理问题的方法,这也正是生物进化学说可以给人们的启示。惟其如此,米德得出了这样一个结论,"从所有这一切你们可以看到,科学真正地变成了完全流动的,而不是对世界的一种固定的教条结构。它变成了一种方法,一种理解世界的方式,以至于我们可以参照它来做动作。而所产生的问题就是我们参照世界的行为所牵涉到的那些问题。这种行为有许多相位。它并非简单地就是驱动机械所牵涉到的行为。它也是我们参照其他社会成员的行为"③。米德的这番话道明了生

---

① George H. Mead, *The Philosophy of the Present*, Edited and with an Introduction by Arthur E. Murphy, LaSalle, IL: Open Court, 1932, p. 35.
② cf. George H. Mead, *Movements of Thought in the Nineteenth Century*, Edited and with an Introduction by Merritt H. Moore, Chicago: University of Chicago Press, 1936, p. 259.
③ George H. Mead, *Movements of Thought in the Nineteenth Century*, Edited and with an Introduction by Merritt H. Moore, Chicago: University of Chicago Press, 1936, p. 288.

物进化学说对于科学的方法而言的要义：这种学说把世界当作一个流动的过程来加以揭示，同时得到揭示的是各种存在物在这个过程中彼此参照地采取的行动。科学的方法给出了一种不同的理解世界的方式，这就是，从我们的动作和行为亦即经验出发把世界理解为不同的。简而言之，以时间为尺度的生物进化让我们看到了一个不断产生不同的和新奇的事物的场景。

米德向我们描述了这样的场景，并且指出，我们所发现的不同和新奇不仅指向将来，而且指向过去，因为面向将来的经验同时也是对过去的重新解释。换言之，所有的一切都在时间的尺度上流变和进化。米德以有些诗意的笔触写道："随着科学的方法而出现的观点暗示着，就我们的经验而言，世界总是不同的。每天早晨我们睁开双眼便看到了一个不同的宇宙。我们的智能专注于对这些不同的连续调适。这就是在生活中产生兴趣的东西。我们不停地前进到一个新的宇宙之中；不仅我们向前期盼的宇宙是新的，而且当我们向后回顾时，我们也在重新解释旧的宇宙。我们不断地拥有不同的过去。每个世代都重写它的历史。新奇性（novelty）从每一个现在的经验出发向着两个方向延伸。"[1]既然如此，那么这两个以时间为尺度的方向就成为了事情的核心。也就是说，我们要在这两个方向上考虑事物的存在及其规定。但是，这显然是复杂的。既然宇宙是一种连续不断的更新，那么宇宙的现在的状态就不是被归结到它自身，而是被追溯到它的过去的状态，即正在发生的事情被追溯到已经发生的事情。同样地，这个结构也适用于将来的状态即尚未发生

---

[1] George H. Mead, *Movements of Thought in the Nineteenth Century*, Edited and with an Introduction by Merritt H. Moore, Chicago: University of Chicago Press, 1936, p. 291.

的事情。但是,与此同时,既然过去是得到重新解释的,那么已经发生的事情就不是给定的事情,它对现在的规定也就不可能是教条式的,将来也是如此。

这里的要点在于米德所说的经验,即世界的不同是就经验而言的。换言之,当时间的过程与经验的历程融在一起时,指向时间的追溯根本不同于指向要素的还原。后者所透露的是一种不以时间为尺度的机械关系,前者所透露的是一种以时间为尺度的进化关系,亦即过去对于现在以及将来的规定某种意义上可以说是一种进化的规定,这样的规定非但不拒斥新奇的东西,反而正产生新奇的东西。对此,米德是这样说的,"总之,既然时光的流逝本身是在经验中被给予的,那么正在进行的变化的方向就部分地是将要发生的事情的条件。已经发生的事件和正在进行的过程的方向形成了对将来的合理性规定的基础。不可撤回的过去和正在发生的变化是我们全部关于将来的思辨所系的两个因素。于经验中所进行的过程的特性里可以发现或然性。……我们在过去中寻找它们的前提,并根据这个过去和正在发生的事情之间的关系来判断将来。正在进行的过程中的这些关系规定着将要存在的东西……"[1]在这里,或然性是一个值得注意的表述,它提醒我们,这里所说的规定不是使事物获得终结的契机,而是使事物继续进化的契机,后者使得这个规定的过程呈现出了或然性的特征。而如果从哲学方面来考虑,那么可以说,或然性体现了普遍性和新奇性之间的平衡。

---

[1] George H. Mead, *The Philosophy of the Present*, Edited and with an Introduction by Arthur E. Murphy, LaSalle, IL: Open Court, 1932, pp. 13 - 14.

二、生物学与哲学在方法上的贡献 II

事实上,哲学方面的考虑正是米德接下来给出的。在他看来,对于以上这个规定过程的考察也是哲学的任务。他在说完上面那段话不久,马上就说,"今日之哲学的任务在于,使得这种规定的普遍性和新奇事物的出现彼此一致;前者是现代科学的文本,后者不仅属于人类社会有机体的经验,而且也可以在自然中被发现……"①事实上,哲学的思考早已经渗透在上面所有这些从生物进化学说出发的讨论之中了,因为对于米德来说,科学活动和哲学活动之间并没有尖锐的分割和对立②;他这里对哲学任务的陈述也再次指认了这一点。尽管如此,追求精确性的米德还是在有关科学的讨论之后紧接着展开了对于哲学方面的考察。他在"科学为哲学提出问题"的标题下分别考察了柏格森哲学以及实在论和实用主义③。在米德看来,柏格森哲学是进化在哲学上的表达,他说,"世界的科学构想的进化相位在亨利·柏格森的进化哲学中得到了它的一种哲学表达。现在我想

---

① George H. Mead, *The Philosophy of the Present*, Edited and with an Introduction by Arthur E. Murphy, LaSalle, IL: Open Court, 1932, p. 14.
② 莫里斯在《心灵、自我与社会》的导言中肯定了这一点,他说,米德"属于一个古老的传统——亚里士多德、笛卡尔、莱布尼兹的传统;罗素、怀特海、杜威的传统。这个传统看不到科学活动和哲学活动之间有任何尖锐的分割和对立,而且它的成员本身既是科学家又是哲学家"。(George H. Mead, *Mind, Self, and Society: From the Standpoint of a Social Behaviorist*, Edited and with an Introduction by Charles W. Morris, Chicago and London: the University of Chicago Press, 1967, p. ix.)
③ 我们看到,在《十九世纪的思想运动》中,米德继第十三章"现代科学是研究科学"之后,以第十四章"科学为哲学提出问题——活力论;亨利·柏格森"和第十五章"科学为哲学提出问题——实在论和实用主义"对哲学方面进行了考察。

要转向对这种哲学的考察。生命是包含在所经验到的世界中的一个连续改造的过程。新的东西总是正在出现,随之发生的是符合于这种改造的新形式的出现"①。把生命理解为一种连续改造的过程,这没有什么问题,也不会令人不满意。

  米德不满意的是,柏格森对于新的东西的强调,是以对于智能的否定为代价的。作为结果,那种普遍性和新奇性之间的平衡被打破了,柏格森偏向了后者,亦即米德评论的,"于是,他的哲学,尽管期盼将来,但却是期盼一个总是新奇的将来,一个不能够被构想的将来,一个不能够根据知觉来呈现的将来"②。显然,这种偏向不可能以科学的方式,而只可能以形而上学的方式呈现。柏格森以形而上学的直觉来获得这个总是出现新的东西的世界的图景,换言之,他把改造的过程中的一切都收摄于一种从内在经验出发的东西。我们知道,这个东西就是柏格森所说的绵延。绵延作为对这样的改造过程的保证和刻画,是一种与空间无关的纯粹的时间上的绵延,这就如同米德说的,"当他寻找他所说的与固定空间中的单纯运动截然有别的纯粹'绵延'的例子时,他走向了个人的内在经验"③。这恐怕是米德最无法接受的,因为在米德看来,哲学的任务中所牵涉到的新奇事物,就像我们前面所援引的,并不是内在的,而是存在于社会和自然之中的;也就是说,是有着客观的维度的。事实上,正如我们所知道的,米德一直在寻求一种平衡:一方面,进化学说使我们看到,宇宙自身是一个在发生着变化的不同的宇宙,亦即总有新奇

---

① George H. Mead, *Movements of Thought in the Nineteenth Century*, Edited and with an Introduction by Merritt H. Moore, Chicago: University of Chicago Press, 1936, p. 292.
② Ibid., p. 303.
③ Ibid., p. 297.

事物产生，因此，我们的认知不是基于客体的某种假设的本性，而总是改造性的，正如我们的生命和历史也总是改造性的；另一方面，这种与新奇事物联系在一起的变化和改造又拥有它们的客观表达，所以它们并不因为它们自身是一种连续不断的绵延而只与内在经验相关。

这种平衡态度也反映在米德结束这次柏格森哲学考察时所做的最后评论中："他没有看到，他这样重视的流、自由、新奇性、相互渗透、创造性，并非必然限于内在意识流中经验的相互渗透。它们也可以在一种客观陈述中被获得，只要我们看到，经验的对象拥有与柏格森在我们内在经验中所发现的相同的相互渗透、本质范围；只要我们看到，柏格森特别激烈反对的我们在反思中所获得的观念、我们在科学中所获得的客体，乃是分析的结果，而并没有被假定为对象自身本性的报告。"[①]不难发现，米德自己的想法在这番评论中得到了清楚的表达，即，尽管柏格森使进化获得了一种哲学表达，但是他的形而上学进路使得他的运思发生了一种向内的、主观的偏向，因此我们必须以一种客观的方式来加以纠正。这种客观的方式与科学有关。在科学的探究中，客体似乎被固定住了，但这只是一种方法上的局限，而并不意味着绵延就从客体中排除出来并仅仅存在于主体之中。在这一点上，米德甚至向我们描述了一种客观的绵延，他说："因此，我们在外部世界中获得了柏格森式的绵延。它不是柏格森意义上的绵延，因为它不是从一种内在经验的立场出发的绵延。科学家所处理的绵延是一种客观的绵延。它属于客体。当我们看客体

---

① George H. Mead, *Movements of Thought in the Nineteenth Century*, Edited and with an Introduction by Merritt H. Moore, Chicago: University of Chicago Press, 1936, p. 325.

的时候,客体也许会被固定;为了看到它,我们也许不得不把过程停下来。但这反映了我们方法中的一种局限。它并不意味着,过程、流逝、绵延就从事物的本性中排除出来并被做成主观的。"[1] 显然,在米德看来,事物的本性就是绵延,而且这种绵延不会因为科学家的处理或者方法上的局限而被取消。事实上,从另外一个方面来说,方法上的局限某种意义上提醒我们需要方法上的灵活,比如,当米德——如我们前面所援引的——谈到物理科学家的目标是还原而生物学家的目标是生产时,马上补充说,但生物学家"拥有适用于这个生命过程的物理学手段,所以他必须在他是一位生物学家的同时还是一位物理学家"。[2] 方法上的灵活性意味着,当我们处理某些问题的时候,各种方法不管源自物理科学、生物进化还是进化哲学都处在彼此的补充、纠正亦即平衡之中。

如果说柏格森哲学是生物进化的哲学表达,那么实在论和实用主义就是现代科学的哲学表达。对此,米德这样陈述道:"实在论运动和实用主义运动是现代时期所独具的两个特色,它们两者都是从科学过程的诸相位中成长出来的:一个产生于数学技术,数学技术已经非常普遍化,以至于它进入了将数学和哲学集合在一起的纯粹逻辑的领域;另一个是实验科学的技术和某种认识的一种发展,这种认识就是,对假设的检验在于问题的成功解决,以及,人类的进步在于各种问题的解决,而这些解决必须根据曾被问题所阻断的过程来加以陈述。……我们所做的就是在面对困难或问题时寻求解决。我们寻求一种假设,这样

---

[1] George H. Mead, *Movements of Thought in the Nineteenth Century*, Edited and with an Introduction by Merritt H. Moore, Chicago: University of Chicago Press, 1936, p. 314.

[2] George H. Mead, *The Philosophy of the Present*, Edited and with an Introduction by Arthur E. Murphy, LaSalle, IL: Open Court, 1932, p. 35.

的假设可以使在我们称之为有问题的情境中一度被阻断的过程获得自由。"①而当我们把米德的这个陈述同他前面所考察的柏格森哲学结合起来时,我们就看到了一种可能,即生物进化与解决问题之间的平衡的可能。也就是说,时间尺度上的那种改造性的生命过程是在我们对于自身所面临的各种问题的解决中展开的,这种展开也透露了问题及其解决的时间尺度。

无论如何,米德所做的这些思想史的考察为我们勾勒出了生物学与哲学在方法上的贡献。循着这些贡献,我们发现,就我们的经验而言,对象是在时间的尺度上进化出来并被我们所接近的;因此,时间的尺度不属于内在的、主观的领域,而属于行动的、客观的领域,在这个意义上,它更多地是作为一种方法而运作的。我们也可以把这种方法运作概括为:我们以一种客观的方式面对以时间为尺度的对象,解决以时间为尺度的问题;换言之,我们以及我们的对象和问题处在一个客观的过程之中。这在很大程度上刻画了米德的工作的特点,或者至少为我们了解米德的工作提供了可供选择的视角。

三、心灵、时间与自我意识

把时间视为一种归诸心灵的属性,这几乎已经形成了一个久远的传统。这个传统,随着笛卡尔的哲学特别是他从身心关系出发所做出的思考,成为了一个在十七世纪以来的哲学中产生普遍而深远影响的要素。笛卡尔在《哲学原理》中对时间做出了这样一番描述,"有些属性或模式就存在于它们据说为其属性

---

① George H. Mead, *Movements of Thought in the Nineteenth Century*, Edited and with an Introduction by Merritt H. Moore, Chicago: University of Chicago Press, 1936, p. 359.

或模式的那些事物之中,而另外一些属性或模式则只存在于我们的思想之中。比如,当时间同一般意义上的持续区分开来并被称作运动的度量时,它就只是一种思想模式。因为我们所理解的包含在运动中的持续当然无异于包含在不运动的事物中的持续"①。也就是说,在笛卡尔看来,时间只存在于思想之中,而不存在于有广延的事物之中,不管事物运动还是不运动。而思想乃是笛卡尔所说的心灵的属性或者说本质。对于这一点,笛卡尔不止一次地给出过直接或间接的指认,比如他在答复阿尔诺(Arnauld)时明确说道:"然而,这似乎是必然的,即心灵实际上总是在从事思考;因为思想构成了它的本质,正如广延构成了身体的本质。"②在与伯尔曼(Burman)的谈话中,笛卡尔也说:"心灵不能够没有思想;它当然可以没有这种或那种思想,但是它不能够没有某种思想。"③如果要对笛卡尔的这些想法加以追溯的话,那么我们循着这个传统可以径直找到亚里士多德或者奥古斯丁。在他们那里,时间在两个维度上得到刻画,即度量和心灵④。不难发现,这样的刻画与笛卡尔的阐发之间有着内在的

---

① René Descartes, *The Philosophical Writings of Descartes*, Volume 1, Translated by John Cottingham et al, Cambridge: Cambridge University Press, 1985, p. 212.
② René Descartes, *The Philosophical Writings of Descartes*, Volume 3, Translated by John Cottingham et al, Cambridge: Cambridge University Press, 1991, p. 355.
③ Ibid., p. 336.
④ 比如,亚里士多德在《物理学》中表示,"时间不是运动,但运动只有在时间的限度内才能得到计数"(Aristotle, *The Complete Works of Aristotle*, Volume 1, Edited by Jonathan Barnes, Princeton: Princeton University Press, 1991, p. 70)。奥古斯丁则说:"在你之中,噢,我的心灵,我度量时间。"(Augustine, *Confessions*, Translated by F. J. Sheed, Indianapolis: Hackett Publishing Company, Inc., 2006, p. 253)

关联。当然,笛卡尔的贡献也是显而易见的,这就是思想。换言之,心灵乃是以作为其属性的思想来进行时间的度量的。如果是这样的话,那么作为尺度的时间就仅仅归属于心灵即思想。就这一点而言,笛卡尔仍然恪守了这个传统的原则,即时间是内在的。

就没有放弃时间的尺度而言,米德可以说是接过了这个传统。但是,前面所讲的生物学与哲学在方法上的贡献使他获得了采取新的策略的可能。这个策略的首要任务就是处理时间的内在性问题,亦即,把作为尺度的时间从内在的、主观的领域转向行动的、客观的领域。米德是通过他对心灵的重新考虑来完成这种转向的,具体而言就是,他在关于心灵的理论上获得了一种平衡并以这种平衡来使时间保持其尺度的地位。我们在这里再次运用了平衡这个词,是因为米德一方面反对把心灵完全还原为客观可观察的行为从而否认心灵的存在[①],一方面又认为心灵可以通过这样的客观行为而获得原因上的尽管是复杂的解释,即他所说的,"简而言之,否认心灵、意识或者精神现象既不可能也不可取;但是,用行为主义的术语来说明或者论述它们却是可能的,这些术语恰与华生在论述非精神的心理现象(根据他对心理学领域的定义,这些现象乃是所有存在的心理现象)时所

---

① 我们知道,这个反对主要是指向华生的,米德说:"华生坚持认为,客观可观察的行为完全而专有地构成了不论是个人的还是社会的科学心理学的领域。他把'心灵'或'意识'的观念当作错误的推到一边,并企图把所有'精神'现象还原为条件反射以及相似的生理机制——简而言之,还原为纯粹行为主义的术语。这个企图当然是误入歧途和成功不了的,因为心灵或意识的存在本身在某种或其他意义上必须被承认——对它的否认将不可避免地导致明显的荒谬。"(George H. Mead, *Mind, Self, and Society: From the Standpoint of a Social Behaviorist*, Edited and with an Introduction by Charles W. Morris, Chicago and London: the University of Chicago Press, 1967, p. 10.)

使用的术语相似。精神的行为不可被还原为非精神的行为。但是,精神的行为或现象可以根据非精神的行为或现象来解释,即被解释为产生于后者,起因于后者中的复杂状况"[1]。这样的解释在米德那里是至关重要的,因为在这样的解释中,心灵产生的原因获得了一种有别于上述那种传统的外在的说明,即来自社会过程的说明。但是,在此之前,恐怕有必要对心灵本身的特征给出说明,因为心灵产生的原因毕竟不等于心灵本身。这也在某种程度上解释了,为什么尽管社会在米德的理论中占有那么重要的地位,米德却仍然从心灵出发开始他的考察。而我们也正是在米德对心灵本身特征的说明中看到了得到重新阐释的时间尺度。

米德这样来考虑心灵的特征,他说:"如果我们打算用行为主义的术语来考虑,那么心灵本身是什么?心灵当然是一个非常暧昧的术语,而我想要避免这些暧昧性。我认作心灵的特征的东西是人类动物的反思的智能,这种智能有别于低等形式动物的智能。……一般而言,我们承认,我们指认为反思的理智的东西只属于人类有机体。"[2]也就是说,以反思的智能为其特征的心灵使得人类区别于其他动物。在米德的这番论证中,作为基本出发点的生物学事实使他免于草率地滑入某种形而上学,与此同时,不难发现,他由以出发的生物学事实透露着进化的意味,特别是当我们结合前面有关"有智能的存在物"的引文来考虑时。进一步地,人类的这种反思的智能揭示了什么呢?就我们这里的讨论而言,回答是时间的尺度,当然是得到重新阐释的

---

[1] George H. Mead, *Mind, Self, and Society: From the Standpoint of a Social Behaviorist*, Edited and with an Introduction by Charles W. Morris, Chicago and London: the University of Chicago Press, 1967, pp. 10 – 11.
[2] Ibid., p. 118.

时间的尺度,米德接着说道,"与有智能的动物有别的有智能的人,使将要发生的事情向自身呈现出来。……然而,这幕决定我们现在行为的未来将是什么的图景正是人类智能的特征——未来依据观念成为现在"①。在这里,要紧的不是我们根据现在和未来的这种关联指出时间尺度的运作,而是要指出,这种时间尺度的运作在于行为之中,而非思想之中。

不过,这一点所透露的与其说是米德与笛卡尔的分野,不如说是米德对笛卡尔的发展,即,这种建立在生物进化之上的反思的智能重新刻画了笛卡尔所说的思想。而我们也正是看到,笛卡尔那里的思和我的关系现在变成了反思和自我意识的关系,后者存在于行为之中。对此,米德在"反思的智能的本性"这个标题下说道,"反思或反思性的行为只出现在自我意识的条件下,它使得个体有机体有可能对它的行为进行有目的的控制和组织,这关涉于它的社会环境和物理环境,即,关涉于它参与其中并对其做出反应的各种社会情境和物理情境"②。反思之所以和自我意识密切地联系一起,乃是因为反思作为得到重新刻画的"思想",意味着一种反诸自身的思想,即米德说的自我之中的一种对话,而这样的对话只可能发生在自我意识的条件之下,即个体在他的经验中意识到他与其他个体的关系。与此同时,这样的对话构成了以反思的智能为其特征的心灵。这就是米德关于个体所说的,"构成其经验的独特结构的便是我们称之为他的'思想'的东西。它是发生在自我之中的对话。这是构成他的

---

① George H. Mead, *Mind, Self, and Society: From the Standpoint of a Social Behaviorist*, Edited and with an Introduction by Charles W. Morris, Chicago and London: the University of Chicago Press, 1967, p. 119.
② Ibid., p. 91.

心灵的东西"①。简而言之,心灵和自我意识只存在于反思或反思性的行为之中,并由于后者而发生关联。

四、作为过程的社会

如果是这样的话,那么时间尺度运作于其中的行为其实就是个体与其他个体的行为,当然,就心灵和自我意识而言,这样的行为又是从其他个体反诸自身的行为。这一点对前面所援引的"未来依据观念成为现在"给出了说明,即反思的智能使得那未来的行为在时间尺度上以观念的形式成为现在的行为。在这里,与这种自反性同样重要的是其他的个体,因为后者牵涉到一个整体,这个整体就是社会过程。个体在其自反性上对它的行为所进行的有目的的控制和组织是就社会过程而言的,这也是米德谈到这一点时强调物理和社会环境或情境的原因。对于这些,米德有一段集中的阐发,他说:"只有当社会过程作为一个整体进入到或者呈现于该过程所包含的任何特定个体的经验中时,心灵才在该过程中产生。当这一情况发生时,个体变成有自我意识的并且具有了心灵;他意识到他与作为整体的这个过程的关系,他与和他一起参与这个过程的其他个体的关系;他意识到这个过程被那些参与其中的个体——包括他自己——的反作用和相互作用所修正。……正是借助于自反性——个体的经验反诸他自身——整个的社会过程才因而进入到它所包含的个体经验之中;正是借助于这种能使个体对自身采取他者态度的方式,个体得以有意识地使自身适应于这个过程,并在任何特定的

---

① George H. Mead, *Movements of Thought in the Nineteenth Century*, Edited and with an Introduction by Merritt H. Moore, Chicago: University of Chicago Press, 1936, p. 385.

社会动作中根据他对这个过程的适应来修正该过程的结果。"①这段阐发深刻地揭示了社会心理学的实质：一方面，社会的、他者的方面由于进入个体的经验之中而成为内在的东西，这个内在的东西是心灵得以产生的契机；另一方面，个体由于心灵的反思的智能而对自身采取他者的态度，这种态度是以外在的东西为前提的，而外在的东西所归诸的正是作为整体的社会。

简而言之，社会过程既是内在的又是外在的，即米德所说的，"在社会心理学中，我们不仅从外部而且也从内部来触及社会过程"②。当然，更为重要的是，如前所述，这个内外重叠的过程是一个同时发生着适应和修正的过程。所以，米德接着说道，"社会心理学是行为主义的乃是在以下意义上而言的，即，它是从一种有待于科学地研究和分析的可观察的活动——动态的、正在进行的社会过程，以及作为其组成要素的社会动作——开始的"③。在这里，"动态的"和"正在进行的"这两个修饰语不仅是对社会过程的特征的刻画，而且透露了米德在把社会考虑为过程时所要揭示的东西。尽管这两个修饰语很容易使我们想起时间尺度上的进化，但是在这里，就社会过程而言，我们更愿意把米德所揭示的东西指认为是进步。正是进步使得米德所说的过程同泛泛而言的过程区别了开来，也就是说，这种动态的、正在进行的社会过程一方面并不把自身归结到固定的或既定的目的，另一方面又一直在进行着表现为创造性变化的改造。对此，米德结合古代与现代的比较谈道，"因为现代文化的世界观本质

---

① George H. Mead, *Mind, Self, and Society: From the Standpoint of a Social Behaviorist*, Edited and with an Introduction by Charles W. Morris, Chicago and London: the University of Chicago Press, 1967, p. 134.
② Ibid., p. 7.
③ Ibid.

上是一种动态的世界观——它虑及,事实上是强调,真正的创造性变化的现实和事物中的进化;而古代文化的世界观本质上是一种静态的世界观——它根本不承认任何真正创造性变化的发生或事实以及宇宙中的进化"①。也就是说,在进步的语境下,"动态的"意味着创造性的变化以及进化。同样地,在这个语境下,我们也可以发现,"正在进行的"意味着不存在任何固定不变的目的,这就是米德接下来说的,"根据现代思想,不存在社会进步必然走向的固定或给定目的或目标……相反,古代思想根本不承认现代意义上的进步的现实、存在或可能;它唯一承认可能或真实的进步乃是向着永恒不变的目的或目标的进步——向着给定的、预定的类型的实现的进步(现代思想根本不认为这是真正的进步)"②。之所以如此乃是因为,如果存在永恒不变的目的,那么过程确切地说时间尺度实际上就被取消了。与此同时,也只有在正在进行的因而无固定目标的社会过程中,前面所说的具有心灵的个体才可能存在,这在米德那里同样结合生物进化得到了说明,"必须存在一个正在进行的生命过程,才会有得到分化的细胞;同样地,必须存在一个正在进行的社会过程,才可能存在个体"③。不过,在我们转向以心灵来阐释社会的进步过程之前,我们还要问两个问题,为什么必然是进步?以及,进步的本性是什么?

对于这两个问题,我们可以先来看米德的这样一番话,"你们想要一个正在进步的社会。进步对于有智能的生命来说已经

---

① George H. Mead, *Mind, Self, and Society: From the Standpoint of a Social Behaviorist*, Edited and with an Introduction by Charles W. Morris, Chicago and London: the University of Chicago Press, 1967, pp. 293 - 294.
② Ibid., p. 294.
③ Ibid., p. 189.

变成本质性的了。……我们不知道目标是什么。我们在路上，但我们不知道在哪里。然而我们必须获得某种绘制我们进步图表的方法。我们不知道进步应该在哪里结束，它正走向哪里。这是一个看似不能解决的问题"①。既然在有智能的生命那里，进步是本质性的，那么进步对于社会来说就是一桩必然的事情。而这番话中所描述的那种在路上的状态，不仅对正在进行的社会过程做出了刻画，而且还对进步的本性是什么给出了启示。所以，米德紧接着说道，"科学确实在某种意义上提出了该问题的解决方法。这就是，它承认进步具有一种解决问题的本性。……科学专注于发现存在于社会过程中的问题是什么"②。在这里，进步的本性被明确地指认为解决问题，我们当然可以把这种指认联系于前面提及的旨在处理问题的"研究科学"，但更为直接地，恐怕还是应该联系于进化这个正在宇宙中进行的过程。之所以这么说，乃是因为问题并不是一种已经在那里存在并在后来被发现的东西，而是由创造性的变化和进化本身所生产出来的东西。换言之，进步从根本上来说并不意味着，那被称为社会以及相应的心灵和自我的东西先已存在，然后再经历一个从低级到高级、从简单到复杂的发展过程，而是意味着，社会以及心灵和自我更多地表现为连续的动作而非已然的存在物，这些动作从外在的方面来说是解决问题，从内在方面来说是改造自身。简而言之，在进化的语境下，过程或者说进步的过程，就是指解决问题和改造自身的过程。这个过程一旦停止，那么

---

① George H. Mead, *Movements of Thought in the Nineteenth Century*, Edited and with an Introduction by Merritt H. Moore, Chicago: University of Chicago Press, 1936, p. 363.

② Ibid.

所剩下的不是诸如静态的社会以及相应的心灵和自我之类的存在物,而是无。

那么,这里所说的改造自身是指的什么呢?回答是,与连续的动作联系在一起的社会和自我的改造。当然,这仍然是从进化以及过程的角度来讲的。对此,米德的表述是,"简而言之,社会的改造和自我或个性的改造是一个过程——人类社会进化的过程——的两个方面"①。也就是说,人类的社会进化决定了社会和自我是一个过程,而这个过程的根本特征与存在方式就是改造。在这个时候,我们再次看到了米德的心灵-自我-社会的三元关联。这就是,自我和社会的改造过程吁求一个动作的机制或器官,它既有内在方面的特征又有外在方面的特征,这不仅说它既是内在的又是外在的,而且是说它具有衔接和转化内外的能力——它就是心灵。米德这样说道,"心灵,作为建设的、反思的或解决问题的思维,是社会性地获得的手段、机制或器官,人类个体靠它来解决环境调整的各种各样的问题,这些问题是在他的经验进程中产生出来同他面对的,它们妨碍他的行为在其道路上和谐地行进,直到它们被处理为止"②。在这里,心灵在解决了从环境方面产生的外在问题的同时,推动了表现在个体方面的内在经验的发展。这个解决和推动的过程,正是那个合二为一的社会和自我的改造过程。从这样的改造过程出发,前面那个看似不能解决的进步的目标的问题获得了另外一个解决办法。与前一个解决办法一样,这个办法也不诉诸一个静态

---

① George H. Mead, *Mind, Self, and Society: From the Standpoint of a Social Behaviorist*, Edited and with an Introduction by Charles W. Morris, Chicago and London: the University of Chicago Press, 1967, p. 309.
② Ibid., p. 308.

的终点,而诉诸一种动态的能力,这就是社会智能,确切地说,完善的社会智能。米德说,"人类社会的理想——人类社会进步的理想或最终目标——乃是达到一个普遍的人类社会,在这样的社会中,所有的人类个体都具有完善的社会智能……"[①] 完善的社会智能当然不是某种静态的东西,因为如果我们还记得米德把心灵的特征归诸人类动物的反思的智能,那么这里所说的人类个体所具有的社会智能正是刻画了心灵的特征;而心灵,就像刚才说的那样,作为"建设的、反思的或解决问题的思维",乃是社会和自我改造过程合二为一的契机。在这个意义上,完善的社会智能还呼应了我们所援引的《现在的哲学》中的那个判断,即"改造对于宇宙中有智能的存在物的行为而言是本质性的"。

到这里,我们发现,社会被考虑为过程这个事实是同诸多线索联系在一起的,这些线索既构成了对于社会过程的进路,也构成了对于别的问题的进路,后者是我们接下来要考察的。

第二节 动作与交往

无论是进化还是改造,其直接表现以及基本要素都是动作。当然,根据前面的讨论,这些动作都是社会动作。那么,社会动作究竟是指什么呢?在回答这个问题之前,有必要先回答另一个问题,即,动作究竟是指什么?米德是这样说的,"一个动作就是一个冲动,这个冲动通过选择其所需的某些种类的刺激来维

[①] George H. Mead, *Mind, Self, and Society: From the Standpoint of a Social Behaviorist*, Edited and with an Introduction by Charles W. Morris, Chicago and London: the University of Chicago Press, 1967, p. 310.

持生命-过程。因而,有机体创造了它的环境。刺激是冲动得以表现的诱因。/ 刺激是手段,倾向是真实的东西。智能是对将释放和维持生命并帮助重建生命的刺激的选择(1927 年)"①。在这里,动作所归诸的冲动是有选择的冲动,这种选择由智能做出,其目的是生命的维持和重建。如果再结合刺激,那么米德的这番话从机制上道出了动作所具有的进化以及改造的意义。与此同时,冲动系于生命形式,而生命形式又系于环境,因此接下来米德从作为冲动的动作入手来讨论社会动作,并把社会动作考虑为个体间的合作。他说:"一个社会动作可以被定义为这样一个动作,在该动作中,将冲动释放出来的诱因和刺激存在于生命形式的特征或行为里,而生命形式属于生命形式的适当环境,是环境的冲动。无论如何,我希望把社会动作限定为这样一类动作,它包括超出一个个体之上的合作,并且,它的由动作所定义的对象是柏格森意义上的一种社会对象。"②在这里,当动作成为合作时,交往以及与之相伴的问题就产生了。因此,唯有以动作和交往为线索,符号、语言以及他人等问题才可以得到有效的考察。

一、智能与符号

对于刚刚提到的那个观点即智能的主要工作是选择,米德不止一次地予以了说明,他甚至直接就说,"有智能的行为的过程本质上是一个在各种选项中进行选择的过程;智能很大程度

---

① George H. Mead, *Mind, Self, and Society: From the Standpoint of a Social Behaviorist*, Edited and with an Introduction by Charles W. Morris, Chicago and London: the University of Chicago Press, 1967, p. 6.
② Ibid., p. 7.

上是一件选择的事情"①。之所以要进行选择,是因为有机体对之做出反应的对象并不是唯一的和被给定的。换言之,一方面,对象并不以自身的现实存在天然地构成有机体的环境,相反地,它们对于有机体来说还根本不是所谓的现实存在,而只是刺激;另一方面,有机体对刺激的反应并不是没有目的和不受控制的,相反地,它只对释放、维持以及重建生命的那类刺激做出反应,即形成前面所说的那种作为冲动的动作。有机体也正是以这样的动作创造它的环境的。那么,这种选择是在什么尺度上运作的呢?如果不考虑智能对中枢神经系统的依赖,那么我们也许会从外部把选择的尺度归结为刺激的种类;而一旦考虑到这一点,我们就会发现,选择的尺度仍然是时间。米德当然考虑到了这一点,所以他指出,"延迟的反应对于有智能的行为来说是必需的。……倘若没有延迟的反应,或者不计延迟的反应,那么对行为的有意识的或有智能的控制就无法得以实施;因为正是通过这个选择性反应的过程——它之所以可能是选择性的仅仅因为它是延迟的——智能才在行为的决定中运作。事实上,正是这个过程构成了智能。中枢神经系统不仅为这个过程提供了必要的生理机制,而且也提供了该过程所预设的延迟反应的必要生理条件"②。这里所说的延迟正是时间尺度在有智能的行为即选择上的体现。不过,如果说延迟仅仅意味着控制行为以便进行选择,那么一些低等动物在经过训练后似乎也能做到这一点。因此,我们必须进一步追问,延迟这个时间尺度究竟是如何

---

① George H. Mead, *Mind, Self, and Society: From the Standpoint of a Social Behaviorist*, Edited and with an Introduction by Charles W. Morris, Chicago and London: the University of Chicago Press, 1967, p. 99.
② Ibid., pp. 99 - 100.

运作的？米德这里所使用的两个限定词"有意识的"和"有智能的"提供了回答的线索。

这个线索就是反思。这里所说的反思是指，各种选项对于人来说不是作为外在对象而存在的，而是作为可以在思想中得到辨别的东西而存在的。而且，正因为是在思想中得到辨别，所以这些同外在的直接环境脱离开来的选项变得更加清晰了。使得这种思想中的辨别或者说反思得以可能的就是符号。米德说，"我们拥有一套符号，我们借助这些符号来标示某些特征，并在标示那些特征的时候把它们从它们的直接环境中分离出来，从而只让某一种关系保持清晰"①。这就意味着，人是通过对环境中的特征做出标示的符号来进行选择的。换言之，人一方面用符号来对对象给出特征的辨别，另一方面用符号来向自己指出自己的选择。相反地，低等动物的行为只是一种条件反射，即便在经过一定的训练后可以对某个词做出反应，那也不是它控制自己的行为并进行选择的结果。比如，"当我们使用一个特定的词时，狗就只用后腿站立并走路，但是狗不能把其他人给它的那个刺激给它自己"②。显然，这里的关键就是自己对自己做出标示，而这样的标示只能是以符号的方式，就像米德在另一处比较狗的例子中所分析的，面对一条阻挡前行的沟壑，"如果狗看到远处的一个狭窄地方，那么它就会跑向它，但是它大概不会被沟壑两侧的逐渐靠近所影响，而这种逐渐靠近正是人类个体能够以符号的方式向他自己所标示的"③。那么，这种借助符号所

---

① George H. Mead, *Mind, Self, and Society: From the Standpoint of a Social Behaviorist*, Edited and with an Introduction by Charles W. Morris, Chicago and London: the University of Chicago Press, 1967, p. 121.
② Ibid., p. 108.
③ Ibid., p. 123.

做出的自己对自己的标示的实质是什么？回答是交往，即反思所凭借的符号的产生以及运用，必定涉及不止一个的人类个体。

之所以这么说是因为，这种自己对自己的标示是像自己对他人的标示那样运作的，亦即米德所说的，"因此，人类社会中脊柱动物形式的智能的精致化取决于这样一类社会反应的发展，在此类社会反应中，个体能够像他影响他人那样影响他自己"①。在这里，前面所说的时间尺度上的延迟反应得到了一个重要的说明，即延迟反应实质上是一种社会反应。这是因为，延迟意味着一种以所引入的他人为契机展开的反思。这种反思有两个特征，一个就是这个所引入的他人同样就是自己，另一个就是这种反思同样是借助符号来达成的。这表明，反思不是孤立的，而是社会的。就此而言，如果说反思是像与他人商谈那样进行自我商谈，那么这种商谈就是交往。这样的反思把人的智能同低等动物的智能区别了开来，对此，米德又给出了一个比较性的例子来加以说明："比人低等类型的动物对某些特征的回应有着超出人的能力的精准，比如就狗对于气味来说。但是，向另一条狗标示气味是什么却超出了狗的能力。第一条狗不能派遣另一条狗去辨出这气味。而人可以讲出如何去辨认另一个人。他能够标示那些将导致某种回应的特征是什么。这种能力把人这样一种反思性的存在物的智能同低等动物的智能完全区分了开来，不管它们可能是怎样地有智能。"②我们前面在讨论心灵问题的时候，已经指出，在米德看来，人所具有的反思的智能有别

---

① George H. Mead, *Mind, Self, and Society: From the Standpoint of a Social Behaviorist*, Edited and with an Introduction by Charles W. Morris, Chicago and London: the University of Chicago Press, 1967, p. 243.

② Ibid., p. 92.

于低等动物的智能。在那里,根据时间的尺度,我们所了解到的是,人类智能使得未来依据观念成为现在。而在这里,同样根据时间的尺度即延迟的反应或者说反思,我们所了解到的是,人类智能使得观念中的未来和现在借助符号成为社会性的未来和现在,它们体现在交往之中,体现在构成社会过程的动作之中。对此,米德的表述是,"在反思的智能中,一个人对采取动作并且是单独地采取动作进行思考,以使得这个行动仍然是社会过程的一部分。思考变成为社会行动所做的准备"①。不过,就对于行动的准备而言,有一个环节与反思同样重要,这个环节就是角色扮演。

二、角色扮演的意义

在前面的讨论中,特别是像"个体能够像他影响他人那样影响他自己"这样的表述中,我们发现了他人与自己的一种重叠和区分——当然,他人与自己正是在这样的重叠和区分中生成的。不过,我们还是要问,在反思或者说精神活动中,他人是如何成为自己,以及自己又是如何成为他人的?在这个问题上,也许米德所区分的主我和宾我会给我们很大启发。但是,就我们这里所追迹的智能这条线索而言,还存在着另一条可能更为直接的进路,这就是角色扮演。米德说:"得到普遍承认的是,智能的特定社会表现或通常被称作'社会智能'的东西的运用,取决于既定个体扮演与他自己一起卷入既定社会情境中的其他个体的角色的能力,或者说'使自己代替'这样的其他个体的能力;取决于

---

① George H. Mead, *Mind, Self, and Society: From the Standpoint of a Social Behaviorist*, Edited and with an Introduction by Charles W. Morris, Chicago and London: the University of Chicago Press, 1967, p. 141.

他因他们对他的态度以及他们彼此的态度而引发的感受性。就我们的观点而言,智能的这些特定社会表现当然具有独一无二的重要意义。我们的观点是,智能的整个本性彻彻底底是社会的——某个人的自我在他人位置上的这种摆放,某个人的自我对他们的角色或态度的这种扮演,不仅是智能或有智能行为的各种方面或表现之一,而且是其特征的本质。"①简单来说,米德这番话表达了两个意思:智能从社会的方面获得其本质特征;智能在社会中的表现就是角色扮演。尽管如此,角色扮演本身的意义和机制还没有被道明。我们的考虑是,既然角色扮演同对于社会动作的准备有关,那么我们就应当从动作本身所涉及的要素来开始我们的讨论。

在这里,这个要素就是刺激——事实上,智能是对刺激的选择也提醒我们从这个要素开始。在米德看来,刺激以及对于刺激的反应正是角色扮演中首先获得的东西。他说:"当一个儿童确实承担一个角色时,他就在他自身中拥有了唤起那种特定的回应或者回应群的刺激。"②可以说,角色承担的重要意义在于,刺激成为了某种内在于这个儿童之中的东西,而不是外在的、给定的东西。换言之,此时,这个儿童获得了对自身之中所拥有的刺激做出回应的契机。作为结果,他不再任由自身消散于对外部刺激的应付之中,而是回到了自身。这个回到自身正是自我的产生的表现。所以,米德随即就借着"玩印第安人"的游戏做出了进一步说明,"在游戏阶段,儿童把他自己的回应运用到这

---

① George H. Mead, *Mind, Self, and Society*: *From the Standpoint of a Social Behaviorist*, Edited and with an Introduction by Charles W. Morris, Chicago and London: the University of Chicago Press, 1967, p.141.
② Ibid., p.150.

些刺激之上,而他正是利用这些刺激来建立起一个自我的"①。这意味着,自我是这个儿童在他所扮演的角色中建立起来的,确切地说,是在他分别扮演的他人角色所回到的自身中建立起来的,即米德说的,"正是通过扮演这种他人的角色,他能够回到他自身并这样来指导他自己的交往过程"②。如果是这样,那么角色扮演实质上就是借助刺激和回应构造出一种交往关系。

与此同时,前面我们谈到,交往是一种商谈;而在儿童的角色扮演中,作为交谈者的自我或者他人都是角色扮演的结果。也就是说,儿童是以他所扮演的角色来进行商谈和交往的,而自我只有在这样的商谈和交往中才得以呈现。米德接下来就说,"他有一套刺激,这套刺激在他身上唤起它们在其他人身上唤起的那种回应。他抓住这组回应并把它们组织成某个整体。这是成为某一人的自我之外的另一人的最简单形式。它涉及一种时间的情境。儿童以某个角色身份说话,再以另一个角色身份做出回应,然后,他以另一个角色身份做出的回应又成为对第一个角色身份中的他自己的刺激,交谈就这样进行下去"③。到这里,如果有人要问,儿童如何建立起他作为儿童身份的自我,而不是作为诸如印第安人之类角色身份的自我,那么答案也已经有了,这仍然是角色扮演——儿童以及父母角色的扮演。米德说,"一方面,我发现被称作儿童模仿的东西,另一方面,我们发现父母的同情回应。……玩娃娃这个非常普遍的习惯标示着,在儿童那里是如何准备好表现父母的态度,或者也许我们应当

---

① George H. Mead, *Mind, Self, and Society: From the Standpoint of a Social Behaviorist*, Edited and with an Introduction by Charles W. Morris, Chicago and London: the University of Chicago Press, 1967, p. 150.
② Ibid., p. 254.
③ Ibid., p. 151.

说,准备好表现父母的某些态度"①。这种对于儿童以及父母的模仿无疑就是角色扮演的体现。儿童与低等动物的幼崽的不同之处恐怕正是在于,他们不是天然或者说本能所形成的产物,而是在一种社会情境即儿童与父母的关系中经由角色扮演所形成的产物。简单地说,父母和儿童之间存在着刺激和回应的交往关系,而角色扮演游戏使儿童作为儿童的刺激、回应、动作在这样的关系中得到了控制——正如刺激、回应、动作在其他的交往关系中得到相应的控制那样。

米德将这样的控制视为角色扮演的直接效果,他说:"这样的角色扮演的直接效果在于个体对他自己的回应所能施加的控制。如果个体能够扮演他人的角色,那么他在合作过程中对行动的控制就能够发生在他自己的行为之中。从群体中的行为组织的视角来看,正是这种通过扮演他人角色而来的对个体自身回应的控制导致了这种类型的交往的价值。"②这种发生在个体的回应以及行动上的控制对于群体来说就是行为的组织。换言之,在交往活动中,角色扮演使得个体成为得到控制的个体,而群体成为得到组织的群体。接下来,要对控制和组织做出进一步的说明,就要对角色扮演给出进一步的分析。这一分析在米德那里是通过游戏(play)和比赛(game)的区分来给出的。事实上,他不止一次地讨论了这个区分。他在1917年的课程中说道:"所有的精神活动都在于承担角色,差不多就像在儿童的游戏或比赛中那样:全都是角色的组织。游戏和比赛的区别在

---

① George H. Mead, *Mind*, *Self*, *and Society*: *From the Standpoint of a Social Behaviorist*, Edited and with an Introduction by Charles W. Morris, Chicago and London: the University of Chicago Press, 1967, p. 364.
② Ibid., p. 254.

于，在比赛中，角色得到如此地组织以至于那里的一切都在控制着整个的行动。……这突出地显现于儿童自身对比赛规则的积极兴趣中：比赛必须根据规则来玩。"①这里所说的规则是至关重要的：一方面，控制和组织是在规则中获得其实现性的；另一方面，扮演角色从根本上讲就是根据规则来玩。而要根据规则来玩，就必须能够采取比赛中所有其他人的态度，或者说，能够扮演比赛中所有其他人的角色，这就如同维特根斯坦说的，"不可能'私人地'遵守规则"②。因此，米德接下来说道："换言之，比赛要求一个整体的自我，反之游戏只要求自我的一些部分。比赛拥有一套得到组织的他人，他们的角色是你能够承担的。"③整体的自我意味着自我的统一，亦即他不再以他的某些部分来游戏，而是以他的整个自我获得整个共同体的生活。如果是这样的话，那么与这个整体的自我相应，存在着某种整体的他人。而这正是米德借着游戏和比赛的区分接下来要讨论的东西。

三、语言与泛化的他人

米德在1925年的"自我的发生与社会控制"一文中以棒球为例说道："儿童必须不仅扮演他人的角色，就像他在游戏中做的那样，而且必须承担比赛的所有参与者的各种角色，并相应地管控他的行动。如果他打一垒，那么就承担了这样一个角色，即

---

① George H. Mead, *Play, School, and Society*, Edited and Introduced by Mary Jo Deegan, New York: Peter Lang Publishing, Inc., 2001, p. 15.
② Ludwig Wittgenstein, *Philosophical Investigations*, Translated by G. E. M. Anscombe, Oxford: Blackwell Publishers, 1999, p. 81.
③ George H. Mead, *Play, School, and Society*, Edited and Introduced by Mary Jo Deegan, New York: Peter Lang Publishing, Inc., 2001, p. 15.

来自球场或捕手的球会投向他。他已经将他们对他的有组织的反应嵌入到他自己不同位置的打法,而这种有组织的反应就变成我所称的'泛化的他人'的东西,它伴随并控制着他的行为。正是他经验中的这种泛化的他人为他提供了一个自我。"[1]米德在这里给出的"泛化的他人"是一个非常重要的概念,因为这个概念意味着,他人不再是某个可被指认的特定的他人;换言之,我们从"得到组织的他人"过渡到了组织本身,并进而过渡到了得到组织的共同体。也就是说,角色扮演,确切地说,比赛中的游戏扮演过渡到了社会行动。

米德在《心灵、自我与社会》中同样以棒球为例并以相仿佛的表述道出了"泛化的他人"的产生并进行了分析,他说:"他所做的由于他成为队里的每个其他人而得到控制,至少那些态度影响了他自己的特定回应。我们因而得到了一个'他人',他是参与这同一过程中的那些人的态度的组织。这个给予个人以其自我统一的得到组织的共同体或社会群体可以被称为'泛化的他人'。泛化的他人的态度就是整个共同体的态度。"[2]到这里,我们再来看前面在讨论智能与符号时所提及的他人,就会发现,那正是在泛化的他人的层面上运作的。亦即,在反思中所引入的他人其实就是泛化的他人,自我通过符号对这样的他人做出反应,与这样的他人进行商谈。唯其如此,在这样的反应和商谈中,个体的行为以及思维是被共同体所影响和决定的。对此,米德直接就说:"正是以泛化的他人的形式,社会过程影响了被牵

---

[1] George H. Mead, *Selected Writings*, Chicago: the University of Chicago Press, 1964, p. 285.

[2] George H. Mead, *Mind, Self, and Society: From the Standpoint of a Social Behaviorist*, Edited and with an Introduction by Charles W. Morris, Chicago and London: the University of Chicago Press, 1967, p. 154.

涉于其中并使其继续的个体的行为,即共同体对它的个体成员的行为施加控制;因为正是以这种形式,社会过程或共同体作为一个决定性的因素进入到个体的思考中。"①在这里,我们前面讨论过的社会过程又在共同体的意义上得到阐发。不过,我们要问的是,这些反复提及的由泛化的他人而来的控制和组织是以什么方式达成的呢?

对于这个问题,前文论及的符号可以算作是一个回答。尽管如此,米德还是给出了进一步的说明。我们发现,他在讨论智能问题的时候就说道:"……我们在任何动物行为中都没有发现,我们能够详细地弄懂任何符号、任何交往的方法、任何响应这些不同的回应以至于它们能够在个体经验中全都得到保持的东西。正是这一点使得反思意义上的有智能的存在物同低等形式的行为区别开来;而使得这一点成为可能的机制就是语言。我们必须承认,语言是行为的一部分"②。也就是说,使得具有反思的智能的人同低等动物区别开来的符号就其机制而言乃是语言,因为语言就作为一个组成部分嵌入在行为之中。当然,这个行为是社会行为。事实上,符号与交往已经提示了我们这一点,特别是当我们考虑到符号和交往所牵涉到的泛化的他人时。而米德也直接就说,"语言是社会行为的一部分"③。语言对于社会行为的这种嵌入使我们摆脱了这样一种谬误:语言对于行为来说是外在的、任意的和机械的。米德这样分析道:"……语言看似是一种外在于智能过程的完全机械

---

① George H. Mead, *Mind, Self, and Society: From the Standpoint of a Social Behaviorist*, Edited and with an Introduction by Charles W. Morris, Chicago and London: the University of Chicago Press, 1967, p. 155.
② Ibid., p. 124.
③ Ibid., p. 13.

的东西。然而,如果你承认语言乃是合作过程的一个部分,是导致调整适应他人的回应以至于整个活动能够进行的一个部分,那么语言就只有一种有限范围的任意性。"[1]如果我们还记得米德所说的反思的智能是心灵的特征,那么我们就不会把心灵当作是承载着普遍的印象或状态的意识实体,而是从调整和合作的角度来考虑语言——调整和合作正是指向社会过程的。

换言之,当我们说话的时候,我们不是任意选用一个词来表达那些普遍的印象或者状态,而是使得心灵本身呈现出来,亦即使得自我与他人发生重叠和区分的那个社会过程呈现出来。对此,米德说:"听到一个词的个体某种意义上确实对他自己用这个词……对别人说话的过程也是对自己说话的过程,在自己身上唤起他在别人身上唤起的回应的过程。"[2]简单地说,不仅听别人说话意味着对自己说话,而且对别人说话也意味着对自己说话。之所以如此,恰恰是因为语言对于他人的影响如同对于自己的影响,或者说,他人对于语言的理解如同自己对于语言的理解。这与心灵有关,而与选词的范围无关,也与选词的任意无关。米德的更为直接的表述是,"我们的语言使用有相当大的范围;但是,无论这个范围的哪一相位得到使用,它都是社会过程的一个部分,并且总是我们由以做出以下事情的那个部分,即,我们像影响他人那样影响我们自己,并且,我们通过对我们所说的东西的这种理解来中介社会情境。这对于任何语言来说都是基本的;如果它要成为语言,

---

[1] George H. Mead, *Mind, Self, and Society: From the Standpoint of a Social Behaviorist*, Edited and with an Introduction by Charles W. Morris, Chicago and London: the University of Chicago Press, 1967, p. 74.

[2] Ibid., p. 108.

人就必须理解他所说的东西,必须像他影响他人那样来影响自己"①。这里的表述无疑呼应着前面所援引的那个判断"个体能够像他影响他人那样影响他自己",而在那里,这种影响恰恰是就人类智能和社会反应而言的。在这里,我们对于自己所说的东西的理解,是以泛化的他人以及它为我们提供的自我为前提的——那种来自于共同体的态度成为一种真正的普遍性的东西。

无论如何,我们得到了这样一个结论,泛化的他人存在于语言之中。唯其如此,我们可以用语言来对我们的反应和行为进行控制和组织。而当我们这样做的时候,心灵就呈现了出来,这恐怕也是米德的命题"心灵的领域从语言中浮现出来"②所要表达的意思。

四、作为现在的社会

泛化的他人提示我们以另一个时间尺度,这就是现在。我们已经发现,泛化的他人对于我们来说是一种直接起作用的现实,语言也是如此——在这样的现实中,前文所述的延迟的反应以及它与未来的关联才得以成为可能。那么,现实是什么呢?米德的考虑是,"现实存在于一个现在之中"③。这是《现在的哲学》一书首句所给出的命题,对于这个命题,米德在附注中给出了进一步的说明,"现在是由一些过程所组成的一段时流(passage),这些过程的早期阶段在某些方面决定了它们的后期阶段。现实因而总是在一个现在之中。当现在过去了,现实就

---

① George H. Mead, *Mind, Self, and Society: From the Standpoint of a Social Behaviorist*, Edited and with an Introduction by Charles W. Morris, Chicago and London: the University of Chicago Press, 1967, p. 75.
② Ibid., p. 133.
③ George H. Mead, *The Philosophy of the Present*, Edited and with an Introduction by Arthur E. Murphy, LaSalle, IL: Open Court, 1932, p. 1.

不再是现实了"①。这里所说的时流是意味深长的。一方面,时流作为对通过亦即变迁和过渡的刻画,不为任何东西所专属,另一方面,正是在时流之中,那些可在时间尺度上被指认出来的关系才得以发生。而更为重要的是,这样的时流不是过去和未来之间的一种简单接续。所以接下来我们要问,作为时流的现在是以何种方式存在或者显现出自身的? 米德似乎并不认为过去和未来有着可以与现在相提并论的地位,现在对于他来说更多地是一种由以出发的东西。他在这里提出了一个重要概念,即突现(emergence),他说:"过去必须置于一个现在之上,突现者在这个现在中出现,而那因而必须从突现者的立场来加以看待的过去就变成了一个不同的过去。"②也就是说,现在是作为突现者而存在的,或者,现在就其本身而言就是一种突现。突现道明了时流中所发生的事情:过去由于它的不可挽回性而取得了必要条件的地位,但这些条件对突现的现实并不具有完全的决定意义;非但如此,它们的这种地位反而是由现在所突现的事件所赋予的。

换言之,过去就其是一个过去的现在而言,是不可挽回的,但过去的现在就其是过去而言就不再是任何一个现在了;而我们恰恰是要进入到现在,而不是挽回一个不是任何现在的过去。因此,米德说:"我们不是要获得独立于任何现在的一幅正确的过去图景,因为我们预计这幅图景随着新事件的突现会发生变化。在这种态度中,我们把我们对滑向其他现在的现在的预期

---

① George H. Mead, *The Philosophy of the Present*, Edited and with an Introduction by Arthur E. Murphy, LaSalle, IL: Open Court, 1932, p. 28.
② Ibid., p. 2.

和属于它们的过去联系在一起。当过去被纳入到一个新的现在中时,它们必须得到改造,这样它们就属于这个新的现在,而不再属于我们由之而进入现在的现在(the present present)的那个现在。"①米德当然是在非常不同的意义上讨论看似与奥古斯丁《忏悔录》中的表述相仿佛的现在。在这里,关键的是改造,即,过去由于得到改造而进入现在。就此而言,现在总是新的东西。这也正是米德的突现所要表达的意思。墨菲在他为《现在的哲学》所写的导言中就指出,"突现论要我们相信,现在在某种意义上总是新奇的、突然的,是某种不被它由之而出的过去所完全决定的东西"②。同样地,既然现在的突现为我们给出了结构性的参照,那么未来与过去一样也是必须从现在出发加以假设的东西。对此,米德坦率地表示,"总之,过去(或者说过去的有意义的结构)和未来一样都是假设的"③。

不过,到这里,我们还一直没有问突现究竟意味着什么。当然,改造是一种提示,不过米德有一个更为直接的考虑,这就是重新调适。而他的这个考虑是同现在的社会本性联系在一起的。他说:"现在的社会本性产生于它的突现。我是指突现所涉及的重新调适的过程。……我在这里使用'社会的'这个术语,不是指新的系统,而是指重新调适的过程。"④之所以需要重新调整,是因为作为突现的现在本身并不是一个新的系统,但从时流的角度来看,它又由于同时属于不同的系统而拥有相应的特

---

① George H. Mead, *The Philosophy of the Present*, Edited and with an Introduction by Arthur E. Murphy, LaSalle, IL: Open Court, 1932, p.1.
② Ibid., p. xvii.
③ Ibid., p.12.
④ Ibid., p.47.

征。米德在他所说的社会性原则中透露出了这个想法,"我试图阐明的社会性原则乃是,在突现的变化发生于其中的现在,突现的对象因为它与其他结构的系统关系而在其由旧往新的时流中属于不同的系统,并且拥有因为它在不同系统中的成员资格而具有的特征"[1]。不过,我们也不要急于把米德这里提出的社会性归结到人类社会,这里面还有更为复杂的东西需要加以梳理。之所以这么说是因为,米德在他的社会性概念中所提到的系统并不仅仅就是指人类社会系统。他有着更为广泛的思考。

在米德看来,社会性是一件宇宙的事情,而不仅仅是人类的事情。事实上,我们从上一节所援引的他关于变化的和不同的宇宙的那段话中就已经可以体会到这一点了。所以,他明确地告诉我们,"我们在以下情境中发现了宇宙的社会特征,即,在这样的情境里,新奇的事件既处于旧的秩序中,又处于它的到来所预告的新的秩序中。社会性就是同时成为几种事物的能力"[2]。也就是说,以时流和突现所刻画的那种现在以及系统与系统之间的关系在宇宙中广泛存在着,所以社会性也广泛存在着。或者更为简单地说,哪里有突现哪里就有社会性原则。米德考察了三种具有社会性原则的领域,分别是物理的领域、生命的领域和意识的领域——尽管生命过程和意识过程的本性迄今仍被令人费解的晦涩所笼罩[3]。在坚持宇宙的社会性的前提之下,米

---

[1] George H. Mead, *The Philosophy of the Present*, Edited and with an Introduction by Arthur E. Murphy, LaSalle, IL: Open Court, 1932, p. 1.

[2] Ibid., p. 49.

[3] 参见 George H. Mead, *The Philosophy of the Present*, Edited and with an Introduction by Arthur E. Murphy, LaSalle, IL: Open Court, 1932, pp. 65 - 67。

德,作为一位深谙进化学说的思考者,又从自然进化的角度出发将意识领域中的社会性置于最为重要的地位,因为心灵正是自然进化的产物。他说:"我希望把心灵当作自然中的一种进化来加以提出,在心灵中,那作为突现之原则和形式的社会性达到顶点。"①这使我们再次回到了上节一开始所援引的那个假设,因为根据那个假设,宇宙一直在发生着变化,这个变化中的一个方面就是智能,而作为有智能的存在物之本质的改造恰恰最为契合于变化。而在这里,米德以在心灵中达到顶点的社会性来表述这一点。

接下来的问题就是,如何达到顶点?对于这个问题,米德再次考虑了角色扮演和泛化的他人,他说:"我希望强调这样一个事实,心灵的出现只是宇宙中到处可以发现的那种社会性的顶点,此顶点在于一个事实,即,有机体能够通过占据他人的态度来以他人的角色占据其自己的态度。……正是由于社会的结构性组织,个人以某种得到组织的活动来相继扮演各种他人的角色,从而发现自己选择了他们彼此相关的动作中的共同之处,这样,个人就承担了我所谓的泛化的他人的角色。"②关于泛化的他人,我们已经做过了讨论。而在这里,我们不仅看到,个体在扮演泛化的他人时透露了心灵的社会特征,而且看到,这种社会特征就宇宙的社会性而言是以现在为其时间尺度的。所以,在《现在的哲学》的结束的地方,米德说了这样一番话,"我们总是生活在一个现在,这个现在的过去和未来是它的事业可以于其中得到实行的领域的延伸。这个现在是那总是给出新天新地(new heavens and a new earth)的突现的场景,而它的社会性则

---

① Ibid., p. 85.
② Ibid., pp. 86 - 87.

恰恰就是我们的心灵的结构"。① 这番话道出了作为现在的社会的深意,如果我们把它同前面所考察的作为过程的社会结合起来,也许就会更好地发现,那种进化学说是如何在米德关于动作的分析中成为一种独具洞见的社会理论的。

---

① George H. Mead, *The Philosophy of the Present*, Edited and with an Introduction by Arthur E. Murphy, LaSalle, IL: Open Court, 1932, p. 90.

第三章 罗 蒂

作为哲学家的罗蒂似乎常常是在一种挑衅者的立场上来使自己的工作得到关注的,至少对于他被认为所属的那个哲学圈子是如此。他的变化着的观点也加深了人们对他的这种印象。不过,罗蒂恐怕没有理由为此而感到沮丧,因为他本来就是在进行不同的思考,一种浪漫而富于灵感的思考。他在《伟大文学作品的灵感价值》一文这样评论了他的学科,"但是,逻辑实证主义的胜利对我的学科有着不可逆转的影响——它剥夺了它的浪漫和灵感,而只留下专业能力和理智诡辩"[1]。既然如此,那么从这样的哲学学科中撤离出来就是正当的了。由于这种撤离,各种各样后哲学语境中的东西凭借浪漫、灵感以及想象力而得到呈现。这些东西看起来离那种操着自己行话的哲学更远,而离文化、政治等社会科学领域中的问题更近。当然,这并不否认他继续从他的哲学训练中获取方法上的资源——既有分析哲学,也有大陆哲学,但主要是实用主义。这种广泛的结合使得他的不同思考在许多方面获得了成果。他甚至从实用主义传统出发,对哲学家的任务做出了这样的规定:"作为杜威式的社会民主主义者,哲学家能以与诗人、剧作家、经济学家以及工程师相

---

[1] Richard Rorty, "The Inspirational Value of Great Works of Literature", in *Achieving Our Country: Leftist Thought in Twentieth-Century America*, Cambridge: Harvard University Press, 1999, p. 132.

同的方式成为政治上有用的。这些各种各样专业的成员能凭借在特定的时间就特定的计划提供零碎的推动和告诫而服务于改良主义的社会民主政治。"① 也就是说,哲学家们应该放弃自己的行话,而与不同的专业一起致力于社会民主政治的工作。这样的工作是零碎的,但却是清晰的,并且更为重要地,是诉诸行动的。它们贯彻在罗蒂对于真理、希望以及自由等问题的考察之中。

第一节 真理是一种认可

对于真理问题的考察,是罗蒂社会科学转向的一个重要组成部分,甚至可以说是其由以开始的东西——这不仅是指它出现于确立罗蒂哲学形象的《哲学与自然之镜》中,而且是指它以不同的面貌贯穿于后来罗蒂思想的发展以及变化中。之所以如此,是因为很长时间以来,不同学科在身份和地位上的合法性的获得是以它们与真理的可靠关系为前提的。而一旦真理这个概念本身得到重新界定,那么,相应地,各门学科也就处在了重新审察的目光之下。罗蒂以詹姆斯的实用主义真理观为契机进行了他的这种重新界定。他说:"……让我们把真理看作,用詹姆斯的措辞来说,'更宜于我们相信的东西',而非'实在的精确再现'。"② 但是,显然他的工作要比詹姆斯更为深入,这一点可以很容易地从他大量而娴熟的语言分析中看出来。即便如此,他

---

① Richard Rorty, "Philosophy as Science, as Metaphor, and as Politics", in *Essays on Heidegger and Others*, Cambridge: Cambridge University Press, 2008, pp. 24 - 25.

② Richard Rorty, *Philosophy and the Mirror of Nature*, Princeton: Princeton University Press, 2009, p. 10.

的重点也不是在于展示他所掌握的那些专业能力,而是在于告诉我们"指出真和对乃是社会实践的问题"①。也就是说,把真理问题置于社会科学的领域之中。这在罗蒂的多种文本中得到了展开,特别是结合杜威哲学得到了展开②。这样一来,我们就不只是破除了那种以再现实在为基本模式的符合论真理观,而且获得了一个更为广泛的视野。在这个视野中,真理不再具有理论上的深刻性,因为它只不过表达了一种认可,就像"'真的'是一个用于认可的赞词"③那样。在此基础上,我们可以继续对我们所认可和相信的未来进行追问。

一、描述与制造

罗蒂在《哲学与自然之镜》中将一种选择摆在我们面前,即"在作为'宜于我们相信的东西'的真理和作为'与实在的接触'的真理之间进行选择"④。这个选择道出了我们对于真理的两种指认,即确立信念和接触实在。它们成为了我们思考真理问题的两条基本线索。

我们先来看第二条线索。从直观上来说,我们很容易看到

---

① Richard Rorty, *Philosophy and the Mirror of Nature*, Princeton: Princeton University Press, 2009, p. 178.
② 罗蒂明确表示,"我认为,杜威和詹姆斯是理解现代世界的最好向导……" (Richard Rorty, "From Philosophy to Postphilosophy", in *Take Care of Freedom and Truth Will Take Care of Itself: Interviews with Richard Rorty*, Stanford: Stanford University Press, 2006, p. 20.)
③ Richard Rorty, "Pragmatism, Davidson and Truth", in *Truth and Interpretation: Perspectives on the Philosophy of Donald Davidson*, Edited by Ernest LePore, Oxford: Basil Blackwell, 1989, p. 334.
④ Richard Rorty, *Philosophy and the Mirror of Nature*, Princeton: Princeton University Press, 2009, p. 176.

一个我们置身于其中的世界,它作为实在存在着。但是,它跟真理并没有必然的联系,更无法提供真理的合法证明。罗蒂这样说道,"世界存在在那里,但对世界的描述则不是。只有对世界的描述才能为真或为假。世界就其本身而言——没有人类的描述活动的帮助——则不能"[①]。也就是说,真和假并非出于世界,而是出于描述。这个观点其实可以追溯到康德。康德在讨论先验假象时谈到,"因为真理和假象并非在对象之中,就对象被直观而言;而是在关于对象的判断之中,就对象被思考而言"[②]。如果是这样的话,那么一个描述或者判断是不可能在符合对象的意义上为真的。这是因为,要知道一个描述是否符合对象,我们就需要既知道这个描述又知道这个对象,从而在对两者进行比较的基础上指出前者是否符合后者。但问题是,我们并不知道对象即实在本身——我们对实在的全部认识都在我们所制造出来的描述之中,即在语言之中。这样的一种从语言出发的考虑其实来自于维特根斯坦。维特根斯坦在《逻辑哲学论》的作者序言里提醒我们,"这本书的全部意义或许可以用下面的话来概括:任何能被说的东西都能被说清楚,而我们不能讨论的东西我们必须保持沉默。因此本书的目标在于为思想划出一条界线,或者毋宁说——不是为思想,而是为思想的表达:因为为了要能够为思想划出一条界线,我们就必须能够思考这条界线的两边(亦即我们必须能够思考那不能被思考的东西)。故而这界线只能在语言中划出,界线另一边的东西

[①] Richard Rorty, *Contingency, Irony, and Solidarity*, Cambridge: Cambridge University Press, 1997, p. 5.

[②] Immanuel Kant, *Critique of Pure Reason*, Translated by Werner S. Pluhar, Indianapolis: Hackett Publishing Company, Inc., 1996, p. 347.

简直就是无意义"①。作为结果,我们只能在我们的描述或者说语言中来讨论所谓的真理问题。对此,罗蒂又从实用主义出发给出了一个表述,"实用主义者主张,真理不是与某种独立存在于我们选择的语言描述之外的东西的内在本性的符合"②。如果是这样的话,那么对语言展开研究要比讨论真理的本质之类更加有意义。

而一旦我们转向对于语言的研究,就会发现,说真理是与实在的符合变得毫无意义了。罗蒂从詹姆斯的观点出发道明了这一点,他说,根据"詹姆斯把'真'界定为'在信念方面为宜的东西'……没有什么更加深刻的东西可说:真理不是那类具有一种本质的东西。更明确地说,他的要点在于,被告知真理是'与实在的符合'其实毫无用处"③。这种毫无用处不仅在于描述由于不接触实在而不与实在符合,而且在于实在反过来对描述而言也是无关紧要和无足轻重的。既然如此,那么真理作为一种在语言中被制造的东西而不是在实在中被发现的东西,就仅仅是一个被诉诸词汇以及句子的事件。简而言之,就真理仅仅存在于语言中而言,真理是一个语言问题。罗蒂这样说道:"但是,如果我们顺从这样一个观念,即大多数实在对我们对它的描述无动于衷,以及,人的自我是由词汇的使用创造出来的而不是在词汇中充分或不充分地表达出来的,那么我们最后就会吸收以下这个浪漫派观念中为真的东西,即真理乃是被制造的

---

① Ludwig Wittgenstein, *Tractatus Logico-Philosophicus*, Translated by D. F. Pears and B. F. McGuinness, London: Routledge & Kegan Paul, 1963, p. 3.
② Richard Rorty, "Globalization, the Politics of Identity and Social Hope", in *Philosophy and Social Hope*, London: Penguin Books, 1999, pp. 237-238.
③ Richard Rorty, "Pragmatism, Relativism, and Irrationalism", in *Consequences of Pragmatism*, Minneapolis: University of Minnesota Press, 1994, p. 162.

而不是被发现的。这个主张里为真的东西正是在于,语言是被制造的而不是被发现的,以及,真理是语言实存物的属性,是句子的属性。"①接下来的问题就是,在抛弃了那种符合意义上的真和假之后,我们如何在语言中有意义地讨论真和假?或者说,我们是否还有必要在语言中讨论真和假?

对于这个问题,罗蒂站在实用主义者的立场上做出了陈述:"对我们实用主义者来说,要紧的问题不在于一种词汇是否有意义,是否提出了真实或不真实的问题,而是在于那场辩论的决议是否会有实践中的效果,是否会有用。我们要问,辩论双方所分享的词汇是否可能具有实践价值。因为实用主义的基本论题就是詹姆斯的一个断言,即,如果一场辩论没有实践的意义,那么它就没有哲学的意义。"②这番陈述出自罗蒂与帕斯卡·恩格尔(Pascal Engel)2002年索邦大学的公开辩论,这次辩论后来以《真理的用处是什么?》为题出版。很显然,在这里,对于词汇来说,真和假的问题转化成了实践的效果、价值和意义的问题。这个出自实用主义立场的思考也对哲学本身做出了一种刻画。既然作为语言的真理是由于实践而获得它的这种身份的,那么它所诉诸的就不是沉思,而是行动。这就是罗蒂说的,"毋宁说,实用主义者告诉我们,正是靠着实践的而非理论的词汇,行动的而非沉思的词汇,人们可以就真理说出一些有用的东西"③。将语言归结到行动,当然是意义重大的。但是,如果不对靠着语言的

---

① Richard Rorty, *Contingency, Irony, and Solidarity*, Cambridge: Cambridge University Press, 1997, p. 7.
② Richard Rorty and Pascal Engel, *What's the Use of Truth?*, New York: Columbia University Press, 2007, p. 34.
③ Richard Rorty, "Pragmatism, Relativism, and Irrationalism", in *Consequences of Pragmatism*, Minneapolis: University of Minnesota Press, 1994, p. 162.

行动做出进一步的分析,那么就会陷入到另一种混乱之中。唯其如此,罗蒂从维特根斯坦的语言游戏说出发对语言和行动做出了考察,因为正如维特根斯坦所承认的,"我也把由语言和语言编织于其中的行动所组成的整体称作'语言游戏'"①。我们很熟悉语言游戏理论中那个比喻,即把语词的功能比作工具箱中诸如锥子、钳子、锯子之类不同工具的功能。在罗蒂看来,这个比喻是意味深长的,因为以词汇为工具的行动同另外一种拼图玩具式的行动有着根本的不同。

所以,罗蒂是这样说的,"在避免还原主义和扩张主义上,戴维森类似于维特根斯坦。这两位哲学家都认为,可供选择的词汇更像是可供选择的工具,而不是拼图玩具的块片。把词汇看作拼图的块片就是假定所有的词汇都是可有可无的,或能被还原为其他词汇,或能和所有其他词汇一起合并为一个宏大统一的超级词汇"②。也就是说,在拼图玩具式的行动中,词汇及其行动是可以被替代并进而被取消的,因为它们都服从于或者说归属于一个超级整体——最后拼成但其实也是预先决定的一幅拼图。作为结果,不管拼图的拼法有多少可能性,它们都是已然存在的东西,而不是尚未做成的东西。对此,罗蒂援引尼采的一对术语来加以阐述,他说:"我只想说,可供选择的词汇的拼图玩具模式和'工具'模式之间的对比,反映了——用尼采的略有些误导性的术语来说——求真理的意志(the will to truth)和自我克服的意志(the will to self-overcoming)之间的对比。这两者

---

① Ludwig Wittgenstein, *Philosophical Investigations*, Translated by G. E. M. Anscombe, Oxford: Blackwell Publishers, 1999, p. 5.
② Richard Rorty, *Contingency, Irony, and Solidarity*, Cambridge: Cambridge University Press, 1997, p. 11.

都表达了以下两个企图之间的对比,一个是企图再现或表现某种已经在那里存在的东西,另一个是企图制造出某种以前从未梦到过的东西。"①罗蒂所同意的是后一个企图,因为这样的制造意味着创造性的行动,意味着自由和开放。这些在另一条线索上有着进一步的展开和强调。换言之,罗蒂不仅是要否定那种符合意义上的真理观,也不仅是要给出一种制造意义上的真理观,而且更是要把后者贯彻到包括民主、自由等问题在内的社会实践之中去。

二、信念与救赎

到这里,我们可以转向真理问题的第一条线索了。罗蒂下面的这个表述道明了这种指认上的转变,"……作为与实在的符合的真理观念会逐渐被另一种真理观念所取代,即真理乃是在自由和开放的遭遇过程中最终被相信的东西"②。这里的自由和开放是至关重要的,因为就把真理当作被相信的东西亦即确立信念而言,存在着两种非常不同的思考进路。

如果说真理是被相信的东西,那么我们就不会将关注的目光投向假定的实在,而是转而投向我们自身,因为正是我们在这样相信着,或者说,这样的信念正是我们的信念。那么投向我们自身意味着什么呢?行动。将信念与行动联系在一起,这在实用主义思想中几乎已经是一个传统了。比如,皮尔士认为,信念有三个属性,其中第三个就是关于行动的,他说,"我们已经看到,它有三个属性:……第三,它牵涉我们本性中一种行动规

---

① Richard Rorty, *Contingency, Irony, and Solidarity*, Cambridge: Cambridge University Press, 1997, p. 13.
② Ibid., p. 68.

则——或者简而言之,一种习惯——的建立"①。罗蒂当然在这传统之中,所以他是在行动的意义上考虑信念的,正如他在行动的意义上考虑词汇那样。信念把人们从那些依照因果关系彼此作用的事物中救赎出来,使他们能够依靠自己的行动制造出种种他们从未梦到过的东西。唯其如此,罗蒂敏锐地注意到了那种把信念当作某种终结性的东西的想法。他在"救赎真理(redemptive truth)"的名目下对这样的信念进行了分析,"我要把'救赎真理'这个术语用于一套信念,这套信念将一劳永逸地终结对与我们自身有关的东西的反思。救赎真理,如果它存在的话,不会被关于事物如何在因果关系中彼此作用的理论所穷尽。它将必须满足宗教和哲学曾经试图满足的一种需要。这就是,需要将所有的一切——每一物、每一人、每一事、每一观点、每一诗篇——都装进一个单一的语境之中,这个语境以某种方式使自身呈现为自然的、命定的、唯一的"②。不难发现,这种救赎真理散发着一股还原主义的气息。

在这种还原主义的气息中,如果说不被时空中的因果关系所穷尽意味从物理领域转向社会领域的话,那么这种转化并没有道出更为根本的东西。这是因为,就如同物理领域中的诸现象可以被还原到基本粒子那样,社会领域中的诸现象可以被还原到一个单一语境,作为结果,没有任何未曾梦到的东西即真正新奇的东西被制造出来。就此而言,这里并没有什么本质的不同。所以,罗蒂随即说道:"相信救赎真理就是相信,有某种东西

---

① Charles Sanders Peirce, *The Collected Papers of Charles Sanders Peirce Vol. 5*, Edited by Charles Hartshorne and Paul Weiss, Cambridge: Harvard University Press, 1934, p. 397.
② Richard Rorty, "Philosophy as a Transitional Genre", in *Philosophy as Cultural Politics*, Cambridge: Cambridge University Press, 2007, p. 90.

对于人类生活来说就像基本物理粒子对于四大元素那样——这种东西就是外表下面的实在,是对正在进行的东西的真实描述。"[1]这意味着,对于救赎真理的相信者而言,他们以信念的方式交付出了信念,即在信念中构建起一种基础的、终极的、永恒的实在。就这种实在透露了事物的真正存在方式而言,它构成了哲学的前提,因为"哲学的前提就是,有一种事物真正是其所是的方式——一种人类和宇宙其余部分都是其所是并且一直将是其所是的方式,它独立于任何仅仅偶然的人类需要和兴趣。"[2]换言之,在救赎真理中,哲学以一种理性的方式取代宗教并完成了宗教想要完成的东西,即拒绝梦想与新奇的永恒。这当然是罗蒂所不满意的,因此,他试图在宗教和哲学之后从另外一个方面来考虑信念的救赎问题。这个方面就是他提出来与救赎真理形成对比的文学文化(literary culture)。

他对文学文化进行了这样的界定和阐述:"我正在使用'文学'和'文学文化'这两个术语,文学文化是指用文学代替宗教和哲学的文化,它既不在与非人位格的非认知关系中找到救赎,也不在与命题的认知关系中找到救赎,而是在与其他人的非认知关系中找到救赎,这样的关系是由诸如书籍和建筑、绘画和歌曲之类的人工制品所中介的[3]。"也就是说,救赎既不在于人与神的关系,也不在于人与知识的关系,而在于人与人的关系;并且,这种人与人的关系是通过人工制品建立起来的,因而是非认知的。或者更简单地说,救赎是通过人的制造行动而发生的。这

---

[1] Richard Rorty, "Philosophy as a Transitional Genre", in *Philosophy as Cultural Politics*, Cambridge: Cambridge University Press, 2007, p. 90.
[2] Ibid., p. 93.
[3] Ibid.

种与文化联系在一起的制造旨在新奇的东西,而非永恒的东西。而它之所以能做到这一点,是因为在它那里得到运用的是不同于理性的另外一种能力——想象力。罗蒂以下这番话便道明了文学文化中的想象力对于救赎的重要意义,他说:"对于文学文化的成员来说,救赎是靠着碰触人类想象力的目前界线来成就的。这就是为什么一种文学文化总是寻求新奇性,而不是试图从暂存之物逃向永恒之物。这种文化的一个前提就是,尽管想象力有着目前的界线,但是这些界线能够被永远地延伸。"① 那么,这样的延伸意味着什么呢?如果我们联系前面所说的"与其他人的非认知关系",就会发现,这种延伸意味着放弃对人的本性的认知,并转而与其他人一起寻求一种政治生活意义上的美好的全球社会,因为想象力的延伸通过破除普遍同意而破除了神圣的意志和真正的实在,从而使人得以自由地从事以上那种寻求。这个民主政治的主题是罗蒂最后要归结到的东西,所以,他以"文学文化和民主政治"②这个标题来结束他对救赎真理和文学文化的讨论。他在这个标题下最后说道:"放弃这样一种观念,即认为存在着一种将被牧师或哲学家或科学家发现的实在的内在本性,就是把对救赎的需要同对普遍同意的寻求拆分开来。这也就是放弃寻求对于人类本性的精确说明,并因而放弃寻求关于过美好人生的秘诀。一旦放弃这些寻求,那么人类想象力的扩展便站出来承担对神圣意志的服从在宗教文化中所扮演的角色,以及对真正实在的东西的发现在哲学文化中所扮演的角色。但是,这种代替没有理由放弃寻求一种单一的乌托邦

---

① Richard Rorty, "Philosophy as a Transitional Genre", in *Philosophy as Cultural Politics*, Cambridge: Cambridge University Press, 2007, p. 94.
② Ibid., p. 102.

形式的政治生活——美好的全球社会(the Good Global Society)。"①在罗蒂看来,恐怕这才是更宜于我们相信的东西。

以上,我们从实在追踪到语言,从信念追踪到救赎,最后抵达可能也是罗蒂希望我们抵达的民主政治。至此,以真理问题为契机所展开的对我们关心的东西的讨论似乎可以结束了。但是,如果我们回到一开始那个关于真理是一个赞词或者一种认可的判断上,就会发现情况并非如此。真理作为赞词或认可,就接触并符合实在而言也许只是一个空洞的语词,但是就确立信念并进行救赎而言却是意味深长的。这是因为,乌托邦所透露的是我们对我们的未来的一种认可。甚至可以说,未来只是因为我们的认可和相信才成为未来,否则它只是空洞的时间推移。这种作为我们所相信的东西的未来无法通过普遍同意来加以指认。唯其如此,想象力成为了比理性更为重要的东西。想象力以及它的延伸和扩展所指向的不是人的本性的实现,而是更美好的人类未来。与这样的未来相比,曾经在真理问题的讨论中一度占据重要地位的实在和理性就应该被重新对待了。不过,我们所发现的这些东西,也许也正是罗蒂通过他的实用主义让我们发现的东西。无论如何,真理指向未来并在未来继续。

三、诉诸想象力的未来 I

在罗蒂看来,实用主义的一个独特之处正是在于它把自身交付给未来。他说:"如果实用主义有什么与众不同的话,那么就是它以更美好的人类未来(a better human future)这个观念来代替'实在''理性'和'自然'这些观念。人们可以用诺瓦利斯

---

① Richard Rorty, "Philosophy as a Transitional Genre", in *Philosophy as Cultural Politics*, Cambridge: Cambridge University Press, 2007, p. 104.

关于浪漫主义的说法来说实用主义,即,它是'未来的神化(apotheosis)'。"①我们当然可以在一般意义上而言的实用主义传统中来考虑对于未来的这种推崇,即把未来理解为是对结果、后果或者说最后的东西的指向,就像詹姆斯说的,"到目前为止,实用主义方法所说的,不是特殊的结果,而是一种确定方向的态度。一种将目光从最先的事物、原理、'范畴'、假定的必然性上移开的态度;一种将目光投向最后的事物、结果、后果、事实上去的态度"②。但是,恐怕罗蒂的重点不仅在于作为结果的未来,而且更在于作为美好的未来。这一点,如罗蒂所说,与浪漫主义有关。事实上,罗蒂这里所援引的诺瓦利斯就曾经表示,"对未来的梦想——一个千年的帝国是否可能——所有罪恶是否总有一日会除去?"③在这里,罪恶的除去正是对美好未来的写照。那么,如何来理解这种更美好的人类未来呢?

对于这个问题,我们恐怕有必要从罗蒂对实用主义和浪漫主义的核心所做的判断来加以考虑。他在《实用主义和浪漫主义》一文的开始给出了这样的判断,"处于实用主义的核心的,乃是拒绝接受真理的符合理论以及那种认为真信念是对实在的精确再现的观念。处于浪漫主义的核心的,乃是想象力优先于理性这个论题——主张理性只是跟随想象力所开辟的道路。这两个运动都反对那种认为存在着人类必须与之

---

[1] Richard Rorty,"Truth without Correspondence to Reality" in *Philosophy and Social Hope*, London: Penguin Books, 1999, p. 27.

[2] William James, *Pragmatism and Other Essays*, New York: Washington Square Press, 1963, p. 27.

[3] Novalis, *Fichte Studies*, Edited by Jane Kneller, Cambridge: Cambridge University Press, 2003, p. 180.

接触的某种非人之物的观念"①。关于实用主义的这种拒绝，我们已经做了讨论。在这里，罗蒂通过指出实用主义和浪漫主义共同反对的东西，将后者所涉及的比理性更重要的想象力引入了进来。事实上，前面在分析文学文化追求新奇性和想象力界线永远延伸的时候，就已经提到了这里所引入的想象力，他甚至为那里的分析加了一个脚注，提醒我们"我在《实用主义和浪漫主义》中详述这一点"②。当然，他的这种引入与他的哲学训练和关注问题密切联系在一起。而我们也正是看到，他再次从语言问题入手来考虑想象力对于社会实践的重要意义。

罗蒂这样说道，"……浪漫派的一个论证是，想象力设置了思想的边界。……因为想象力是语言的来源，而思想没有语言是不可能的"③。这再次使我们想起维特根斯坦所做的那些论述。不过，罗蒂想要做的事情显然更多。他试图从以想象力为来源的语言入手，把记号和声响同社会实践结合起来；因为想象力作为思想边界的设置，所带给我们的更多的不是心理意象，而是语言变化。对此，罗蒂的表述是，"我们应该设法将想象力不是认作产生心理意象的机能，而是认作通过提出对于记号和声响的有益新用法来改变社会实践的才能"④。就把想象力从心理学语境中剥离出来而言，罗蒂显然是援用了康德哲学的传统：

---

① Richard Rorty, "Pragmatism and Romanticism", in *Philosophy as Cultural Politics*, Cambridge: Cambridge University Press, 2007, p. 105.
② Richard Rorty, "Philosophy as a Transitional Genre" in *Philosophy as Cultural Politics*, Cambridge: Cambridge University Press, 2007, p. 94.
③ Richard Rorty, "Pragmatism and Romanticism", in *Philosophy as Cultural Politics*, Cambridge: Cambridge University Press, 2007, p. 105.
④ Ibid., p. 107.

康德区分了生产性的想象力和再生性的想象力,并认为只有前者才属于先验哲学,而后者只属于心理学①。当然,这个传统到罗蒂还要经过浪漫主义运动,正如我们看到早期德国浪漫派受到康德哲学影响那样。事实上,罗蒂正是撇开先验哲学,而把想象力的生产能力直接同语言在社会实践中的制造作用结合了起来。也就是说,由于想象力是语言的来源,所以事情并非是先由语言做出报道再由想象力加以扩大,而是先由想象力进行创造再由语言加以说出。这样一来,语言就不是对已有东西的描述,而是对未有东西的道明——这种道明就其指向未有东西而言乃是对行动的吁求。在罗蒂看来,这一点对于自然科学和社会科学来说并无二致。

对此,罗蒂的陈述是,"从我所推崇的浪漫的观点来看,想象力是自由的来源,因为它是语言的来源。如雪莱所说,它既是花又是根。并非是说,我们先说出一种仅仅报道我们周围正在发生之事的语言,然后再由想象性的重新描述来扩大这种语言。毋宁是说,想象性自始至终在回溯。红和圆的概念同上帝、正电子以及宪政民主的概念一样,都是想象性的创造"②。这意味着,语言之所以对外在于我们的某物有所道说,不是因为它是外在于我们的实存物,而是因为它成为了我们的行动对象,或者说我们对于它获得了行动倾向。这个某物只是在这个倾向中才成其为自身,而这个倾向恰恰是一种未有的东西。语言说出的就是这种未有的东西,就像罗蒂这里所列出的那些概念,它们并不

---

① 参见 Immanuel Kant, *Critique of Pure Reason*, Translated by Werner S. Pluhar, Indianapolis: Hackett Publishing Company, Inc., 1996, pp. 191 - 192。
② Richard Rorty, "Pragmatism and Romanticism", in *Philosophy as Cultural Politics*, Cambridge: Cambridge University Press, 2007, p. 114。

以实存物的方式处在物理世界或者精神世界,而仅仅是想象力创造出来的未有的东西,它的全部特征就是使用和实践。在这个意义上,即在我们不被物理的或者精神的实存物所决定的意义上,我们是自由的:我们以想象力来自由地创造出那未有的东西,那未有的东西就是未来。对于这种使用和实践,罗蒂是这么说的,"……像'重力'和'不可剥夺的人权'这样的表达,都不应该被看作是那些其本性依然神秘的实存物的名称,而应该被看作是声响和记号,各式天才对于这些声响和记号的使用引起了更巨大、更美好的社会实践"①。我们当然记得,美好这个词在前面还指向全球社会。如果我们把这两种指向同罗蒂所考虑的未来结合起来,那么就不难发现罗蒂把进步放入他所考虑的这个时间尺度之中。事实上,充当罗蒂思想资源的浪漫主义以及实用主义,正是使进步在想象和行动所融合的基础上获得了支撑,而这个融合就是语言。

对于他所设想的作为进步的未来,罗蒂有着非常明确的谈及。他认为浪漫主义是一个关于人类进步的本性的论题,并认为这样的浪漫主义就是雪莱在写"想象力是善的主要工具"时所提出的观点。② 那么,进步是以什么方式运作的?罗蒂对于这个问题的回答使他同其他各种各样的进步观区分了开来。罗蒂当然也关心道德和理智上的进步,不过他不像一般所认为的那样把进步归结为理性的成果。非但如此,在罗蒂看来,理性在进步的问题上丝毫没有决定性的作用。在这里,罗蒂再次把进步

---

① Richard Rorty, "Pragmatism and Romanticism", in *Philosophy as Cultural Politics*, Cambridge: Cambridge University Press, 2007, p. 108.
② 参见 Richard Rorty, "Pragmatism and Romanticism", in *Philosophy as Cultural Politics*, Cambridge: Cambridge University Press, 2007, p. 108。

归结到语言,并进而归结到想象力。他说:"没有想象力,就没有语言。没有语言上的变化,就没有道德的或理智的进步。合理性是这样一桩事情,即对那些得到允许的步骤进行安排。而想象力则创造了理性着手去玩的游戏。……理性不能够走出想象力所划出的最新圆圈。在这个意义上,想象力优先于理性。"①罗蒂的这番话对那个处于浪漫主义核心的论题给出了进一步阐述。而我们从中发现的是,如果说语言是对那未有的东西即未来的表达,那么这样的表达必然是变化的,因为,如前所述,想象力的界线永远在延伸。这种延伸指向未来。

所以,如果说进步是以语言的方式运作的,那么它就表现为一种叙事上的变化,这就是罗蒂说的:"以我之见,浪漫运动标志着一种尝试的开始,即尝试用一个更美好的传说来代替希腊哲学家们所讲述的传说。老的故事关于人类如何可能设法返回……新的故事关于人类如何不断地努力克服人类的过去,以便创造一个更美好的人类未来。"②罗蒂的这番陈述,以及前面关于想象、语言和进步的阐述,为我们一开始提出的那个问题——如何理解更美好的人类未来——给出了回答的进路。与此同时,这里所说的新的故事与前面所说的寻求新奇性的文学文化之间形成了一种呼应。这种呼应也是进步与救赎之间的呼应。

四、诉诸想象力的未来 II

进一步地,对于这种诉诸想象力的未来,罗蒂试图为我们提

---

① Richard Rorty, "Pragmatism and Romanticism", in *Philosophy as Cultural Politics*, Cambridge: Cambridge University Press, 2007, p. 115.
② Ibid., pp. 117-118.

供一种更为切近的阐述,这表现在他对美国这个国家所做的评论中。当然,这些阐述和评论是以他所主张的文化政治为出发点的。在罗蒂看来,美国就是或者说曾经是一个未来的国家,他说:"我认为,美国生活的浪漫密切关联于我们的一种感觉,即我们是未来的国家。"[1]不过,这是有前提的,这个前提就是浪漫。罗蒂追溯了这种浪漫并指出了它的失去。"美国文化本质上是政治的。美国是在一个关于自由的伦理概念上建立起来的。它是作为最自由社会的土地被建立起来的,在那个地方,民主是最好的,眼界是开放的。存在着一种关于国家的国民浪漫,它说,'我们与欧洲不同,因为我们有了一个崭新的开始。我们没有传统,我们能够将人类按照他们应该所是的样子创造出来'。我认为,关于美国的浪漫主义从爱默生流传到杜威。不幸的是,它已经失去了。"[2]也就是说,随着浪漫主义的失去,美国,就其不再憧憬自由和民主而言,不再是一个未来的国家。那么,这意味着什么呢?这个问题或许有点儿太大了,所以,罗蒂所考虑的实际上是,这对于知识分子特别是左派知识分子来说意味着什么呢?我们很容易发现,这些知识分子看起来对于当前的状况并不满意甚至充满怨恨,因此他们以他们所擅长的方式即理论化来识知和揭露这一切。乍看起来,这样的态度和做法,较之一些宽泛的考察来说,似乎更能触及事情的实质。但是,罗蒂并不这样认为。在他看来,这种怨恨的态度和识知以及揭露的做法,恰恰回避甚至抛弃了更为重要的东西。

---

[1] Richard Rorty, "After Philosophy, Democracy", in *Take Care of Freedom and Truth Will Take Care of Itself: Interviews with Richard Rorty*, Stanford: Stanford University Press, 2006, p. 38.

[2] Ibid., p. 37.

罗蒂借用布鲁姆的术语"怨恨学派"对知识分子评论道,"识知(knowingness)是一种灵魂状态,它防止敬畏的战栗。它使人们不受浪漫热情的感染。这种灵魂状态可以在美国高等院校里的文学教师的身上被发现,他们属于哈罗德·布鲁姆所说的'怨恨学派'。这些人从詹姆逊等人那里得到教益,即,他们不再能够享受'老式的意识形态批判的奢华,对他者的愤慨的道德谴责'……他们用斯多葛式的隐忍来代替义愤填膺和社会希望。他们用识知性的理论化来代替敬畏,用对过去失败的怨恨来代替对更好未来的憧憬。尽管我更喜欢的是'识知'而不是布鲁姆的这个词'怨恨',但我对于这些代替的看法同他是完全相同的"[①]。在这里,罗蒂所借用的怨恨这个词,提醒着与作为他思想资源之一的尼采哲学的密切关联。而罗蒂恐怕也正是要通过这种关联来表达他的立场。我们知道,在尼采所做的区分中,怨恨是奴隶道德的一个特征,他说:"评价目光的这种颠倒——朝向外部而不是回到自身的这种本质定位——乃是怨恨的特征:奴隶道德首先必须有一个对立的、外在的世界才会产生,从生理学上来讲,它需要外在的刺激来采取行动——它的行动基本上是反应。"[②]也就是说,怨恨意味着从自身的对立面来确认自身。就此而言,它是依附性的,因而是颓废和衰落的,正如奴隶道德只能对外部施加于自身的作用做出反应即进行反作用。作为结果,奴隶道德的"善"必须依附于作为其对立面的"恶"。而贵族

[①] Richard Rorty, "The Inspirational Value of Great Works of Literature", in *Achieving Our Country: Leftist Thought in Twentieth-Century America*, Cambridge: Harvard University Press, 1999, pp. 126 – 127.

[②] Friedrich Nietzsche, *On the Genealogy of Morality*, Edited by Keith Ansell-Pearson, Translated by Carol Diethe, Cambridge: Cambridge University Press, 2007, p. 20.

道德则正好相反,尼采说:"贵族则恰恰相反,他藉着自身预先且自发地构想了'善'这一基本概念,并且只是后来才创造了'坏'这个概念!"①换言之,贵族道德是以出于自身的"善"来设定其对立面"坏"的,后者依附于前者。如果是这样的话,那么罗蒂这里所评论的文学教师似乎更多地表现出了尼采意义上的奴隶道德。

不过,罗蒂评论中的另外两个维度可能更为重要,一个是时间,另一个是识知。善即罗蒂所说的美好,作为主动构想出来的东西,对于罗蒂来说存在于对未来的憧憬之中。一旦失去这种构想和憧憬的能力,那么就蜕变到了奴隶道德。奴隶道德出于怨恨去识知和指认恶,并在这样的识知中获得一种自我保护。由于纠缠于对过去失败的怨恨,这种对于当前状况的识知丝毫不涉及到未来,或者毋宁说,它试图以对于当前政治的貌似正视来回避未来。对此,罗蒂对比性地谈道:"所以我并不把詹姆逊式的人和布鲁姆式的人之间的不一致看作是认真对待政治的人和不认真对待政治的人之间的不一致。我反而把它看作是以下两种人之间的不一致,一种是求助于对当前状况的自我保护性识知的人,另一种是设法想象一个更美好未来的浪漫的乌托邦主义者。"②之所以如此,恐怕是因为,识知只能告诉我们如何看待事物,而无法告诉我们如何采取行动——只要不去想象未来,实用主义所吁求的行动就必然缺失。这就如同罗蒂所说的,"读

---

① Friedrich Nietzsche, *On the Genealogy of Morality*, Edited by Keith Ansell-Pearson, Translated by Carol Diethe, Cambridge: Cambridge University Press, 2007, p. 22.
② Richard Rorty, "The Inspirational Value of Great Works of Literature", in *Achieving Our Country: Leftist Thought in Twentieth-Century America*, Cambridge: Harvard University Press, 1999, p. 140.

过詹姆逊之后,除了不知道需要做什么,你几乎对每件事情都有了见解"。① 这个判断出现在他那部讨论 20 世纪美国左派思想的作品之中。

也许有人会辩解说,识知并不仅仅是为了识知,而是为了揭露;也就是说,对于当前状况的识知背后有着某种睿智。出于这个原因,我们应当拒绝乌托邦式的思考。但是,不管这种睿智是什么,揭露无法代替创造,无法代替创造美好未来所需要的律法。对此,罗蒂借着对福柯的评论做了阐发:"福柯拒绝沉溺于乌托邦式的思考,我不把这种拒绝当作睿智,而是当作他的无能的结果,即他不幸地没有能力相信人类幸福的可能性,因而没有能力把美看作是幸福的承诺。……当代美国的福柯式学术左派正是寡头政治所梦想的那类左派:这类左派的成员们如此地忙于揭露当前状况,以至于他们没有时间讨论为了创造一个更美好的未来需要通过什么律法。"② 在这里,罗蒂的立场是非常明显的,即把诉诸想象力的未来当作是文化、政治等社会科学所讨论的问题由以出发的东西。

第二节 希望比知识更重要

对于未来,我们无法形成知识,因为未来不是识知的内容。如果我们继续援用尼采给出的关于贵族道德的那些想法,那么

---

① Richard Rorty, "A Cultural Left", in *Achieving Our Country: Leftist Thought in Twentieth-Century America*, Cambridge: Harvard University Press, 1999, p. 78.
② Richard Rorty, "The Inspirational Value of Great Works of Literature", in *Achieving Our Country: Leftist Thought in Twentieth-Century America*, Cambridge: Harvard University Press, 1999, p. 139.

可以说,未来的善或者说美好,是我们出于自身而构想出来的。这种构想出来的东西是我们所相信的。对于我们所相信的东西,我们无法也无须借助知识来对其加以论证以便使其获得一个可靠的基础。我们只是对它满怀希望。所以,罗蒂的想法是用希望代替知识,他说:"说人们应当用希望来代替知识,差不多就是说:人们应当停止担心他们所相信的东西是否基础牢靠,而开始担心他们是否有足够的想象力为他们当前的信念设想出有趣的可供替代的选择。"① 知识诉诸的是一种论证的才能,这种才能需要在牢靠的基础或者说根据上运作。而想象力触及了作为这些基础和根据的前提的东西,它们恰恰是不牢靠的,因此对于它们总是可以有可供替代的选择。这个想法其实可以追溯到维特根斯坦,即他所说的,"在有充分根据的信念的基础那里存在着没有根据的信念"②。当然,罗蒂在进行这样的考虑时,有着自己的目的和用意,这就是他所关心的比哲学更重要的文化和政治问题。所以,他这里所说的知识以及希望对知识的代替有着明确的指向,他说:"我认为,人们把实用主义和美国联系起来的最好做法就是指出,这个国家以及它的最杰出的哲学家都建议,我们能够在政治上用希望代替哲学家们通常试图获取的那类知识。"③ 很显然,知识是就哲学而言的,而代替是就政治而言的。这一切与罗蒂对自由问题的重新思考相呼应。

---

① Richard Rorty, "Truth without Correspondence to Reality" in *Philosophy and Social Hope*, London: Penguin Books, 1999, p. 34.
② Ludwig Wittgenstein, *On Certainty*, Edited by G. E. M. Anscombe and G. H. von Wright, Translated by Denis Paul and G. E. M. Anscombe, Oxford: Basil Blackwell, 1969, p. 33.
③ Richard Rorty, "Truth without Correspondence to Reality" in *Philosophy and Social Hope*, London: Penguin Books, 1999, p. 24.

一、为什么是希望？

到这里为止,希望是什么还没有在任何命题中得到确切的说明,如果不是说定义的话。不过,这也许并不应当受到指责,因为旨在获得知识的说明对于希望来说既是不可能的也是不必要的。一方面,说明总是需要一套体系或者说机制,另一方面,说明所达成的很大程度上是对对象的理解。然而,希望既与那些提供各种各样专业话语的说明体系无关,也不是要通过理解将对象归结到那些已被识知的东西。因此,问题也许不应该是希望是什么,而应该是为什么是希望？对于这个问题,罗蒂的回答恐怕是,因为希望能带来灵感。灵感价值无法在专业领域中被找到,也无法在充当基础的哲学中被找到,它是希望所特有的。罗蒂的以下这番表述透露了这一点,他说:"灵感价值通常不是由方法、科学、学科或者专业的运行所生产出来的。它是由非专业的预言家和造物主的个人笔触所生产出来的。比如,你不能在把一个文本看作是文化生产机制的产品的同时,发现这个文本中的灵感价值。以这种方式看待一个作品所给出的是理解而不是希望,是知识而不是自我转化。因为知识是这样一回事情,即把一个作品放在一个熟悉的语境中——把它同已经被识知的事物联系起来。"[1]在这里,预言家和造物主并不进行说明,他们的所言所行出于有着个人色彩的灵感,从而不同于普遍的东西:既不同于普遍同意,也不同于普遍有效。唯其如此,它们无法同已经被识知的事物联系起来——这种联系无非意味着

---

[1] Richard Rorty, "The Inspirational Value of Great Works of Literature", in *Achieving Our Country: Leftist Thought in Twentieth-Century America*, Cambridge: Harvard University Press, 1999, p.133.

对后者即已经被认作习惯和传统的东西的证明。如果问这样的灵感价值为什么会被他们生产出来，那么回答显然无关乎理由的说明而只可能是：他们希望如此，或者至多再补充一句，如此是令人满意的。无论如何，所希望的这个如此不是确定的。

罗蒂在谈到詹姆斯和杜威的工作时道出了这一点，"存在着两种任务，一种是，参照不变的结构来证明过去的习惯和传统是正当的，另一种是，用更令人满意的未来代替不令人满意的过去，并因而用希望代替确定性；我试图表明，詹姆斯和杜威就真理所说的东西如何成为以后一种任务代替前一种任务的途径"①。也就是说，希望是一种与令人满意的未来相提并论的东西。这种相提并论之所以可能，并非因为希望对于那令人满意的未来有所识知并进而给出论证，恰恰相反，乃是因为希望构成了种种这些对于确定性的追求的努力的反面——唯有存在着这样的反面，罗蒂所说的不同于知识的自我转化才得以成为可能。我们可以在杜威的《确定性的寻求》中发现罗蒂这一想法的先导，在那里，杜威批判了传统哲学对固定不变的东西的寻求，并指出，"实践活动的显著特征之一在于，不确定性总是伴随着其左右，这是内在于它而不可消除的"②。显然，在罗蒂那里，希望对于确定性的代替正是体现了实用主义传统对实践活动的诉诸。进一步地，詹姆斯和杜威的工作，即帮助我们从哲学所提供的这种不变的基础中摆脱出来，不仅使自我转化得以成为可

---

① Richard Rorty, "Truth without Correspondence to Reality" in *Philosophy and Social Hope*, London: Penguin Books, 1999, pp. 31 - 32.
② John Dewey, *The Quest for Certainty*, in *The Later Works 1925 - 1953*, *Volume 4: 1929*, Edited by Jo Ann Boydston, With an Introduction by Stephen Toulmin, Carbondale and Edwardsville: Southern Illinois University Press, 1988, pp. 5 - 6.

能,而且使新的文明得以成为可能。这其中所传递的更多地是一种社会希望,而不是理论贡献。而罗蒂也正是指出,詹姆斯和杜威"以一种社会希望的精神来写作。他们要求我们通过放弃我们的文化、我们的道德生活、我们的政治、我们的宗教信仰'建基于哲学基础'之上的想法,来解放我们新的文明"[1]。罗蒂所说的这种社会希望的精神,给予我们以灵感去想象那仅仅从过去的习惯和传统出发想象不到的人生,换言之,我们的这一生要比我们所以为的这一生更多。而我们的新的文明就在我们这更多的一生之中。

如果说以社会希望的精神写作出来的作品能给予我们一种特别的灵感,那么这些作品的写作者也因此而变得特别了,即他们同其他一些写作者区别了开来。作为结果,正如社会希望成为了两种任务的区分尺度那样,灵感价值也成为了两类学者的区分尺度。罗蒂在一处讨论灵感价值的地方这样说道,"当我把灵感价值归于文学作品时,我的意思是,这些作品使人们想到,对于这一生有着比他们想象的更多的东西。产生这类效果的常常是黑格尔或马克思而非洛克或休谟,是怀特海而非艾耶尔,是华兹华斯而非豪斯曼,是里尔克而非布莱希特,是德里达而非曼,是布鲁姆而非詹姆逊"[2]。罗蒂这个循着文学文化的线索所做的区分,向我们展示了一种对照,这种对照是满怀激情的人和贡献理论的人之间的,当然也是希望与知识之间的。詹姆斯和杜威,作为以社会希望的精神写作的人,一方面对文化、道德、政治、

---

[1] Richard Rorty, "Pragmatism, Relativism, and Irrationalism", in *Consequences of Pragmatism*, Minneapolis: University of Minnesota Press, 1994, p. 161.
[2] Richard Rorty, "The Inspirational Value of Great Works of Literature", in *Achieving Our Country: Leftist Thought in Twentieth-Century America*, Cambridge: Harvard University Press, 1999, p. 133.

宗教等问题谈了很多，但另一方面又没有就它们贡献出可充当基础的理论，以至于他们看起来更像是预言家。罗蒂注意到了这一点并做了分析，"然而，强调社会希望和解放的这种启示，使得詹姆斯和杜威听起来更像是预言家而不是思想家。这是误导性的。他们对真理、知识和道德说了一些话，尽管在一套套地回答教科书问题的意义上他们没有关于它们的理论"①。当那些重大的题目以非理论的方式被言说时，人们往往倾向于把这些言说轻易地认作是预言，这是因为他们没有看到希望也以非理论的方式得到言说。因此，把詹姆斯和杜威看作是以希望来进行预言的思想家，也许是避免这种误导性看法的一种方法。不过，由这样的争论所引出的希望与预言的关系可能比这种辩护更加重要，因为它涉及一个我们无法回避的问题，即希望是以何种方式运作的。

在罗蒂看来，希望是以预言的形式来运作的。对此，他在《失败的预言，光荣的希望》一文中，从两个重要文献的灵感价值入手进行了阐发，他说："《新约》和《共产党宣言》的灵感价值并没有由于以下这个事实而减少，即，数百万人被奴役、折磨或者饿死，而施虐者是那些真挚诚恳、道德严肃的人，他们背出一个或另一个文本中的段落来证明他们的行为是正当的。……然而，知识和希望之间有一个不同。希望常常采取错误预测的形式，就像它在这两个文献中所做的那样。但是，对于社会正义的希望仍然是值得过的人生的唯一基础。"②也许，当希望在预言中呈现出来的时候，它并不是对那些可实证的东西进行预测，而

---

① Richard Rorty, "Pragmatism, Relativism, and Irrationalism", in *Consequences of Pragmatism*, Minneapolis: University of Minnesota Press, 1994, pp. 161 – 162.

② Richard Rorty, "Failed Prophecies, Glorious Hopes", in *Philosophy and Social Hope*, London: Penguin Books, 1999, p. 204.

只是给出灵感——灵感(inspiration)从字面上来说还有鼓舞的意思,在这里就是鼓舞人们去过一个值得过的人生。这样的人生,不管它的表现形式有多少,其基础是社会正义。在罗蒂看来,较之于那些贡献理论的人,满怀激情的人可能更加重要,因为后者生产着希望。所以,罗蒂说:"在学院里面,人文学科曾经是满怀激情的人的避难所。……如果他们离开了,那么人文学科的研究将继续生产知识,但却不再生产希望。"[1]就我们从希望和灵感所追踪到的社会正义而言,罗蒂这个对于人文学科的评论同样适用于社会科学,如果不是说更为适合的话。

二、作为偶然的自由

进一步地,我们发现,在罗蒂那里,希望之所以往往变成错误的或者说失败的预言,其实还有一个原因,这就是,希望是偶然的,或者更确切地说,陈述希望的语言是偶然的。关于这一点,我们或许已经在前面所援引的"用希望代替确定性"中获得了某种暗示。不过,事情远不止这些,因为对于偶然以及那些可归之于它的东西,罗蒂有着更为复杂和深入的阐述。他说:"把人们的语言、良知、道德以及最高希望看作偶然的产品,看作那些曾是偶然生产出来的隐喻的本义化(literalization),就是接受一种自我认同,这种自我认同使人们适合于这样一个理想自由国家中的公民身份。"[2]一般来说,语言、良知、道德和希望被认为是充当基础的东西,但是它们在罗蒂那里却被明确地认为是

---

[1] Richard Rorty, "The Inspirational Value of Great Works of Literature", in *Achieving Our Country: Leftist Thought in Twentieth-Century America*, Cambridge: Harvard University Press, 1999, p. 135.

[2] Richard Rorty, *Contingency, Irony, and Solidarity*, Cambridge: Cambridge University Press, 1997, p. 61.

偶然的东西。这是因为,罗蒂试图在自由问题上做出重新思考,即坚持一种作为对偶然性的承认的自由。这在这里所提及的隐喻和本义中已经有所道出。并不是说隐喻拥有一个不同于本义的意义,而是说隐喻没有意义,因为只有在某种语言框架中获得自己的位置才能拥有意义,但隐喻不在任何这样的语言框架中。反过来说,一旦隐喻获得了这样的位置,亦即获得了某种习惯的使用,那么它就是一个死了的隐喻,或者说,一个本义化的隐喻。人们通常使用的隐喻往往是本义化了的隐喻,这意味着,它们由之而出的偶然性遭到了遗忘甚至拒绝。

可是,如果隐喻没有以本义化的方式获得习惯上普遍有效的使用,那么它是以何种方式继续保有其在偶然性尺度上的使用的?罗蒂再次以浪漫主义传统来加以分析,他说:"浪漫者们把隐喻归于一种被称为'想象力'的神秘能力……"[1]这意味着,所问及的那种使用是随着想象力界线的永远延伸而得到呈现的。与此同时,隐喻随着这种永远延伸而永远在语言中得到重新描述,或者说,旧的隐喻不断在死去,而新的隐喻不断在形成。这就如同罗蒂循着戴维森的想法所给出的阐述,"戴维森让我们把语言的历史因而还有文化的历史考虑为达尔文教我们考虑的珊瑚礁的历史。旧的隐喻不断地相继死去而成为本义(literalness),然后充当新的隐喻的平台和衬托。这个类比让我们把'我们的语言'——20世纪欧洲的科学语言和文化语言——考虑为某种体现许许多多纯偶然性的结果的东西。我们的语言和我们的文化,都是一种偶然性,都是成千上万找到定位的微小突变(和数以百万没有找到定位的其他微小突变)的一个

---

[1] Richard Rorty, *Contingency, Irony, and Solidarity*, Cambridge: Cambridge University Press, 1997, p. 19.

结果，就像兰花和类人猿那样"①。在这样的偶然性中，罗蒂看到的不仅是语言，而且是自由。这两者在罗蒂那里是融为一体的。对于这一点，如果我们把隐喻在这里所归于的想象力，同前文所引的"想象力是自由的来源，因为它是语言的来源"结合起来，那么我们或许已经有所察觉。

罗蒂这样来考虑语言的偶然性："我所说的'语言的偶然性'使之变得难以置信的正是这种普遍有效性的主张，我的自由乌托邦的诗化文化不再有这样的主张。这样一种文化反倒同意杜威的说法，即'想象力是善的主要工具……艺术比种种道德更有道德。这是因为，后者或者是或者倾向于变成现状的献祭……人类的道德预言家总是诗人，尽管他们是以自由诗体或是用寓言比喻来言说的'②。"③我们已经知道，"想象力是善的主要工具"这句话出自雪莱，而杜威就在这个传统之中。诗人靠想象力说出的东西总是隐喻性的，它们不在任何一种既定的语言框架之中，因此，它们非但不是要论证现状的正当性，反而是要扩展出不同于现状的言说方式。就此而言，它们比那些服务于现状的种种道德更有道德。作为结果，不同地言说成为了一件至关紧要的事情，它密切关联于语言的变化、文化的变化，乃至人类的变化。而能够不同地言说的就是诗人。

对此，罗蒂继续以浪漫主义的主张来加以阐述，"浪漫者们主张想象力而非理性才是首要的人类能力，他们以这个主张来

---

① Richard Rorty, *Contingency, Irony, and Solidarity*, Cambridge: Cambridge University Press, 1997, p.16.
② John Dewey, *Art as Experience* (New York: Capricorn Books, 1958), p.348.——原注
③ Richard Rorty, *Contingency, Irony, and Solidarity*, Cambridge: Cambridge University Press, 1997, p.69.

表达一种认识,即认识到,不同地言说的才能而非良好地论证的才能,才是文化的变化的主要工具。……德国的观念论者们、法国的革命者们、浪漫派诗人们共同隐约地感觉到,如果人类的语言发生变化以至于他们不再说他们向非人的力量负责,那么他们就将因此而变成一种新的人类"①。想象力对于理性的优先性是一个已经得到反复提及的浪漫派论题。在这里,罗蒂要说的是,变化是偶然的,因而不需要论证的才能,而只需要不同地言说。与之形成对照的是,非人的力量是偶然的反面,因而它的需要也与变化相反。所有的变化从不同地言说即语言的变化开始。

就自由问题而言,这些变化使得对于自由主义的重新描述成为一件必须做的事情。当然,这种重新描述与罗蒂所说的自由乌托邦的诗化文化有关。罗蒂说:"我们需要对自由主义做出一种重新描述,亦即,将它描述为文化作为一个整体能够被'诗化'的希望,而不是描述为文化能够被'合理化'或'科学化'的启蒙希望。这就是说,存在着两种希望,一种是特异品质的幻想的实现机会将会成为均等的,另一种是每个人都将用'理性'来取代'激情'或者幻想,而我们需要以前一种希望来代替后一种希望。"②言下之意,自由主义必须被重新描述为一种与不同的言说相适合的东西,而这种适合的契机就是文化的诗化,即渗透着隐喻、想象力以及偶然性的诗人的言说方式成为一种基本的言说方式。

---

① Richard Rorty, *Contingency, Irony, and Solidarity*, Cambridge: Cambridge University Press, 1997, p. 7.
② Ibid., p. 53.

三、作为反讽的自由

不过,我们还不打算就此结束不同的言说这个话题。这是因为,不同的言说意味着一种词汇与另一种词汇的遭遇,而这就需要我们对遭遇的和被遭遇的词汇做出考察。罗蒂将它们考虑为终极词汇(final vocabulary),他说:"所有人都随身携带着一套语词,他们用这套语词来证明他们的行动、信念和生活是正当的。……我把这些语词称作是一个人的'终极词汇'。/ 它之为'终结'乃是就如下意义而言的,即,如果对这些语词的价值产生怀疑,那么它们的使用者没有非循环的论证援助。"[1]换言之,终极词汇无法消除对它本身所产生的怀疑,而只能给予其一种循环论证。这样一来,终极词汇之间的遭遇就成为了一桩至关紧要的事情,因为它使得语词的价值获得了重新描述的契机,即通过另一种终极词汇来描述。不过,这种重新描述要成为可能,还必须承认两点:一、不存在一个由以对终极词汇进行选择但其本身超越终极词汇的元词汇;二、在这些终极词汇之中没有哪一种因为其更接近实在的东西而具有优先性。这是因为,这样的超越性和优先性实际上是在寻求一种可以充当基础的唯一描述,这当然是重新描述的反面。

所以,罗蒂补充道:"倾向于哲学化的反讽主义者,既不把终极词汇之间的选择看作是在一个中立的、普遍的元词汇中做出的,也不把它看作是由奋力越过现象而抵达实在的东西的企图所做出的,而仅仅把它看作是由以新对旧的游戏做出的。/ 我把这类人称作'反讽主义者',因为他们认识到任何东西都可以

---

[1] Richard Rorty, *Contingency, Irony, and Solidarity*, Cambridge: Cambridge University Press, 1997, p. 73.

由重新描述而显得好或坏,而且他们也放弃了制定终极词汇之间的选择标准的企图……"①我们仍然可以把罗蒂这里所说的这种与哲学联系在一起的反讽追溯到浪漫主义传统之中。比如,我们知道,对于反讽理论做出重要贡献的德国浪漫派思想家施勒格尔就曾经说过,"哲学是反讽的真正故乡,人们可以把它定义为逻辑的美:因为无论在口头还是书面的交谈中,只要没有完全地成体系,没有完全地哲学化,人们就应当给出并且要求反讽……"②而罗蒂所说的以新对旧的游戏以及选择标准的放弃,正是刻画了这种哲学的而非修辞学的反讽的反体系的特征。既然终极词汇不构成体系,那么对一个终极词汇的批评就不可能来自体系,只可能来自另一个终极词汇,来自它与它的遭遇。其结果就是重新描述,以及对重新描述的重新描述。

用罗蒂的话来说就是,"对我们反讽主义者而言,没有什么东西可以用来批评一个终极词汇,除非是另一个这样的终极词汇;不存在对于一个重新描述的回答,除非是一个重-重-重新描述"③。反讽主义的重新描述是意义重大的,它直接联系着罗蒂所关注的自由问题,因为"寻找基础和试图重新描述之间的差异,象征着自由主义文化和旧的文化生活的形式之间的差异"④。如果结合前面的援引,那么这种重新描述所透露的就是,对于反讽主义者来说,自由不在于去了解作为基础的人性,

---

① Richard Rorty, *Contingency, Irony, and Solidarity*, Cambridge: Cambridge University Press, 1997, p. 73.
② Friedrich Schlegel, *Werke in Zwei Bänden: Erster Band*, Berlin und Weimar: Aufbau-Verlag, 1980, S. 171.
③ Richard Rorty, *Contingency, Irony, and Solidarity*, Cambridge: Cambridge University Press, 1997, p. 80.
④ Ibid., p. 45.

而在于去了解另一个人,正如去遭遇另一个终极词汇。罗蒂由此指出了自由的反讽主义者和自由的形而上学家之间的一个不同,这就是,"对于自由的反讽主义者来说,在想象中进行身份认同的技艺做了自由的形而上学家想要借助特定道德动机——合理性、对上帝的爱、对真理的爱——来做的工作。反讽主义者能够正视并且也渴望防止对于他人——不管在性别、种族、部落以及终极词汇上有什么差异——的实际的和可能的羞辱,但他并不把这种能力和渴望看作比他自己的其他部分更加真实、更加核心、更加'在本质上合乎人性'"[1]。这里再次提到了想象力的运作,即,唯有以想象的方式设身处地地成为他人,我们才能真正认识并防止对于他人的羞辱。这一点比以理性的方式确立人性的本质更加重要。

但是,如果说想象性地成为他人意味着一种重新描述的话,那么这种重新描述会由于缺乏本质的和普遍的东西而被贴上偶然性的标签。在罗蒂看来,这样的偶然性恰恰是反讽的自由的特征。他在另一处比较形而上学家和反讽主义者的地方说道,反讽主义者"不得不说,我们的自由的机会取决于历史的偶然性,而历史的偶然性只是偶尔地被我们的自我重新描述所影响"[2]。归于描述的偶然性正是可以归于词汇的。如果我们在终极词汇的意义上加以考虑的话,那么可以说,语言的这种偶然性意味着良知、道德以及最高希望都是偶然的。这一点在前面援引的"把人们的语言、良知、道德以及最高希望看作偶然的产品"中已经有所道明。在这里,从反讽的自由与偶然性的这种关

---

[1] Richard Rorty, *Contingency, Irony, and Solidarity*, Cambridge: Cambridge University Press, 1997, p. 93.
[2] Ibid., p. 90.

联出发,我们可以说,尽管那些东西是偶然的,但人们仍然对它们保持忠诚,或者毋宁说,正因为它们是偶然的,所以人们保持忠诚。

关于这一点,罗蒂在转引熊彼特的一段话后给出了自己的评论,"柏林以对于约瑟夫·熊彼特的援引来结束他的文章,熊彼特说,'认识到人们的确信的相对有效性但却毫不妥协地支持它们,这是把文明人同野蛮人区分出来的东西'……用我所发展出来的行话来说,熊彼特关于这是文明人的标志的主张转化为了另一个主张:我们世纪的自由社会已经生产出了越来越多能够承认词汇的偶然性的人,他们以这样的词汇来陈述他们的最高希望——他们自己的良知的偶然性——但却仍然对那些良知保持忠诚。像尼采、威廉·詹姆斯、弗洛伊德、普鲁斯特和维特根斯坦这样的人物,例证了我所说的'作为对偶然性的承认的自由'"①。或许我们也可以这样来解读,即,之所以要对偶然的东西保持忠诚,是因为我们就是这样的偶然的东西的产物——对它们的忠诚就是对我们自己的忠诚。

这样的忠诚使我们得以成为自由乌托邦的公民。对于罗蒂来说,自由乌托邦的公民就是自由反讽者,他说,"总而言之,我的自由乌托邦的公民们将是这样的人,他们意识到他们的道德审议的语言的偶然性,并因而意识到他们的良知乃至他们的共同体的偶然性。他们将是自由反讽者——这样的人满足熊彼特的文明标准,并把承诺同对于他们自己承诺的偶然性的意识结合起来"②。这番话给出了对于作为反讽的自由的一个概括性

---

① Richard Rorty, *Contingency, Irony, and Solidarity*, Cambridge: Cambridge University Press, 1997, p. 46.
② Ibid., p. 61.

的写照,即,一方面,我们对我们的良知以及共同体做出承诺并保持忠诚;另一方面,我们又意识到我们所交付的承诺和忠诚乃是偶然的。换言之,我们之所以满足熊彼特的文明标准,不是因为我们成为了文明人的本质的载体,而是因为我们成为了始终意识到偶然性的自由反讽者。可以说,自由作为偶然与作为反讽无非是同一个问题的两个方面,这个问题就是希望。

四、"托洛茨基和野兰花"

罗蒂甚至用了"自由的希望"这个表述。在罗蒂看来,反讽主义者的私人的东西要得到调整以适应自由的希望。就这一点而言,与哈贝马斯立足于公共需要做出的质疑相反,罗蒂坚持认为,尼采、海德格尔、德里达"和其他与他们相似的人能够在调整反讽主义者的私人认同感以适应他的自由的希望上发挥作用。然而,现在所讨论的乃是调适——而不是综合。我的'诗化的'文化是这样一种文化,它已经放弃了把人们处理其有限性的私人方法和人们对其他人类的义务感合并起来的企图"[①]。如果说对他人的义务和责任意味着公共的方面的话,那么罗蒂这里是在告诉我们,私人的方面与公共的方面之间的关系乃是调适而非综合。唯其如此,前者才既不会被还原为也不会被提升为后者,或者用罗蒂自己的话来说,不会发生合并——无论是诗人还是反讽主义者都是这样的合并的反面。我们知道,公共和私人这两个方面在罗蒂那里获得了一个比喻性的表达,这就是"托洛茨基和野兰花"。这个表达成为了罗蒂的一篇回顾性的或者说自传性的文章的标题,这篇文章追溯了他在这个问题上所经

[①] Richard Rorty, *Contingency, Irony, and Solidarity*, Cambridge: Cambridge University Press, 1997, p. 68.

历的思想变迁。

　　罗蒂说,在他 12 岁的时候,他就从父母书架上的《列昂·托洛茨基案》和《无罪》了解到了公共的方面的存在。与此同时,他又承认自己还有着一些私人、古怪、无法言表的兴趣。这些兴趣构成了他的私人的方面,比如他对野兰花的态度——"我并不十分确定那些兰花是这样重要,但我确信它是如此。"[①]不过,如果仅仅是这样的话,罗蒂似乎并没有说出什么新的东西;这是因为,一般意义上的公共责任和私人兴趣几乎在每个人身上存在着。可是,一旦我们明白他所说的公共的方面和私人的方面究竟意味着什么,事情就变得不一样了。他说:"15 岁的时候……就我心中的计划而言,乃是要使托洛茨基和兰花一致起来。我想要找到某种理智的或者审美的框架,这样的框架可以让我——用我在叶芝那里偶遇的一个令人激动的短语来说——'在一个单一的幻象中把握实在和正义'。我用实在来指,……我感到被某种神秘的东西所触动,被某种有着不可言喻的重要性的东西所触动。我用正义来指,诺曼·托马斯和托洛茨基两人所代表的东西,弱者从强者之下解放出来。"[②]尽管这里所说的计划在后来发生了改变,但是这里对于托洛茨基和野兰花的阐释并没有发生改变,即把它们分别阐释为正义和实在。

　　对于这个阐释,比较容易理解的是托洛茨基所代表的作为公共方面的正义,不那么容易理解的是作为私人方面的实在。这是因为,这样的私人方面远远超出了通常人们所理解的私人

---

① 参见 Richard Rorty, "Trotsky and the Wild Orchids", in *Philosophy and Social Hope*, London: Penguin Books, 1999, pp. 5 – 7。
② Richard Rorty, "Trotsky and the Wild Orchids", in *Philosophy and Social Hope*, London: Penguin Books, 1999, pp. 7 – 8.

兴趣,涉及到了形而上学。这种涉及在罗蒂的另一句话中得到了更为明确的表达:"道德的和哲学的绝对听起来有点儿像我所钟爱的兰花——神秘、难找、只为被选中的极少数人所知。"[①]这里所说的绝对就是刚才所说的实在,它们作为形而上学的研究对象正可以被视为罗蒂意义上的野兰花,即属于私人方面的野兰花。因此,在罗蒂那里,计划的改变,亦即使托洛茨基和野兰花一致起来的企图的放弃,从根本上来说意味着,将社会科学的方面和形而上学的方面区分开来,而不是将一般意义上而言的公共方面和私人方面区分开来。罗蒂这样来回顾他做出的这个区分:"那本书——《偶然、反讽和团结》——认为,没有必要把某人个人的相当于托洛茨基的东西和他个人的相当于我的野兰花的东西编织在一起。毋宁说,他应该设法放弃把以下两样东西系在一起的诱惑,一样是他对他人的道德责任,另一样是他与他全心全意所钟爱的无论什么奇特的事或人(或者,如果你愿意,他痴迷于的事或人)之间的关系。"[②]在这里,道德责任作为公共的方面,无法以理论的方式来承担,因为理论很大程度上只是私人兴趣。对于这一点,如果我们把人的本质之类的东西考虑为哲学家们的私人兴趣的结果,那么事情也许就更清楚了。事实上,罗蒂之所以提出后哲学文化或者后哲学政治,正是因为哲学家们所提出的理论非但无助反而扰乱公共的责任和义务。

因此,对于公共领域,我们应当考虑的不是彼此之间存在着诸般差异的人们如何凭借共同本质团结在一起,而是这些人如何由于所遭受的相同的痛苦和羞辱而团结成为"我们"。在不同

[①] Richard Rorty, "Trotsky and the Wild Orchids", in *Philosophy and Social Hope*, London: Penguin Books, 1999, p. 8.
[②] Ibid., p. 13.

的时代,痛苦和羞辱的蒙受者可以得到不同的指认,但是痛苦和羞辱本身并没有根本的不同。换言之,要紧的不是那些指认,而是以如前所述的那种想象的方式设身处地地成为蒙受者。罗蒂在他的那篇《失败的预言,光荣的希望》中这样描述道,"资产阶级-无产阶级的区分现在看来就像异教徒-基督徒的区分那样过时了,但是,如果人们用'20%最富的人'来代替'资产阶级',用'80%的其他人'来代替'无产阶级',那么《共产党宣言》中的大多数句子听起来仍然是真实可靠的"[1]。对于这80%的人而言,也许他们在他们的种族或者宗教之类的方面有差异,但是他们在他们所蒙受的痛苦和羞辱上却没有差异。这意味着,只要他们设身处地地成为彼此,那么他们就彼此成为了"我们"。这就是罗蒂说的,"但是,那种团结并不被考虑为对于所有人类中的核心自我、人的本质的承认。毋宁说,它被考虑为一种能力,即能够明白越来越多的(部落、宗教、种族、习俗等)传统差异与痛苦和羞辱方面的相似性比起来是不重要的——这种能力把那些与我们迥异的人们考虑为可以包含在'我们'的范围之中。……(例如小说或民族志中)对各种各样痛苦和羞辱的详细描述而非哲学或宗教论述,才是现代知识分子对道德进步所做的主要贡献"[2]。无论在什么时代,弱者从强者之下解放出来都是正义的,这样的正义也是希望,它们在文学文化中得到传承,并且为社会科学提供灵感。

---

[1] Richard Rorty, "Failed Prophecies, Glorious Hopes", in *Philosophy and Social Hope*, London: Penguin Books, 1999, p. 206.
[2] Richard Rorty, *Contingency, Irony, and Solidarity*, Cambridge: Cambridge University Press, 1997, p. 192.

第四章　本雅明

在许多方面,而不仅仅是在学术身份上,本雅明都表现出一种挥之不去的犹豫,以至于似乎没有什么明确的定位可以适合他。有人认为这和他的那种忧郁、懒散、沉思的土星气质有关。但不可否认的事实是,本雅明以他的作品和思想同批判理论最核心的圈子建立了密切的联系。其实,本雅明偶尔也表示自己愿意被看作是一个批判家,就像后来汉娜·阿伦特说的,"然而,在为数极少的他愿意界定他所做的事情的场合,他认为自己是一个文学批判家,并且,如果可以说他确乎有志于生活中的一种位置的话,那么这个位置就是'德国文学唯一真正的批判家'(正如在朔勒姆已发表的给这位朋友的不多而优美的信件之一中所提到的那样)……"[①]在本雅明看来,"真正的批判并不反对它的对象:这就好像,一种化学物质对另一种化学物质的攻击只是就这样的意义而言的,即,通过分解它来揭示它的内在本性,而并不破坏它。以这种方式(素质性地)攻击精神的事物的化学物质就是光。……对精神的事物的批判便是对真与不真的东西的分辨"[②]。在这里,本雅明把批判理解为一种内在批判,也就是

[①] Hannah Arendt, "Introduction", in Walter Benjamin, *Illuminations*, Translated by Harry Zohn, London: Fontana Press, 1992, p. 10.

[②] Walter Benjamin, *An Herbert Belmore* [*Ende* 1916], in *Briefe*, *1*, Herausgegeben und mit Anmerkungen versehen von Gershom Scholem und Theodor W. Adorno, Frankfurt am Main: Suhrkamp Verlag, 1978, S. 131–132.

说,批判把它的对象当作仿佛是一种活的东西,惟其如此,它并不以一种外在的方式来破坏它,而是以一种内在的方式来揭示它。精神就是这样一种活的东西,相应地,光刻画了真正的批判的特征:事物由于光而得到自身本性的揭示,在这个揭示中,光既没有破坏事物也没有离开事物。他的这种批判进路贯彻在他对叙述、阅读以及电影的讨论中。

第一节 叙述与阅读的没落

在《德国哀剧的起源》中,本雅明谈到并否定了这样一个观点,即,巴罗克戏剧适合阅读而非表演。他这样说道:"对于巴洛克而言,那个从 A. W. 施勒格尔到拉姆普莱希特传承一百年的寓言,即它的戏剧是一种阅读的剧本,已经得到了驳斥。"[1]本雅明或许意识到,在巴洛克时代,眼睛所欲求的表演已经发生了一种改变,即拉近的看,它与尘世或者说历史对神话的取代相关。但是,作为一个藏书者,他的立场又是不稳定的。所以,同样是在这个研究中,他又表示,"文艺复兴探索世界空间,巴罗克探索图书馆。它的思索进入到书的形式中"[2]。当然,这种不稳定是不明显的,因为戏剧的阅读与表演的双重身份把它暂时搁置了起来。不过,这样的搁置显然不可能一直维持下去。本雅明在《技术复制时代的艺术作品》中表达了他貌似明确的立场,而与此同时,他必须处理阅读以及叙述的没落问题。

---

[1] Walter Benjamin, *Ursprung des deutschen Trauerspiels*, in *Gesammelte Schriften*: Band I, 1, Herausgegeben von Rolf Tiedemann und Hermann Schweppenhäuser, Frankfurt am Main: Suhrkamp Verlag, 1991, S. 231.
[2] Ibid., S. 319.

一、扩张的信息

1928年,本雅明不仅出版了《德国哀剧的起源》,而且出版了《单行道》——本雅明在被法兰克福大学拒绝之后写作了其中的主要篇章。某种意义上可以说,后一部作品是前一部作品的失败的结果,因为它使本雅明免于受到严格的学术身份的控制,从而自由地从事他那些探索性的观察和思考。当然,更为公允的说法是,后者乃是前者的成功的结果,因为前者所发展出来的东西成为了本雅明后来作品的一种鼓舞,这就如同基洛赫在对前者的评论中所说的,"它所发展出来的概念的全部节目鼓舞了本雅明后来的所有著作……哀剧研究对本雅明早期的著作进行了总结,正如它对他后来的著作进行了期盼:它如雅努斯那样是双面的"[1]。不过,对于土星气质的本雅明来说,这种期盼也有着忧郁的调子。这是因为,如果说戏剧,由于它的表演身份,暂时搁置了或者说转移了文字艺术所面临的挑战,那么他后来的文学研究使他必须直接面对这一点。而且,在他没有从中看到一种能够带来希望的东西之前,他必须一直面对这一点。

对于这种忧郁,沃林谈道:"然而,本雅明接着在现代世界里发现了文字艺术情境中的忧郁的起因,以及知识分子困境中的忧郁的起因,而知识分子传统上被委以守护这种艺术的重任。就像他在《单行道》中所说的,……"[2]在这里,沃林所援引的出自《单行道》的话是这样的:"文字,曾经在印刷的书里找到过避

---

[1] Graeme Gilloch, *Walter Benjamin: Critical Constellations*, Cambridge: Polity Press, 2002, p. 87.

[2] Richard Wolin, *Walter Benjamin: an Aesthetic of Redemption*, Berkeley and Los Angeles: University of California Press, 1994, p. 119.

难所,它在那里保持它的自律的存在,而现在则被广告无情地硬拉到大街上,并且隶属于经济混乱的野蛮他律之下。"①当文字被硬拉到大街上的时候,就与书无关了,因为广告所要求的当然不是"书的古老的宁静"②,而只可能是一种建基于时尚的喧嚣之上的清晰传播,并且,这种传播的清晰与经济上的混乱在程度上正好相当。在沃林看来,文字所遭受的混乱与野蛮,也正在被知识分子所遭受,所以,他对本雅明的这句话的评论是,"在这些情形之下,知识分子不再能够凭良心对他原来在18世纪末(资产阶级公共领域的出现阶段)所承担的立场保持忠诚……如果他胆敢考问他仅仅作为文化商品的转播者的遭阉割的、后革命的地位,那么他就会被'硬拉到大街上'"③。

这个评论当然没有错,但是,我们更愿意将我们的讨论收缩在书上,也就是说,把遭阉割的、后革命的地位归结为书,因为即便本雅明被硬拉到大街上,他所关心的也还是"书在这种传统的形态中走向它的终点"④。之所以走向终点,与人们对待书的态度有关,即,人们将所需要的东西从书中逼迫而出,与此同时毫不犹豫地将书本身抛弃掉。在本雅明看来,这一点甚至已经存在于科学的生产方式之中了,他说:"而今天,正如当前科学的生产方式所教导的那样,书已经成为了两个不同的卡片索引系统

---

① Walter Benjamin, *Einbahnstraße*, in *Gesammelte Schriften*: Band IV, 1, Herausgegeben von Tillman Rexroth, Frankfurt am Main: Suhrkamp Verlag, 1991, S. 103.

② Ibid.

③ Richard Wolin, *Walter Benjamin: an Aesthetic of Redemption*, Berkeley and Los Angeles: University of California Press, 1994, pp. 119 – 120.

④ Walter Benjamin, *Einbahnstraße*, in *Gesammelte Schriften*: Band IV, 1, Herausgegeben von Tillman Rexroth, Frankfurt am Main: Suhrkamp Verlag, 1991, S. 102.

之间的一种老式中介。因为所有要紧的东西都可以在研究者写的卡片索引盒中找到，而对此进行研究的学者又把它同化到他自己的卡片索引之中。"①如果说学术的生产都已经抛弃了书，那么更何况遍布街头的广告文字呢？在现代世界，这一切都与一种新的传播形式有关，这就是信息，无论是学术生产还是广告投放，它们所做的事情其实都是传播信息，并且是在传播不断扩张的信息。关于这一点，本雅明在1936年发表的《叙述者》中给出了一个清楚的道明。

他说："另一方面，我们清楚地看到，随着资产阶级的完全统治，印刷出版在高度发达的资本主义里成为了它最重要的工具之一，于是一种传播形式出场了……这种新的传播形式就是信息。"②在这篇研究俄国作家列斯科夫的文章中，本雅明有意把叙述和小说区分开来，并把叙述当作一种更为原始的东西。也就是说，当我们阅读列斯科夫的书时，我们是在倾听一个叙述者而不是一个小说家。在本雅明看来，信息，不仅对叙述造成了威胁，而且使小说陷入了危机。之所以如此乃是因为，随着印刷出版而得到广泛传播以致不断扩张的信息，完全缺乏一种建立在理解基础上的引人入胜的东西。它以透彻的说明来反对理解。这种状况就是，"每天早晨，我们都会了解到全球的新闻。然而，我们缺少值得注意的故事。这是因为，没有哪个传到我们身边

---

① Walter Benjamin, *Einbahnstraße*, in *Gesammelte Schriften*: Band IV, 1, Herausgegeben von Tillman Rexroth, Frankfurt am Main: Suhrkamp Verlag, 1991, S. 103.
② Walter Benjamin, *Der Erzähler*, in *Gesammelte Schriften*: Band II, 2, Herausgegeben von Rolf Tiedemann und Hermann Schweppenhäuser, Frankfurt am Main: Suhrkamp Verlag, 1991, S. 444.

的事件不是已经获得了透彻的说明"①。对于这样的新闻事件，我们既无必要也无可能做出进一步的观察和思考，相应地，它也无法藉着这些观察和思考而获得更长的生命。作为结果，就在它被带到我们身边的那一刹那，它死去了。

对于信息的这种特性，本雅明在分析希罗多德《历史》第三卷第十四章一个关于普萨梅尼特的故事时谈道："由这个故事可以看出，它是如何藉着真正的叙述而立起来的。信息藉着它于其中为新的那个瞬间拥有它的回报。它只活在这个瞬间，它必须将自己完全交付给它并且不失时机地向它说明自己。叙述则不一样；它并不耗尽自己。它保持它的集合的力量，并能在长时间之后展开。"②随即，本雅明就在援引蒙田对这个故事的评论的同时，给出了他在另外一些视角上所得到的不同理解。事实上，这样的理解可以一直进行并不断展开，因为只要故事没有在说明中耗尽自身，它就总是向着理解而开放。在这个意义上，正如本雅明所认为的，"希腊第一个叙述者乃是希罗多德"③，并且说"希罗多德什么也不说明"④。如果说说明透露了作者的意图的话，那么希罗多德的叙述是没有意图的，他只是让事件如其所是地得到呈现。惟其如此，我们才能专注于对这个事件的理解，而不是循着作者的意图轻易地转向，譬如转向下一个瞬间的事件或者另一个空间的事件，就像信息所做的那样。

恐怕正是由于这种不说明和无意图，叙述获得了长时间守

---

① Walter Benjamin, *Der Erzähler*, in *Gesammelte Schriften*: Band II, 2, Herausgegeben von Rolf Tiedemann und Hermann Schweppenhäuser, Frankfurt am Main: Suhrkamp Verlag, 1991, S. 444 – 445.
② Ibid., S. 445 – 446.
③ Ibid., S. 445.
④ Ibid., S. 446.

护真理的力量,因为,正如本雅明所说的,"真理乃是意图的死亡"①。我们知道,《德国哀剧的起源》中所提出的这个判断与命名有关,本雅明说:"……重新主张它的命名的权利。但处于这种态度之中的归根到底不是柏拉图,而是亚当,作为哲学之父的人类之父。"②根据《旧约·创世记》里面的陈述,亚当所做的一桩重要事情就是命名,"耶和华神用土所造成的野地各样走兽和空中各样飞鸟都带到那人面前,看他叫什么。那人怎样叫各样的活物,那就是它的名字。那人便给一切牲畜和空中飞鸟、野地走兽都起了名"③。在这里,命名就如同叙述,它不是给出说明,而是进行守护,在这种守护中,哲学以及人类得以成为可能。也就是说,那些活物并不向着亚当耗尽自身,正如亚当也不向着它们耗尽自身。作为结果,一方面,事情并不是完全混乱的;另一方面,事情又不是彻底耗尽的。在这个意义上,亚当是更早的叙述者。并且,直到现在,事情还处在这位作为哲学之父的人类之父的叙述之中。

事实上,耶和华神也没有给出任何说明,而只是由亚当来叙述他的创造,同时得到叙述的是亚当的或者说人的生命。之所以如此,是因为生命,对于每一个有生命的东西来说,都是在他的经验中呈现出来的,而经验只可能得到叙述;相反地,说明所指向的是无生命的东西,如果它指向生命,那么生命就被当作了无生命的东西,至少,生命被归结到了无生命的假设。维特根斯坦在他的《哲学研究》中,表达了一种相似的对于说明的态度,

---

① Walter Benjamin, *Ursprung des deutschen Trauerspiels*, in *Gesammelte Schriften*: Band I, 1, Herausgegeben von Rolf Tiedermann und Hermann Schweppenhäuser, Frankfurt am Main: Suhrkamp Verlag, 1991, S. 216.
② Ibid., S. 217.
③ 《旧约·创世记》2: 19 - 20。

"在我们的考察中不可以存在假设性的东西。一切说明都须废除,而仅仅代之以描述"①。维特根斯坦所说的假设性的东西是耐人寻味的,它似乎暗示着一种没有经过检验的外在的前提。而在本雅明的考察中,它得到了直接的道明,这就是资本主义,因为说明是随着信息这一资本主义时代的新的传播形式而获得它的地位的。也就是说,在这个时代,任何说明都是从资本主义这个前提出发的。如果是这样的话,那么说明的废除同时意味着作为说明的前提的资本主义的废除。在本雅明所讨论的叙述中,这一点恐怕是更为重要的。

由此,我们再来看《叙述者》最后一段的几句话,就不会认为本雅明只是沉溺于诗意的想象了,他说,叙述者"追溯全部的一生。(附带说一下,这个一生不仅包含自己的经验,而且包含不少他人的经验。叙述者把他听到的传闻也归为他自己的东西。)他的天赋乃是:他的生命,他的高贵:能够叙述他的全部的生命"②。在资本主义社会之中,对于全部的生命的叙述成为了不可能。当人们被"文字的蝗虫群"③所包围时,这种不可能很大程度上是无法避免的。只活在瞬间的信息占据了所有的瞬间,因为所有的瞬间都已经被信息所充满,这就是信息的扩张。但是,这所有的瞬间加在一起也不会成为全部的生命,它们总只是

---

① Ludwig Wittgenstein, *Philosophical Investigations*, Translated by G. E. M. Anscombe, Oxford: Blackwell Publishers Ltd., 1999, p. 47.
② Walter Benjamin, *Der Erzähler*, in *Gesammelte Schriften*: Band II, 2, Herausgegeben von Rolf Tiedemann und Hermann Schweppenhäuser, Frankfurt am Main: Suhrkamp Verlag, 1991, S. 464.
③ Walter Benjamin, *Einbahnstraße*, in *Gesammelte Schriften*: Band IV, 1, Herausgegeben von Tillman Rexroth, Frankfurt am Main: Suhrkamp Verlag, 1991, S. 103.

瞬间。之所以如此,是因为信息无法成为经验的一部分;非但如此,信息总是在起着隔离和密封的作用。每天的信息越是扩张,这种作用就越是强烈。

在资产阶级的统治下,作为印刷出版的结果,一方面是信息的迅速扩张,另一方面是经验的急剧衰退。本雅明后来在《论波德莱尔的几个主题》中谈道:"如果报刊预言读者可以把它的信息做成他自己经验的一部分的话,那么它是不会达到它的目的的。然而,它的目标正好相反并且已经达到了。这个目标在于,将所发生的事情对着能够关涉到读者经验的领域密封起来。"[1]读者必须并且只能,以一种与他的经验无关的方式,来阅读那些蜂拥而至的信息。惟其如此,他能在那里读到一切。这个一切不通向他人,也不通向自己,而只通向信息,不断扩张的信息;因为通向他人与自己意味着经验的传播。既然信息不能被归结到他,那么他只能被归结到信息。他的世界以及他自己,无非就是一堆已经在信息之中得到透彻说明的事件。

二、衰退的经验

他由此而被置于一种悖谬的境地:只要他没有经验,他就有一切;只要他有经验,就什么也没有。然而,他不可以什么也没有,至少他被规定不可以什么也没有。在资本主义社会里,这个规定是基本的:他或者有资本,或者有劳动力,确切地说,他或者是资本,或者是劳动力。但是,显然,他所有的东西与他所是的东西的这种同一,完全取消了有自己经验或者说能经验自

---

[1] Walter Benjamin, *Über einige Motive bei Baudelaire*, in *Gesammelte Schriften*: Band I, 2, Herausgegeben von Rolf Tiedemann und Hermann Schweppenhäuser, Frankfurt am Main: Suhrkamp Verlag, 1991, S. 610 - 611.

己的人的存在。

　　这种悖谬的境地，可以说，在战争事件中获得了它的最为极端的表现。对于战士来说，他不去经验战斗，他就可以投入一切战斗；他去经验战斗，他就不能投入任何战斗。作为结果，那些从战场上回来的人变得沉默了，因为他们没有任何可以传播的经验。同时，对于读者来说，如果说战争，它本身的残酷以及它造成的死亡，成为了仅仅只是被说明而不是被经验的东西，那么，战争书籍究竟是接近了还是远离了事情本身？本雅明在考虑经验的衰退时，正是注意到了高度发达的资本主义社会中的这场世界大战。他在《叙述者》的第一部分就说道："这种现象的一个原因明显在于：经验贬值了。而且看起来，它正继续落向无底的深处。报纸中的每一瞥都证明，它已经达到了一个新的低阶，一夜之间，不仅外部世界的形象，而且道德世界的形象，都已遭受了人们从不认为可能的改变。随着世界大战的爆发，一种进程开始变得明显了，而且它从那以来未曾有所停顿。人们不是注意到，在战争结束之际，从战场上回来的战士突然变得沉默了吗？在可以传播的经验上不是更加丰富了——而是更加贫乏了。十年之后，在战争书籍的洪水中倾泻出来的东西，绝对不是曾经口口相传的经验。"[1]无论是沉默还是倾泻，它们所见证的都是经验的衰退。

　　事实上，本雅明关于战争的这段陈述1933年就已经出现了，那是在他的一篇题为《经验与贫乏》的文章里；在那里同时出现的，是这段陈述之后对经验所受的种种拒斥的刻画，以及其他

---

[1] Walter Benjamin, *Der Erzähler*, in *Gesammelte Schriften*: Band II, 2, Herausgegeben von Rolt Tiedemann und Hermann Schweppenhäuser, Frankfurt am Main: Suhrkamp Verlag, 1991, S. 439.

一些观察。这些反复出现的文字,是一个 1914—1918 时代的人对自己时代的反复思考,"……谁还愿意试图以他完成了的经验来指点年轻人? 没有了,同样清楚的是:经验贬值了,这已经在 1914—1918 这一代人中形成了最为巨大的世界历史的经验。也许这并不像它看起来那样值得注意。人们那时不是能够断定,战士从战场上回来突然变得沉默了吗? ……"[1]我们不禁要问,经验为什么贬值或者说衰退了? 对于这个问题,我们或许仍然可以通过战争来寻找解答的线索,而战争,在这里,也正是本雅明对经验的贫乏症状的第一个刻画,"因为经验从未遭到过比这更为彻底的拒斥,战略的经验被阵地战所拒斥,……"[2]在阵地战中,战略的经验,作为一种完成了的经验,对于当前的现实来说变得毫无意义了,也就是说,它根本不能提供任何指点或者说指教。这就如同,指教原本是叙述者带给倾听者的东西,但"'有所指教'今天听起来却陈腐不堪了"[3]。非但如此,这样的经验还成为了一种障碍,对于新的东西——譬如阵地战——的障碍。

毫无疑问,在本雅明那里,经验意味着一种传统的东西。他自己在《论波德莱尔的几个主题》中也承认,"实际上经验正是传

---

[1] Walter Benjamin, *Erfahrung und Armut*, in *Gesammelte Schriften*: Band II, 1, Herausgegeben von Rolf Tiedemann und Hermann Schweppenhäuser, Frankfurt am Main: Suhrkamp Verlag, 1991, S. 214.

[2] Ibid. (cf. Walter Benjamin, *Der Erzähler*, in *Gesammelte Schriften*: Band II, 2, Herausgegeben von Rolf Tiedemann und Hermann Schweppenhäuser, Frankfurt am Main: Suhrkamp Verlag, 1991, S. 439.)

[3] Walter Benjamin, *Der Erzähler*, in *Gesammelte Schriften*: Band II, 2, Herausgegeben von Rolf Tiedemann und Hermann Schweppenhäuser, Frankfurt am Main: Suhrkamp Verlag, 1991, S. 442.

统的事情,它在集体的生活之中也在私人的生活之中"①。如果是这样的话,那么经验的被拒斥也就是传统的被拒斥,被当前所拒斥。自启蒙运动以来,社会的不可思议的变化每天都在消灭着传统,并且是以无法预计的速度和广度。这样一来,经验的衰退就成为了一件不可避免的事情,它使人们不得不面对一个新颖奇特的社会——一个到处制定标准并且去除自然的社会。这个时候,人们试图通过哲学来找到真正的经验。对此,本雅明回顾道:"自上个世纪末以来,哲学做出了一系列的尝试去抓住'真正的'经验,以便反对表现于文明化大众的标准化的、去自然的存在之中的经验。"②这样的尝试看起来是积极而合理的,因为它似乎发现了当前社会的弊端。然而本雅明并没有这么认为,他敏锐地注意到了它的荒谬。这种荒谬就是,它完全抛弃了社会中的人的存在,转而诉诸一种如同幻觉般的东西。可是,幻觉的美好只会成为通向现实的丑恶的道路。因此,本雅明是这样来批判这些尝试或者说努力的,"它们当然不是从社会中的人的存在出发的。……它们终止于克拉格斯和荣格,而他们都贡献给了法西斯主义"③。这些文字发表于1939年。

因此,与其努力去抓住这样的"真实的"经验,还不如坦然地承认我们以及经验的贫乏。在《经验与贫乏》中,本雅明明确提出了这种承认;事实上,在那里,他也已经对上个世纪以来所抓住的那些经验进行了批判。他说:"上个世纪各种风格和世界观

---

① Walter Benjamin, *Über einige Motive bei Baudelaire*, in *Gesammelte Schriften*: Band 1, 2, Herausgegeben von Rolf Tiedemann und Hermann Schweppenhäuser, Frankfurt am Main: Suhrkamp Verlag, 1991, S. 608.
② Ibid.
③ Ibid.

的可怕混杂已经清楚地表明，靠着虚构捏造或者隐匿欺骗所得到的经验将会通向哪里，因此我们坦白我们的贫乏并且无须把自己看作值得尊敬。是的，我们承认这一点：这种经验贫乏不仅是私人上的贫乏，而且总的说来是人类经验上的贫乏。因而是新的野蛮的一种方式。"[1]传统或者说经验的缺失意味着野蛮，而现在我们正处在这样的野蛮之中。不过，本雅明并没有以一般的指责态度来简单对待这种野蛮。之所以如此，是因为这种野蛮不是某个经验的贫乏，而是所有经验的贫乏；更为重要的是，它并不渴望新的经验，因为彻底的贫乏同时意味着一种一无所有的纯洁，一种新的开始，所有的东西都可以藉着这个新的开始被构造出来，包括全部的经验。也就是说，野蛮，作为无经验的开始，构造它所无的经验。然而，这种无经验的经验只能意味一件事情，即，口口相传的经验以一种非经验的方式被这种构造所吞噬了。在这个构造中，有着经验带给我们的一切，但它们不再被我们所经验。

因此，本雅明这样来描述这种野蛮："野蛮？的确。我们这样说，是为了一个新的、肯定的野蛮概念。经验上的贫乏究竟会把野蛮人带到哪里？它把他带到，从起端的东西开始；从新的东西开始；以极少的东西来应对；由极少的东西来构造，并且中规中矩地遵照。在伟大的创造者那里，不容分说总是先要制造一张纯洁的桌子。也就是说，他们想要有一张绘图桌，他们乃是设计者。笛卡尔就是这样的一位设计者，对于他的全部哲学而言，首先要有的不是别的而是一个唯一的确定性：'我思，故我在'，

---

[1] Walter Benjamin, *Erfahrung und Armut*, in *Gesammelte Schriften*: Band II, 1, Herausgegeben von Rolf Tiedemann und Hermann Schweppenhäuser, Frankfurt am Main: Suhrkamp Verlag, 1991, S. 215.

他从这一点出发。……"①这里所说的构造或者设计,不禁使我们想起了启蒙哲学,因为正如卡西尔所说,"实际上,启蒙哲学的基本方向和实质努力绝不在于,仅仅伴随生活以及在反映的镜子中接受生活。毋宁说,它所相信的乃是思维的一种原初的自发性;它分配给思维的,不是单单后来的和模仿的成就,而是生活造型的力量和任务。思维不仅应当划分和检视它认为是必要的秩序,而且应当自己来开创和实现这种秩序,以便就在这个实现的行动中证明它自己的现实性和真理性"②。在本雅明看来,无论物理学家还是艺术家,都像笛卡尔那样,是从一个不被任何经验污染的纯洁开端出发的。

不难发现,在这样的情形之中,乃是一切东西包括人自己都要服从于这个构造设计,而不是反过来;这在时间的维度上的表现就是,一切东西都要服从于当前,因为这个构造设计是当前的,而不是过去的。我们可以在本雅明对"室内布置"的分析和对卢斯的援引中发现这一点,他说,"相反地,'室内布置'强迫居住者接受习惯的最高限度,这些习惯更多地适合于他生活于其中的室内布置,而不是适合于他自己"③。在这里,人生活于其中的室内布置正是构造设计的写照。他对卢斯的援引则是这样的:"现代建筑的先驱阿道夫·卢斯宣称:'我只为那些有着现代

---

① Walter Benjamin, *Erfahrung und Armut*, in *Gesammelte Schriften*: Band II, 1, Herausgegeben von Rolf Tiedemann und Hermann Schweppenhäuser, Frankfurt am Main: Suhrkamp Verlag, 1991, S. 215.

② Ernst Cassirer, *Die Philosophie der Aufklärung*, Hamburg: Felix Meiner Verlag, 1998, S. XII.

③ Walter Benjamin, *Erfahrung und Armut*, in *Gesammelte Schriften*: Band II, 1, Herausgegeben von Rolf Tiedemann und Hermann Schweppenhäuser, Frankfurt am Main: Suhrkamp Verlag, 1991, S. 217.

感觉的人写作……我不为那些在对文艺复兴或者洛可可的向往中消耗自己的人写作。'"①言下之意,那些没有现代感觉的人仿佛可以忽略不计了,因为在野蛮人的构造设计中没有他们的位置。

作为"真正的"经验的批判者,本雅明当然也集中于当前时代。但是,他这么做并不意味着完全认同和接受这个时代。毋宁说,他是要以这个时代来回顾过去时代的意义,而不是反过来;因为过去的东西只有在当前才能得到理解,作为记忆而得到理解。这吸引我们去比较马克思的著名论断,"人体解剖对于猴体解剖是一把钥匙。反过来说,低等动物身上表露的高等动物的征兆,只有在高等动物本身已被认识之后才能理解"②。作为马克思的热情阅读者,毫无疑问,本雅明不仅熟悉而且吸收了这种历史唯物主义的思想,以至于,沃林在他那本我们前面援引过的《本雅明:一种审美救赎》中,甚至将"本雅明的唯物主义的经验理论"当作了一个标题③。不过,对于本雅明来说,他的这种热情很大程度上与他的另外一种思想传统密切相关,即犹太教思想传统。

他在《论历史的概念》中这样说道:"编年史家将所发生的事情不分巨细地叙述出来,他在这里承担着真理测算,即,那曾经发生的一切对于历史来说全都没有消失。当然,只有得到救赎的人类才能完全收获它的过去。这就是说:只有得到救赎的人

---

① Walter Benjamin, *Erfahrung und Armut*, in *Gesammelte Schriften: Band II, 1*, Herausgegeben von Rolf Tiedemann und Hermann Schweppenhäuser, Frankfurt am Main: Suhrkamp Verlag, 1991, S. 216.
② 《马克思恩格斯选集》第二卷,北京:人民出版社,1995年,第23页。
③ 参见 Richard Wolin, *Walter Benjamin: an Aesthetic of Redemption*, Berkeley and Los Angeles: University of California Press, 1994, p. 213.

类才能使它每个瞬间之中的过去都变得可以援引。它所活过的每一刻都将成为'今日法庭上的一次传讯'——那个日子就是末日审判。"①但是,那个日子究竟在何时? 也就是说,究竟哪个日子才真正就是那个日子,一个救赎人类的日子,一个收获过去的日子? 本雅明要从那个日子出发回到过去的记忆之中,可是在那个日子尚未到来的时候他只拥有当前。并且,因为那个日子总是以当前的形式到来,所以他对当前既充满渴望又保持警惕。这个经验贫乏的当前,在本雅明看来,是一个危机重重的时代,必须对它保持高度警惕。

对此,他在《经验与贫乏》的最后一段说道:"我们变得贫乏了。我们已经把人类遗产一件接着一件地给了出去,常常必须以百分之一的价值押在当铺中,以便为此而得到'当前'的小小硬币的预支。经济危机站在门口,它后面是正在到来的战争的阴影。"②这就是贫乏的我们所做的事情:用极度贬值的人类遗产来兑换当前的硬币,再用当前的硬币来兑换经济危机以及战争。经济危机和战争所造成的一无所有是否意味着一种纯洁的新的开始? 如果它们是野蛮的,那么它们就是。

第二节 对拉近的看的欲求

信息的扩张和经验的衰退,可以说,与叙述与阅读的没落有

---

① Walter Benjamin, *Über den Begriff der Geschichte*, in *Gesammelte Schriften*:*Band I*,*2*, Herausgegeben von Rolf Tiedemann und Hermann Schweppenhäuser, Frankfurt am Main:Suhrkamp Verlag, 1991,S. 694.
② Walter Benjamin, *Erfahrung und Armut*, in *Gesammelte Schriften*:*Band II*,*1*, Herausgegeben von Rolf Tiedemann und Hermann Schweppenhäuser, Frankfurt am Main:Suhrkamp Verlag, 1991,S. 219.

关;但是,叙述与阅读的没落不是当前的全部事情,甚至也不是主要的事情。这是因为,一种新的欲求把它们统统变成了过时的东西,这种欲求来自眼睛,是对拉近的看的欲求。电影取代了文字,而技术复制使得这一取代成为可能。作为结果,所有的一切都被拉得更近了。当然,从写作成文的时间来说,《叙述者》稍晚于《技术复制时代的艺术作品》,确切地说,是紧跟其之后。我们知道,《技术复制时代的艺术作品》首先以法译本的形式发表于1936年,而本雅明在1936年5月2日给朔勒姆的信中谈道:"我最近的工作,它的法文版将在三个星期内出版……我正在撰写'列斯科夫'……"[1]不过,《叙述者》里所透露出来的那种文字的没落,可以被看作是对图像的兴起的一种解释。

一、尸体在曝光中复活

随着贫乏的蔓延和加深,记忆逐渐成为了一桩不可能的事情。这种不可能不是指记忆被交付给了遗忘,而是指记忆被交付给了当前,也就是说,所有的一切都在当前复活了,而无须记忆。这种复活是在艺术作品的复制和电影艺术里面发生的,我们在本雅明对瓦莱里的援引和分析中发现了这一点,"'就像水、煤气和电流由于我们操纵一个几乎不被注意的手柄而从远处来到我们的居所之中,我们将来也会得到图像或者声音的供给,它们只需一个小小的把手甚至几乎一个手势就可以出现和再次离开'。[2] 在1900年左右技术复制达到了一个标准……对于有关

---

[1] Walter Benjamin, *An Gerhard Scholem*, 2. Mai 1936, in *Briefe*, 2, Herausgegeben und mit Anmerkungen versehen von Gershom Scholem und Theodor W. Adorno, Frankfurt am Main: Suhrkamp Verlag, 1978, S. 714.

[2] Paul Valéry: Pièces sur l'art. Paris [o. J.], p. 105 (《La conquête de l'ubiquité》).——原注。

这个标准的研究而言,没有什么比它的两种不同的表现——艺术作品的复制和电影艺术——对传统形态的艺术所起的反作用更有启发意义了"[1]。由于这两种表现,原本记忆中的图像与声音从记忆中脱离出来,它们随着一个手势就立即成为了当前的东西。记忆不再守护任何东西,因为既然一切都可以如此轻易地出现和离开,那么恐怕也就没有任何东西需要加以守护了。作为结果,当人们想要唤醒什么的时候,他不是进入到他的记忆之中,而是拉一下把手或者做一个手势;随着这个动作,电影把他要看的东西带到他面前。由此也可以说,记忆被交付给了电影。

在瓦莱里的描述中,由手柄操纵而来到居所的水、煤气和电流显然被取消了它们的缘起——河流、矿山与劳作。它们无法被归结到比那个手柄更远的东西,而手柄作为一种操纵方式适合于任何东西,在这个意义上,它乃是被平均了的。这种被平均也构成了水、煤气和电流的特征。那么,在操纵上与之相似的电影又如何呢?是否也存在着这样的被取消与被平均?就技术复制而言,答案是肯定的,本雅明甚至追溯到了比电影更早的照相。这个被取消的东西就是光韵,他说:"这里被取消的东西可以概括为光韵这个概念,并且可以说:艺术作品在技术复制时代所凋谢的正是它的光韵。"[2]而被平均则是一桩更为明显的事情,因为技术复制的产品彼此之间毫无差别,这与手工复制的产品并不一样,因为后者尽管是赝品但还留有复制者的痕迹,而且更为重要的是,它之所以成为赝品就意味着总还存在着真迹;而

---

[1] Walter Benjamin, *Das Kunstwerk im Zeitalter seiner technischen Reproduzierbarkeit*, in *Gesammelte Schriften*:*Band* Ⅰ,2,Herausgegeben von Rolf Tiedemann und Hermann Schweppenhäuser, Frankfurt am Main:Suhrkamp Verlag, 1991,S. 475.
[2] Ibid., S. 477.

在技术复制那里,本雅明说:"例如,从照相底片可以洗出一大批照片;对本真照片的询问是没有意义的。"①毋庸置疑,这两个方面是内在相关的。不过,本雅明对于它们的思考并不仅止于此。

他的思考迅速地滑向了政治的方面。事实上,他紧接着照相底片的例子就分析道,"但是,就在本真性的准则在艺术生产上发生失误的那一刻,艺术的整个社会功能也被翻转了。它的基础不再在仪式之上,而是在一种另外的实践上:即政治上"②。如果我们试图对这一段翻转的历史进行追踪,那么就会回到艺术作品的光韵以及它的凋谢。本雅明对于光韵有一个我们所熟悉的经典刻画,它的出现至少可以追溯到1931年的《照相小史》,这就是,"究竟什么是光韵?空间和时间的一种奇特交织:远方的独一无二的显现,尽管它可能是如此之近。静歇于一个夏日的正午,循着地平线上的群山或者一根把它的影子投在观察者身上的树枝,直到此刻或者此时它的显现的一部分——亦即,呼吸这山脉、这树枝的光韵"③。尽管这个刻画不是光韵的最终定义,并且光韵的含义在别的地方也有所透露,但是它毫无疑问是极其重要的,否则的话,它不会几乎不做任何改动地出现在《技术复制时代的艺术作品》之中。那么,这个刻画透露了什么呢?根据阿多诺的一个解读,乃是远,或者说,拉远的

---

① Walter Benjamin, *Das Kunstwerk im Zeitalter seiner technischen Reproduzierbarkeit*, in *Gesammelte Schriften*: Band I, 2, Herausgegeben von Rolf Tiedemann und Hermann Schweppenhäuser, Frankfurt am Main: Suhrkamp Verlag, 1991, S. 481-482.
② Ibid., S. 482.
③ Walter Benjamin, *Kleine Geschichte der Photographie*, in *Gesammelte Schriften*: Band II, 1, Herausgegeben von Rolf Tiedemann und Hermann Schweppenhäuser, Frankfurt am Main: Suhrkamp Verlag, 1991, S. 378.

存在,他说,"本雅明在光韵概念中强调了一种拉远的存在……"①也就是说,光韵意味着,自然、历史以及艺术作品,无论在什么地方都是在远方,这种远可以显现为近,但却永远不能被取消。

进一步地,这种拉远的存在也把另一条理解的线索交给了我们,这就是对本雅明所说的艺术作品的膜拜价值的理解。我们注意到,本雅明在一个脚注中给出了这样的说明,"光韵的这个定义,即'远方的独一无二的显现,尽管它可能是如此之近',提出了时空知觉范畴中的艺术作品的膜拜价值的表达。远是近的反面。本质上的远乃是不可接近。事实上,不可接近性正是膜拜形像的一种首要性质。就其本性而言,它仍然在'远方,尽管它可能是如此之近'。人们在它的物质方面所能够赢得的近,无法减损它在其显现方面所保持的远"②。艺术作品,就——巫术以及宗教仪式之中的——膜拜价值而言,更多地不是一种可以以看的方式来接近的东西,而是一种始终以信的方式来拉远的东西。也就是说,仪式的参与者相信,艺术作品存在于一个远方,这并不是指它的物质方面,而是指它的"这里和现在——它在它所位于的那个地方的独一无二的存在"③。如果阿多诺对于本雅明的解读是可以接受的,那么我们就在这种存在上发现

---

① Theodor W. Adorno, *Ästhetische Theorie*, in *Gesammelte Schriften*: Band 7, Herausgegeben von Rolf Tiedemann, Frankfurt am Main: Suhrkamp Verlag, 2003, S. 409.

② Walter Benjamin, *Das Kunstwerk im Zeitalter seiner technischen Reproduzierbarkeit*, in *Gesammelte Schriften*: Band I, 2, Herausgegeben von Rolf Tiedemann und Hermann Schweppenhäuser, Frankfurt am Main: Suhrkamp Verlag, 1991, S. 480.

③ Ibid., S. 475.

了一种客观性，一种"客观的意味，没有任何的主观意图抵于其上"①。这当然不完全是来自康德传统的解读，因为它还隐约参杂了唯物主义的思想，这种思想当然也是本雅明所分享的，正如他们共同分享着马克思的贡献。

如果说阿多诺发展出了一种客体的优先性，就像他在《否定的辩证法》中论及的那样，那么本雅明在考虑膜拜价值的时候，也由于拒绝主观意图的介入而触及到了这一点。对此，我们当然可以追溯到他在《德国悲剧的起源》中关于意图的那些阐发，但是我们在这里还是集中于他对巫术和宗教的分析。他这样分析道，"石器时代的人在他的洞壁上所画下的麋鹿，乃是一种魔法工具。他虽然将它展示给他周围的人；但却首先是准备把它赠予精神。今天膜拜价值看起来简直是迫切要求艺术作品隐藏起来：……某些圣母像几乎终年都被遮盖着……"②面纱暗示着它们无法以一种外在的方式来被对待和接近。这就如同石器时代的人的壁画，虽然展示了什么，但是它的展示与它的赠予无关，或者说，就赠予而言，哪怕是得到展示的东西也蒙上了看不见的面纱。对于它们，唯一的方式是如本雅明所说的呼吸：一种气息来自远方，同时又在我们体内；更重要的是我们看不见它，它也没有因为被看而拉近。阿多诺同样注意到了本雅明在这里所说的呼吸，他说："与艺术作品的本真关系无疑也要求一种认同行为：

---

① Theodor W. Adorno, *Ästhetische Theorie*, in *Gesammelte Schriften*: Band 7, Herausgegeben von Rolf Tiedemann, Frankfurt am Main: Suhrkamp Verlag, 2003, S. 409.
② Walter Benjamin, *Das Kunstwerk im Zeitalter seiner technischen Reproduzierbarkeit*, in *Gesammelte Schriften*: Band 1, 2, Herausgegeben von Rolf Tiedemann und Hermann Schweppenhäuser, Frankfurt am Main: Suhrkamp Verlag, 1991, S. 483–484.

进入到、参与到事情之中,就像本雅明说:'呼吸光韵'。"① 而呼吸,不言而喻是契合于精神的,这甚至已经是一个传统了。

然而,随着技术复制时代的到来,远被近所取代了,因为几乎一切都可以通过技术复制被拉近到大众身边。作为结果,膜拜价值也就被另一种价值取代了,即本雅明所说的展示价值。他这样来描述大众对于近的欲求,"……关涉到今天生活中日益增加的大众的重要意义。这就是:使事物在空间和人的方面'拉得更近'正是目前大众的一种狂热欲求,这就如同倾向于通过接受现实的复制品来克服每个现实的独一无二性。这个需求每天都在变得越发无法否认,即,从一种至近来把握对象,而至近乃是在图像之中,或者毋宁说是在相似物、复制品之中"②。也就是说,这样的更近与至近主要不是指一种可度量意义上的距离的大幅缩减,而是指那种"它在它所位于的那个地方的独一无二的存在"消失了。这是因为,复制品不是位于一个地方,而是位于任何地方,或者说,没有哪一个地方与复制品发生本真的关系。这种位于任何地方意义上的近最为适合于大众,因为大众正意味着在任何地方而不在一个地方。在这样的更近与至近中,那种呼吸的方式过时了,现在的方式主要被归结到了看,因为"至近乃是在图像之中",事实上,这也正是展示价值的题中之义。作为结果,技术复制不仅复制出了图像,而且复制出了大

---

① Theodor W. Adorno, *Ästhetische Theorie*, in *Gesammelte Schriften*: Band 7, Herausgegeben von Rolf Tiedemann, Frankfurt am Main: Suhrkamp Verlag, 2003, S. 409.

② Walter Benjamin, *Das Kunstwerk im Zeitalter seiner technischen Reproduzierbarkeit*, in *Gesammelte Schriften*: Band I, 2, Herausgegeben von Rolf Tiedemann und Hermann Schweppenhäuser, Frankfurt am Main: Suhrkamp Verlag, 1991, S. 479.

众,确切地说,是观看图像的大众——"大众是凹模"①。

如果没有拉远的存在而只有被看的图像,那么一切就是以成为图像来成为自己的。这种成为图像,先是在于照相,而更为彻底的则是在于电影。对此,本雅明甚至给出了一个断言,"今天每个人都会提出一个要求,被拍成电影"②。他必须使自己在电影里被看到才是自己,与此同时,他也由于这种拉近而看到并成为了自己。就此而言,他在电影里复活了,因为他在那里获得了他的全部展示,而他的全部展示就是他。不仅如此,在本雅明看来,死人和尸体也在等待着复活——当然是在电影里。他这样说道,"阿贝尔·冈斯在1927年热情地宣称:'莎士比亚、伦勃朗、贝多芬将被拍成电影……所有传说、神话和传奇,所有的宗教创始人,是的,所有的宗教……都等待着曝光中的复活,英雄们正挤在入口处。'③"④那么,这些得到复活的究竟是什么?还是那一个人吗?从被直观到的图像的表现来说当然是的,但从图像位于任何地方来说恐怕又不是,因为后一种情况意味着大众。大众在电影中复活,这也就是它的形成。但是,在本雅明看来,大众以及它的这种形成并不能被简单地看待,至少不能,如

---

① Walter Benjamin, *Das Kunstwerk im Zeitalter seiner technischen Reproduzierbarkeit*, in *Gesammelte Schriften*: Band I, 2, Herausgegeben von Rolf Tiedemann und Hermann Schweppenhäuser, Frankfurt am Main: Suhrkamp Verlag, 1991, S. 503.

② Ibid., S. 493.

③ Abel Gance: Le temps de l'image est venu, in: L'art cinématographique II. Paris. 1927. p. 94 - 96. ——原注

④ Walter Benjamin, *Das Kunstwerk im Zeitalter seiner technischen Reproduzierbarkeit*, in *Gesammelte Schriften*: Band I, 2, Herausgegeben von Rolf Tiedemann und Hermann Schweppenhäuser, Frankfurt am Main: Suhrkamp Verlag, 1991, S. 478.

前所述,被简单地看作是"标准化的、去自然的存在"。当他以历史唯物主义的视角去看待大众的形成时,他获得了一个发现。

这个发现就是,"当代人日益增加的无产阶级化和大众的日益增多的形成,乃是同一个事件的两个方面。法西斯主义试图组织新产生的无产阶级的大众,而又不去损害大众努力想要废除的所有制关系。法西斯主义让大众表现自己(而又完全不给大众权利),它在这一点上看到了它的解救。大众拥有一种改变所有制关系的权利;法西斯主义寻求在所有制关系的保存中给大众一个表现。法西斯主义合乎逻辑地把一种美学引入到政治生活之中"[1]。在这里,"无产阶级的大众"这个表述似乎表明,本雅明试图揭示一般意义上的大众的阶级特性。如果存在着这种阶级特性,那么,尽管大众平均化地位于任何地方,就像工人平均化地劳作于任何机器,但是当它意识到它的这种状况时,它又从中发展出一种新的权利要求。

问题是,电影,今天最为主要的大众表现,在揭示这种意识的同时又掩盖了它。这是因为,电影尽管可以使大众直观自己,但也可能使大众仅仅停留于这个直观。由于这种停留,大众就不知不觉地处在了法西斯主义所试图构建的那种组织之下。对此,本雅明在这段文字中的一个脚注里说道:"大规模的复制尤其迎合大众的复制。在盛大的游行、庞大的集会之中,在大众体育赛事以及在战争之中,在今天由拍摄器材所带来的一切东西之中,大众直面自己。"[2] 藉着这个表述,我们很容易读出我们所

---

[1] Walter Benjamin, *Das Kunstwerk im Zeitalter seiner technischen Reproduzierbarkeit*, in *Gesammelte Schriften*: Band I, 2, Herausgegeben von Rolf Tiedemann und Hermann Schweppenhäuser, Frankfurt am Main: Suhrkamp Verlag, 1991, S. 506.

[2] Ibid., S. 506.

说的被复制出的观看图像的大众的政治意味。无论如何,无产阶级的大众是一个摇摆不定的东西,至少,它作为光韵凋谢时代的一种出路是如此。

事实上,本雅明在后来的《论波德莱尔的几个主题》中,就对大众的阶级特性表达了一种不确定的态度,他说:"它进一步告诉我们,对于这个大众真正要思考些什么。大众不代表任何阶级,也不代表任何以某种方式构建起来的集体。它只关系到无定形的一群行人,关系到街上的公众。"[1]尽管如此,我们并不能断定本雅明从摇摆与犹豫中摆脱了出来,因为这在他那里甚至可以说是一种不断出现的状态。

二、演员与表象

对于土星气质的人来说,摇摆与犹豫几乎是不可避免的,特别是他还在电影里看到了讽喻的故乡。我们知道,根据本雅明,在哀剧中,人物死去之后,就作为尸体抵达讽喻的故乡[2];而它现在似乎就在电影里面,因为尸体在曝光中复活了。如果是这样的话,那么我们总是可以一次又一次地先行死去,以便一次又一次地作为尸体在电影里复活。换句话说,生活被复活取代了:电影主宰着我们的生活,就如同尸体主宰着我们的生活。而且,这一点越来越无法避免了,因为,如前所述,记忆被交付给了电影,确切地说,尸体身上的记忆以讽喻的方式被交付给了电影。

---

[1] Walter Benjamin, *Über einige Motive bei Baudelaire*, in *Gesammelte Schriften*: Band I, 2, Herausgegeben von Rolf Tiedemann und Hermann Schweppenhäuser, Frankfurt am Main: Suhrkamp Verlag, 1991, S. 618.

[2] 参见 Walter Benjamin, *Ursprung des deutschen Trauerspiels*, in *Gesammelte Schriften*: Band I, 1, Herausgegeben von Rolf Tiedemann und Hermann Schweppenhäuser, Frankfurt am Main: Suhrkamp Verlag, 1991, S. 391 - 392。

对于这种情况,我们可以通过一系列拍摄器材前的表演来理解,因为演员正是在这个时候发觉自己成为了尸体——这在本雅明对皮兰德娄的援引中得到了揭示。

他写道:"电影,更不用说,达成了这一点,演员对于公众不是别的而是他自己在器材前的演出。……重要的仍然是,为着一个器材——或者,在有声电影中,为着两个——来进行表演。'演员',皮兰德娄写道,'感到自己仿佛处于放逐之中。不仅是从舞台而来的放逐,而且是从他自己本人而来的放逐。随着一种模糊的不适,他感觉到无法说明的空虚,由此产生的是,他的身体出现机能缺失现象,它挥发了,而它的现实、生命、声音,以及它在活动中所造成的噪音,被剥夺了,以便变成一个沉默的图像,在银幕上颤动一个瞬间,然后就消失在寂静之中……小小的器材以他的阴影在公众面前表演;而他自己必须满足于在它面前表演'。"[1][2]对于演员来说,他的一切都不是他的,但也不是任何另外一个人的,而是器材的。

对于这一点,如果我们去观察拍摄电影的过程,就会发现,演员在器材前面的被拍摄非常不同于一般的被看到,那里没有公众,他的作为一个人的表演被完完全全地交付给了器材。这样一来,器材仿佛起到了一种解救的作用,把演员从无人的旷野中解救出来。惟其如此,演员竭尽全力地把热情的表演贡献给这个冰冷的器材,而技术复制的器材就"大众是凹模"而言又指

---

[1] Luigi Pirandello: On tourne, cit. Léon Pierre-Quint: Signification du cinéma, in: L'art cinématographique II, 1. c.〈S. 478〉, p. 14/15.——原注
[2] Walter Benjamin, *Das Kunstwerk im Zeitalter seiner technischen Reproduzierbarkeit*, in *Gesammelte Schriften*: Band I, 2, Herausgegeben von Rolf Tiedemann und Hermann Schweppenhäuser, Frankfurt am Main: Suhrkamp Verlag, 1991, S. 488 - 489.

向大众。尽管如此,演员身处无人的旷野的感觉并没有消除,它反过来倒是随着表演的深入而加剧了,因为他甚至连自己这个人也失去了,失去在冰冷的器材以及平均的大众里面。这很大程度上就构成了皮兰德娄所说的那种放逐。作为结果,解救与放逐之间发生了一种悖谬的转换。事实上,这样的悖谬转换在资本主义时代是普遍存在着的,就像出卖劳动力的工人既被机器解救又被它放逐;哪怕他与其他的工人肩并肩地劳动,也无法改变身处无人的旷野的感觉,因为他们对于他来说无非是机器的一部分,正如他对于他们来说也是如此。只不过,这在演员那里可能要更为彻底,因为演员不仅出卖他的劳动力,而且还有本雅明提醒的皮肤和头发,以及心脏和肾脏[1]。这就意味着,演员的生物性的特征,甚至是动物性的本能,也无可保留地被贡献了器材以及大众。

这不禁吸引我们去考虑,拍摄电影的实质是什么?就电影把一切东西以图像的形式摆置在前而言,可以说是表象(Vorstellung)。表象,作为一种摆置在前,当然不是照实的看,而是进行把捉和把握,这就如同海德格尔所揭示的,"表象不再是为……的自行解蔽,而是对……的把捉和把握"[2]。毋庸置疑,拍摄器材就在进行着这样的把捉和把握,本雅明描述道,器材"在摄影师的操作下,不断地向着表演来取得位置。剪辑师从交付给他的材料中合成取得位置的顺序,这构成了安排完好的

---

[1] 参见 Walter Benjamin, *Das Kunstwerk im Zeitalter seiner technischen Reproduzierbarkeit*, in *Gesammelte Schriften*: Band I, 2, Herausgegeben von Rolf Tiedemann und Hermann Schweppenhäuser, Frankfurt am Main: Suhrkamp Verlag, 1991, S. 492。

[2] Martin Heidegger, *Holzwege*, Frankfurt am Main: Vittorio Klostermann, 1980, S. 106.

电影。它包括一定数量的运动因素,它们必须被认作是摄影机的——像微距摄影这样的特殊设置就无须提及了"①。如果说在电影的拍摄中,演员的静可以变成动,小可以变成大,更不用说那些特殊效果,那么演员的被放逐几乎就是一件不言而喻的事情了。在这个意义上,本雅明的这样一段分析就并不完全准确了,即,"演员在器材前的疏远,如皮兰德娄所述,实际上与人在他的镜中显现前的那种疏远是相同类型的。但是现在,镜像可以与他分开,它变得可以搬运了。那它被搬运到哪里去呢?在公众面前"②。之所以说它不完全准确是因为,摄影机是一种与镜子根本不同的东西,它不是任由演员的表演在它面前显现,而是要对它们加以彻底的把捉和把握,并把结果摆置在公众面前——本雅明这里提到的搬运到公众面前当然是准确的。事实上,这也正是电影——作为表象的图像——的两层意思:摆置在器材前,摆置在公众前。

那么,本雅明为什么还会在镜像的意义上来考虑电影呢?这与他对电影的表象特征的理解似乎是不一致的。其原因恐怕在于他看到了另一种电影,在这种电影中,演员不是一般意义上的表演,而是在表演他自己,换句话说,是人们对自己的复制。这就是俄国电影,他对比地谈到,"在俄国电影里碰到一部分演员不是我们意义上的演员,而是群众,他表演自己——亦即他的工作流程的第一线。而在西欧,对电影的资本主义剥削禁止考虑当代人要求他的被复制的合法主张。在这些情况之下,电影

---

① Walter Benjamin, *Das Kunstwerk im Zeitalter seiner technischen Reproduzierbarkeit*, in *Gesammelte Schriften*: *Band I*, 2, Herausgegeben von Rolf Tiedemann und Hermann Schweppenhäuser, Frankfurt am Main: Suhrkamp Verlag, 1991, S. 488.
② Ibid., S. 491.

工业通过幻觉的表象和暧昧的投机来刺激大众的所有兴趣和参与"①。现在看来,本雅明的这个对比的考察里恐怕掺杂了某些不切实际的东西——尽管他自己可能没有意识到这一点,或者说,他出于某种自己的考虑而有意为之。之所以说不切实际,不仅是因为现实政治的原因,而且是因为,既然是表象,那么所谓的"表演自己"也完全可能是表象的结果。就此而言,他所对比的两种电影并没有本质的区别,它们都是表象。当然,他的最后一句话无疑是对的,因为电影作为表象总是幻觉的,并且,在资本主义时代,它总是与资本的投机亲密合作。

不过,要指出的是,表象对于大众的这种刺激,从根本上来不是出于幻觉,而是出于它的基本特征——摆置在前。这是因为,人乃是由此来确证自己的存在的,这在海德格尔的考察中有所道明,他说,人确信"他作为所有表象的表象者,并因而作为所有被表象状态以及一切确定性和真实性的领域,他得到确证了,现在也就是说:存在了"②。而现在,电影,根据本雅明的分析,提供了一种无与伦比的表象方式,尽管这同时也意味着,人把"所有表象的表象者"的身份交付给了电影。这种交付是可能的,因为,如本雅明所描述的,在电影面前,"公众是一个审查者,但却是一个心不在焉的审查者"③。心不在焉的审查者意味着,

---

① Walter Benjamin, *Das Kunstwerk im Zeitalter seiner Reproduzierbarkeit*, in *Gesammelte Schriften*: Band I, 2, Herausgegeben von Rolf Tiedemann und Hermann Schweppenhäuser, Frankfurt am Main: Suhrkamp Verlag, 1991, S. 494.
② Martin Heidegger, *Holzwege*, Frankfurt am Main: Vittorio Klostermann, 1980, S. 107.
③ Walter Benjamin, *Das Kunstwerk im Zeitalter seiner technischen Reproduzierbarkeit*, in *Gesammelte Schriften*: Band I, 2, Herausgegeben von Rolf Tiedemann und Hermann Schweppenhäuser, Frankfurt am Main: Suhrkamp Verlag, 1991, S. 505.

他强烈地欲求看,拉近的看,但是他对于他所看的东西并没有建立在思考基础之上的领会,他只是看看而已。本雅明在比较绘画的时候就说:"……在电影拍摄前,他就不能这样了。他勉强在眼中抓住它,它就已经改变了。它无法被固定下来。杜阿梅尔……'我已经不再能够思考我想要思考的东西了。运动的图像已经占据了我的思想的位置。'①"②不过,事情可能更为彻底,即,公众对于思考已经毫无意识了,而只是在目不转睛地看个不停。

那么,这会造成什么结果呢?也就是说,一方面是表象的把捉和把握,一方面是公众心不在焉的审查,会造成什么结果呢?对此,我们可以从阿多诺的考虑中获得启发,他说:"由本雅明以渴望的否定所描述的光韵现象而来的东西变得糟糕了,在那里,它被设立并由此而被假冒;在那里,与此时此刻的制造和复制相冲突的产品,被提供了一种此时此刻的假象,就像商业电影那样。"③也就是说,在商业电影中,已经凋谢了的光韵现在以一种假冒的方式被做出来了。电影完全能够做到这一点,这不仅在于它对技巧的娴熟运用,而且在于它对氛围的精心营造。这就如同,面对一部乡愁电影,观众几乎根本无法抵挡在粗糙的、颗粒感的图像中所传递出的一种光韵的感觉。他们无法抵挡,因

---

① Georges Duhamel: Scènes de la vie future. 2ᵉ éd,. Paris 1930, p. 52.——原注
② Walter Benjamin, *Das Kunstwerk im Zeitalter seiner technischen Reproduzierbarkeit*, in *Gesammelte Schriften*: Band I, 2, Herausgegeben von Rolf Tiedemann und Hermann Schweppenhäuser, Frankfurt am Main: Suhrkamp Verlag, 1991, S. 502 - 503.
③ Theodor W. Adorno, *Ästhetische Theorie*, in *Gesammelte Schriften*: Band 7, Herausgegeben von Rolf Tiedemann, Frankfurt am Main: Suhrkamp Verlag, 2003, S. 73.

为他们无法思考。然而,我们知道,这一切都只是技术复制的产物,它们也能够被做得清晰而流畅。由此,表象的平均化的特征也就得到了进一步的道明,即,所有那些看起来彼此对立的东西都服从于表象,它们都是被表象以相同的方式制造和复制出来的。这种相同的方式就是资本的投机,电影作为商品,完完全全地服从资本运作的规律。因此也可以说,表象的平均化就是资本的平均化。

就此而言,阿多诺对本雅明所说的展示价值的一个评论是对的,即,"'展示价值',作为有光韵的'膜拜价值'的替代,乃是交换过程的一个意象。这就是如愿地沉溺于展示价值的艺术,相类似地,社会主义的现实主义的范畴使自身适应于文化工业的现状"[1]。在这里,被展示的东西之所以总是可交换的,恰恰就是因为表象是平均化的,没有任何光韵意义上的独一无二性;不仅如此,社会主义的现实主义也无法回避这一点。阿多诺以他和霍克海默提出来的文化工业的概念刻画了这种平均化状态,因为"整个世界都要由文化工业的过滤来加以指导"[2]。这样的指导的结果就是,那个得到过滤的世界被摆置在前了。通过这样的摆置在前,人看到了自己。当然,由于表象,这个被看到的自己只可能是自我异化的自己。

本雅明在《技术复制时代的艺术作品》最后几句话中道出了

---

[1] Theodor W. Adorno, *Ästhetische Theorie*, in *Gesammelte Schriften*: Band 7, Herausgegeben von Rolf Tiedemann, Frankfurt am Main: Suhrkamp Verlag, 2003, S. 73.

[2] Max Horkheimer und Theodor W. Adorno, *Dialektik der Aufklärung*: *Philosophische Fragmente*, in Theodor W. Adorno, *Gesammelte Schriften*: Band 3, Herausgegeben von Rolf Tiedemann, Frankfurt am Main: Suhrkamp Verlag, 2003, S. 147.

这种自我异化,"人类,在荷马那里曾经是奥林匹斯诸神的注视对象,现在则变成了自己的注视对象。它的自我异化已经达到了那样的程度,即,它可以把它自己的毁灭当作第一等级的审美乐趣来加以体验。这就是法西斯主义所致力的政治的审美化。而共产主义则以艺术的政治化来回答"①。正如我们所熟悉的,前者意味着帝国主义的战争,后者意味着无产阶级的革命。或许,这也正是前面所说的无产阶级的大众的概念可以引申出来的东西。无论如何,当我们,藉着作为表象的电影,注视我们自己的时候,我们是在面临一桩前所未有的复杂事情。对于本雅明来说也是如此,而从他的倾向中,我们看到的是一种审美的救赎。

三、比真更真

这个时代的艺术作品所涉及的政治问题,在本雅明那里,不止包括上面已经得到讨论的宏观方面,而且还包括更为边缘而底层的微观方面,当然这两者是彼此渗透的。我们刚才分析道,在电影面前,思考被封锁了。这就意味着,那个时候,许多东西是在缺乏意识的情况下进行的,就像我们所说的,公众毫无意识而又目不转睛地看个不停。如果是这样的话,那么无意识中的东西就浮现了出来,并且成为了必须要加以考虑的对象。它们不仅在看的公众那里,而且在被看的公众那里。由于这种无意识的东西,我们原来意识到的为真的东西得到了挑战,因为我们

---

① Walter Benjamin, *Das Kunstwerk im Zeitalter seiner technischen Reproduzierbarkeit*, in *Gesammelte Schriften*: *Band I*, 2, Herausgegeben von Rolf Tiedemann und Hermann Schweppenhäuser, Frankfurt am Main: Suhrkamp Verlag, 1991, S. 508.

似乎发现了一种比真更真的状态。事实上,本雅明正是考虑到了电影的无意识的情况,并且援引了弗洛伊德,尽管不仅仅是弗洛伊德。

在本雅明看来,电影所引起的知觉领域中的变化可以与心理分析相提并论,他说道:"事实上,电影丰富了我们的知觉世界,它所凭借的方法可以由弗洛伊德的理论来阐明。……自《日常生活的心理病理学》以来,事情发生了变化。它把以前在知觉的广阔河流中不被觉察地漂游的事物分隔出来,同时使之可以分析。电影,在视觉知觉世界以及现在还有听觉知觉世界的整个范围内,引起了一种相似的统觉深化。事实情况的反面正是,较之绘画或者舞台上的表演来说,电影放映的表演要准确得多得多,并且可以在多得多的视角下来分析。"[1]这并不难理解,因为绘画或者舞台表现仅仅为我们提供一个视角,而且这个视角很大程度上被有意识的观察所控制,也就是说,那些逃脱于意识的暗示性的东西在我们眼前公然隐匿了,不仅如此,这种隐匿由于这些东西的不可再现而永远无法得到揭示。而电影,藉着它对空间和时间的改变,不仅使得一幕幕真实的场景在我们面前出现了,而且使得一幕幕比真更真的场景在我们面前出现了。之所以这么说是因为,在电影的尺度中,那些从自然的视觉——同时也是意识的视觉——中逃脱的东西被捕获了,并且被分析了。

作为结果,我们不是看清楚了原来看不清楚的东西,而是看

---

[1] Walter Benjamin, *Das Kunstwerk im Zeitalter seiner technischen Reproduzierbarkeit*, in *Gesammelte Schriften*: Band I, 2, Herausgegeben von Rolf Tiedemann und Hermann Schweppenhäuser, Frankfurt am Main: Suhrkamp Verlag, 1991, S. 498 – 499.

到了原来看不到的东西。对此,本雅明这样谈道:"空间在微距摄影下延伸,运动在慢镜头下延伸。这种放大很少是要使人们'反正'不清楚地看到的东西得到一种简单的澄清,而毋宁是要使材料的全新的结构组成得以出现,这就如同,慢镜头很少只是使熟悉的运动主题得以出现,而毋宁是要使完全不熟悉的东西在这种熟悉的东西中得到透露,'它看上去完全不是快速运动的速度放慢,而是独有流畅的、悬浮的、超凡的运动'[1]。"[2]于是,在那个运动瞬间得到隐匿与逃脱的东西,被摆置在前了。当然,这种摆置在前,作为表象,以技术复制的方式重构了这个运动瞬间。作为结果,瞬间消失了,因为它已经被拉长得不成其为自身了,这就如同,流畅的、悬浮的、超凡的运动已经不是对瞬间的刻画了。换句话说,我们所看到的瞬间的真实是以失去真实的瞬间为代价的。在这个意义上,它只能被妥当地称作比真更真。可是,所谓从自然视觉中逃脱的东西真的是从自然视觉中逃脱的吗?我们发现,如果没有电影慢镜头,就无所谓这样的逃脱。这样一来,事情毋宁发生了倒转:电影生产出了这些逃脱在外的东西。

电影以它对材料的重构全面地生产我们的空间与时间,同时得到生产的是我们在这样的空间与时间里的关系,特别是一种非同寻常的看的关系。在本雅明看来,这样的看的关系已经渗透到了无意识的领域,"在这里,摄影机靠着它的下落与上升、中断与分隔、过程的延伸与聚敛、放大与缩小,来进行干预。通

---

[1] Rudolf Arnheim, I. c.〈S. 490〉, p. 138. ——原注
[2] Walter Benjamin, *Das Kunstwerk im Zeitalter seiner technischen Reproduzierbarkeit*, in *Gesammelte Schriften*: Band I, 2, Herausgegeben von Rolf Tiedemann und Hermann Schweppenhäuser, Frankfurt am Main: Suhrkamp Verlag, 1991, S. 500.

过摄影机,我们首先从无意识的视觉来经验,正如通过心理分析,我们首先从无意识的冲动来经验"①。如果说,由于电影,我们从无意识的东西来经验,那么生活中哪怕一个熟悉的东西都变得不简单了,或者说,不熟悉了,因为在摄影机的如上所述的干预中彻底对象化了。也就是说,它不再隐匿于平常的交往关系之中,而是成为一个众目睽睽之下的东西,更何况那里还有微距摄影和慢镜头。不过,那个众目睽睽之下的东西是不会回转过来看我们的,因为它赖以获得这种能力的隐匿和逃脱不复存在了。这其实也非常简单,即,无意识的冲动更多地是一种向外的投射而不是向内的回转。当然,更为重要的是,电影在技术上使它变成了现实,尽管是一种被生产出来的现实。当无意识的东西都已成为了现实的对象时,我们不知道还有什么东西没有被摆置在前。

在本雅明那里,这种回转的看正意味着光韵的经验,他说:"光韵的经验因此建基于人类社会中一种常见的反应形式的转移之上,这种反应形式就是无生命的东西或自然与人的关系。被注视的人或者相信自己被注视的人会回以瞥视。经验一种显现的光韵意味着,赋予它这种回以瞥视的能力。"②在这里,与光韵相关的看不是一种单向的看,而是一种赋予所看以看的能力的看。由此来考虑众目睽睽之下的东西,就会发现,在这个

---

① Walter Benjamin, *Das Kunstwerk im Zeitalter seiner technischen Reproduzierbarkeit*, in *Gesammelte Schriften*: Band I, 2, Herausgegeben von Rolf Tiedemann und Hermann Schweppenhäuser, Frankfurt am Main: Suhrkamp Verlag, 1991, S. 500.
② Walter Benjamin, *Über einige Motive bei Baudelaire*, in *Gesammelte Schriften*: Band I, 2, Herausgegeben von Rolf Tiedemann und Hermann Schweppenhäuser, Frankfurt am Main: Suhrkamp Verlag, 1991, S. 646 - 647.

光韵凋谢的时代,它既不是一个人也不是一个动物,甚至也不是一个无生命的物,因为他们或者说它们,仍然会由于看者的情感活动而在彼此的交往关系中被赋予回以瞥视的能力。所以,被看的不是一个东西,而是一种机械,在其中,我们找不到一个东西。这样一来,我们对无意识的看就追踪到了机械的层面。如果是这样的话,那么,无意识中的那种非文明的野蛮,现在就被机械的野蛮所取代了,而分离是这种野蛮的特征。

关于这一点,本雅明援引瓦莱里来加以阐发,"瓦莱里对'文明'的综合征兆有一个敏锐的观察,他指出了其中的一个相关的事实情况。'大城市中心的居住者',他写道,'再次退化到野蛮状态之中,也就是说,退化到分离的状态之中。以前由于需要而长久保持的对他人的依赖感,逐渐在社会机械的无摩擦的运行中变得迟钝麻木了。这种机械的每一次完善都在使某种行为方式、某种情感活动……变得无效'[①]。安逸进行着分隔。另一方面,它把它的机械的受惠者拉得更近。随着世纪中叶左右火柴的发明,一系列的革新照着计划开始了,它们有一个共同点,即,靠着突然动一下手柄,一个多部分的运行系列就激活了"[②]。这使我们想起前面所说的随着操纵手柄而来的水、煤气和电流,以及图像或者声音。手柄,或者说,机械,取代了原来的交往关系,人们并不关心机械后面发生了什么事情,而只关心他所欲求的东西被摆置在前了。作为结果,人看似对人所做的一切其实都

---

① Valéry: Cahier B 1910. Paris. S. 88/89. ——原注
② Walter Benjamin, *Über einige Motive bei Baudelaire*, in *Gesammelte Schriften*: Band I, 2, Herausgegeben von Rolf Tiedemann und Hermann Schweppenhäuser, Frankfurt am Main: Suhrkamp Verlag, 1991, S. 629 – 630.

是对机械所做的,反过来,他看似得到的人的对待其实也都是机械的对待。人与人隔得更远,人与机械拉得更近;这是安逸的,也是野蛮的。

这样的状况,就如同本雅明对坡作品中的行人的理解,"他那些行人的举止就仿佛,他们已经适应了自动装置,因而只能够自动表现自己。他们的行为是一种对震惊的反应。'如果他们被撞了,他们就向这样的人深深地致意……'"①可以说,他们的致意并不是向着撞他们的人,而是向着机械,正如他们自己就是这个机械的产品。甚而至于,由于已经适应了自动装置,所以,哪怕撞他们的不是人而是任何别的东西,他们也仍然会自动地深深致意。也就是说,他们乃是完全无意识地这么做的。之所以无意识的领域也得到了渗透,是因为技术已经作用到感觉中枢了,即本雅明所说的,"技术使人的感觉中枢服从于一种复杂的训练方式"②。而电影,显然就可以被考虑为这样的一种训练方式。在感觉中枢的训练中,或者简单地说,在电影中,人的知觉得到了重构,这使他们看到了比真更真的东西,因为技术所复制的东西总是比真更真。

由此,我们就可以理解本雅明所援引的齐美尔的一段话了,"……齐美尔指出。'……公共汽车、铁路、有轨电车在 19 世纪得到了发展,在此之前,人们从来未曾到过这样一个地方,在那

---

① Walter Benjamin, *Über einige Motive bei Baudelaire*, in *Gesammelte Schriften*: Band I, 2, Herausgegeben von Rolf Tiedemann und Hermann Schweppenhäuser, Frankfurt am Main: Suhrkamp Verlag, 1991, S. 632.
② Ibid., S. 630.

里,他们必须几分钟甚至几小时之久地互相凝视,而彼此一言不发'①"②。恐怕人是不会这样凝视的,甚至动物也不会这样凝视,只有机械会这样。也就是说,他们虽然彼此凝视,但并不彼此看作人。事实上,他们看不到任何东西,因为这样的凝视乃是一种自动表现。他们的看来自于社会机械,并且消散在社会机械之中。但是,他们必须这么做,因为只有这样,他们才会获得安逸,一种由服从于技术训练的感觉中枢所产生的安逸。这个时候,如果一定要说他们看到了什么,那么只能说,他们看到了那比真更真的东西,因为一切都已摆置在前,一切都已拉得更近。

---

① G[eorg] Simmel: Mélanges de philosophie rélativiste. Contribution à la culture philosophique. Traduit par A. Guillain. Paris 1912. S. 26/27. ——原注

② Walter Benjamin, Über einige Motive bei Baudelaire, in Gesammelte Schriften: Band I, 2, Herausgegeben von Rolf Tiedemann und Hermann Schweppenhäuser, Frankfurt am Main: Suhrkamp Verlag, 1991, S. 650.

第五章 马尔库塞

社会批判理论在马尔库塞那里获得了一种令人印象深刻的激烈形式,这种激烈以及蕴含于其中的否定性乃至革命性勾勒了他对社会科学所做贡献的主要特质。马克思在《1844年经济学哲学手稿》中提醒我们,"首先应当避免重新把'社会'当作抽象的东西同个体对立起来"[1]。马尔库塞当然是熟悉并赞同马克思的这句话的,确切地说,他是熟悉并赞同当时所发现的马克思的这个文本的,并满怀欣喜地把它看作是历史唯物主义的新的来源。他在自己的作品中援引了这句话,并在引文前写道,"因为在个人之外没有作为主体的'社会'这样的东西。马克思明确地警告不要把社会冒充为一种反对个人的独立的实存物"[2]。然而,当前的发达工业社会恰恰已经成为了一种这样的实存物,甚至更为糟糕,因为个人在这样的社会中竟然无法意识到社会对自己的反对,尤其是当他们沉浸在技术合理性所营造的前所未有的舒适生活之中时。可是,这个被技术合理性所管理的社会从总体上来说是不合理的,是压抑人和反对人的,"然而,这个社会作为总体是不合理的。它的生产率破坏了人的需

---

[1] 《马克思恩格斯全集》第三卷,北京:人民出版社,2002年,第302页。
[2] Herbert Marcuse, "New Sources on the Foundations of Historical Materialism", in *Heideggerian Marxism*, Edited by Richard Wolin and John Abromeit, Lincoln and London: University of Nebraska Press, 2005, p.110.

要和能力的自由发展,它的和平要靠持续的战争威胁来维持,它的成长有赖于对那些平息——个人的、国家的、国际的——生存斗争的真实可能性的压抑。……我们社会的与众不同之处在于,在压倒性的效率和日益提升的生活水平的双重基础上,以技术而不是恐怖来征服那些离心的社会力量"[1]。在此情形下,倘若个人要从这样的社会中解放出来,那他就不可能像以前那样诉诸个人主义的合理性,因为"……机器的技术权力影响着它所服务的那些人的全部合理性。在这种机器的作用下,个人主义的合理性已经变形为技术合理性了"[2]。这样一来,个人必须诉诸他的爱欲的方面、感性的方面。这些方面在艺术的否定性中保存或者说创造解放的希望。

第一节 心理学问题成为政治问题

作为1941年发表的《理性与革命》的作者,马尔库塞通过为黑格尔辩护而获得了一种对于社会及其事实和现实的批判力量,这就是理性。"在黑格尔看来,历史由法国大革命而取得的决定性转向就是,人终于依靠他的精神并敢于使给定的现实服从于理性的标准。……人是思维的存在物。他的理性使他能够认识到他自己的潜能以及他的世界的那些潜能。他因而不被包围着他的事实所摆布,而是能够使它们服从于一个更高的标准,

---

[1] Herbert Marcuse, *One-Dimensional Man: Studies in the Ideology of Advanced Industrial Society*, London and New York: Routledge, 2007, p. xl.

[2] Herbert Marcuse, "Some Social Implications of Modern Technology", in *Technology, War and Fascism: Collected Papers of Herbert Marcuse, Volume One*, Edited by Douglas Kellner, London and New York: Routledge, 1998, p. 44.

理性的标准。"①理性是一切存在的东西获得其存在的根据,也是一切非存在的东西失去其存在的根据。人所生活于其中的那个假设的社会现实究竟是现实还是非现实,或者说究竟是存在的东西还是非存在的东西,必须由理性来做出最终的裁决。如果结合这里所说的法国大革命,那么可以更为清楚地看到,理性使人从奴役的状态中摆脱出来,并领悟到新纪元所解放的人的潜能。换句话说,他获得了对于悲惨的现实——确切地说,非现实——的批判力量。马尔库塞正是这样来设想个人的,他说:"个人在他的社会存在中或者被奴役,或者奴役作为其同伴的其他个人。然而,作为一个思维的存在物,他至少可以领悟到处存在的悲惨现实和新纪元已经解放的人的潜能之间的反差;并且作为一个道德的人,他至少可以在他的私人生活中保存人的尊严和自主。"②然而,令人失望的是,这样设想的个人重新被这个发达工业社会淹没了。马尔库塞1961年在为他六年前发表的《爱欲与文明》再写的序言中以这样的笔触对个人做出了描述,"我从我的书的一开始就强调,在当代,心理学的范畴变成了政治的范畴,并且达到了这样的程度,即,私人的、个人的心灵变成了或多或少心甘情愿的容器,用以盛放社会上所合意的以及社会上所必要的志向、情感、内驱力和满足"③。惟是之故,他不得不对个人做出重新思考,而我们也已经从这部著作关于爱欲的阐述中知道了他的思考。

---

① Herbert Marcuse, *Reason and Revolution: Hegel and the Rise of Social Theory*, London: Routledge & Kegan Paul Ltd., 1955, pp. 5-6.
② Ibid., p. 4.
③ Herbert Marcuse, *Eros and Civilization: A Philosophical Inquiry into Freud*, New York: Vintage Books, 1962, p. viii.

一、从理性到爱欲

如果我们忘记了马尔库塞一直都在做的对于给定社会现实的批判的话,那么我们很容易从字面上甚至含义上把理性和爱欲视为彼此对立的东西,并从而断定在马尔库塞那里发生了某种重要的思想变化。变化的确发生了,但不是在形而上学方面,而是仍然在社会现实方面。

马尔库塞几乎自始至终都坚信黑格尔向我们透露了这样一种洞见,即,现实不是实际存在的东西,而是潜在的东西的合乎理性的实现。对于这种其意义得到重新解释的现实,马尔库塞写道:"只要现实和潜能之间存在分歧,前者就必定会受到作用并产生变化,直到它与理性一致。就这个词的强调意义而言,只要现实不是被理性所塑造的,那么它就根本还不是现实。因此,在黑格尔体系的概念结构中,现实改变了它的意义。'现实'并不是指实际存在的一切(这毋宁应被称作是现象),而是指以符合理性标准的形式存在的一切。'现实'是理性的(合理的),仅此而已。"[①]对于人来说,就像前面说的那样,他是作为思维存在物来获得对于潜能的了解的。但问题是,思维就它是归属于个人的而言,它会由于它所归属的个人而产生差异。因此,个人凭借他的思维所了解到的潜能并不当然是普遍地正当有效的。这样的思维无法主宰现实,尽管它应当主宰现实。对于思维与现实之间的这种距离,马尔库塞的表述是,"思维应当主宰现实。人们认为是真的、对的、善的东西应当在他们社会生活和个人生活的实际组织中得到实现。然而,思维在个人之中是不同的,个

---

① Herbert Marcuse, *Reason and Revolution: Hegel and the Rise of Social Theory*, London: Routledge & Kegan Paul Ltd., 1955, p. 11.

人意见所导致的多样性无法为生活的共同组织提供指导原则。除非人拥有表明普遍有效条件和规范的思维的概念和原则,否则他的思维就无法宣称主宰现实。与西方哲学的传统相一致,黑格尔相信这样的客观概念和原则是存在的。他把它们的总体称作理性"[1]。简单来说,思维只有成为普遍有效的东西才能主宰现实。作为结果,个人及其意见的多样性就不予考虑了。对此,马尔库塞曾经有过一个更为直接的表述,"通过把具体的个体性还原为单纯思维的主体,即合理的自我,这种孤立的个体化得到克服,而一个公共的世界得到建立"[2]。当然,这种不予考虑是有它的正当之处的,这就是,既然社会现实被认为是以公共领域的方式存在的,那么能够对它起作用的就不是个人的意见而必须是公共的原则。马尔库塞反复提到并分析的法国大革命以及相应的经济、法律等问题,无疑就是对这种公共领域的确认。

然而,在马尔库塞所说的这个正在趋向于极权主义的时代,一旦个人的心灵,如前所述,成为了盛放社会所认可的内驱力之类的容器,那么事情就变得不一样了。这就是,私人的、心理的东西变成了社会现实,或者说,公共领域全面突破并占领了私人领域。马尔库塞说:"当今时代人的状况使心理学和政治哲学以及社会哲学之间的传统界线变得过时了:以前自主的和可识别的心理过程正在被个人在国家中的功能所吸收——被他的公共生存所吸收。心理学的问题因而变成政治的问题:私人的失调

---

[1] Herbert Marcuse, *Reason and Revolution*: *Hegel and the Rise of Social Theory*, London: Routledge & Kegan Paul Ltd., 1955, pp. 6 - 7.
[2] Herbert Marcuse, "On Hedonism", in *Negations*: *Essays in Critical Theory*, Translated by Jeremy J. Shapiro, Harmondsworth: Penguin Books, 1972, p. 159.

比以往更直接地反映了整体的失调,对个人失调的治疗比以往更直接地依赖于对一般失调的治疗。这个时代趋向于极权主义,即使在还未产生极权主义国家的地方也是如此。"[1]在这里,个人,一旦失去其自主的心理过程,那么他就只能从他的外在方面来获得标识,比如这里所说的个人在国家中的功能。但是,外在方面从来不能把个人标识为可识别的个人,因为功能之类的东西与个人出自其本性的欲求毫无关系。这样一来,心理学就不可能像从前那样直接处理个人的失调,而是必须同时甚至首先处理其所依赖的一般的失调,即马尔库塞所说的心理学的问题变成了政治的问题。但麻烦的是,这样的一般性的东西是在心灵之中起作用的,亦即社会所认可的内驱力之类作为实际存在的东西是放在心灵之中,所以对于它们的处理无法以理性的概念和原则展开。这迫使马尔库塞在《理性与革命》后逐渐选择诉诸心理学。尽管如此,这仍然是出于黑格尔的教诲,因为作为黑格尔的受益者,马尔库塞想必记得黑格尔在《逻辑学》中讲的这么一句话,"有效的驳斥必须渗入对手的据点之中,在他自己的地盘对付他;在他的领土之外攻击它,在他所不在的地方主张管辖权,是毫无意义的"[2]。而现在,对手的据点正是在心理学,只不过是移除了其与社会政治哲学之间界线的心理学。

那些放在心灵这个容器之中的东西,不能因为它们被实际地放在那里就成为现实,更不能因此而成为合理的。那么,应该

---

[1] Herbert Marcuse, *Eros and Civilization: A Philosophical Inquiry into Freud*, New York: Vintage Books, 1962, p. xvii.
[2] G. W. F. Hegel, *The Science of Logic*, Translated and Edited by George Di Giovanni, Cambridge: Cambridge University Press, 2010, p. 512.

如何来判断呢？从个人的激情、需要、本能来判断，亦即是否是它们所主动指向的东西。早在1932年为阐释马克思《1844年经济学哲学手稿》而作的"历史唯物主义基础的新来源"中，马尔库塞就表示，人的激情是"他的现实的活动力和自发性"[1]，并说："对象因此主要地不是知觉的对象，认识需要的对象，并且同样也是人的力量、能力和本能的对象。"[2]但问题是，人的本能主动地指向什么呢？如果从资本主义社会的不现实的现实出发，那么对这个问题的回答很容易被指认为发财欲望。然而，这是虚假的，因为马克思早就指出："工资的提高在工人身上激起资本家那样的发财欲望，但是，工人只有牺牲自己的精神和肉体才能满足这种欲望。"[3]那么，是什么呢？马尔库塞对于这个问题的回答结合了他所在的那个思想传统以及他对当代富裕社会所做的考虑。以下出自他1938年的论文《论享乐主义》中的一段话某种意义上反映了他在这个问题上的基本态度，"通过把幸福和快乐等同起来，它们要求人的感官的和感觉的潜能及需要得到满足——以及，人应当享受他的存在，这既不违反他的本质，也无须有内疚和羞耻。在享乐主义原则中，个人对自由的要求以一种抽象的和尚未充分发展的形式延伸到生活的物质条件的领域。就享乐主义的唯物主义抗议保存了一种否则被禁止的人

---

[1] Herbert Marcuse, "New Sources on the Foundations of Historical Materialism", in *Heideggerian Marxism*, Edited by Richard Wolin and John Abromeit, Lincoln and London: University of Nebraska Press, 2005, p.100.
[2] Ibid., p.101.
[3] 《马克思恩格斯全集》第三卷，北京：人民出版社，2002年，第229页。

类解放的元素而言,它与批判理论的兴趣联系在了一起"①。在这里,享乐主义被马尔库塞考虑为一种感性方面的解放,并在这个意义上与批判理论相关。我们很容易从中解读出早期马克思的感性原则,也可以解读出弗洛伊德的快乐原则。但是,马尔库塞显然形成了某种属于他自己的方案,在这个方案中,人的本能和社会的富裕获得了和解。换言之,富裕或者说财富不再意味着本能的牺牲,而是意味着本能的成全。

对此,我们在马尔库塞1966年为《爱欲与文明》所写"政治序言"的第一段话里读到,"《爱欲与文明》:这个标题表达了一种乐观的、委婉的甚至是积极的思想,即,发达工业社会的成就将使人能够倒转进步的方向,能够打破生产和破坏、自由和压抑之间的致命联合——换言之,能够学习快乐的科学,该科学教人在对抗死亡传播者的协同斗争中,如何依照他的生命本能来用社会财富塑造人的世界。这种乐观主义建基于这样一个假设之上,即,连续不断地接受统治的理论根据不再有效,匮乏以及对辛劳的需要只是'人为地'得到永久保持——为了维持统治制度"②。当然,这个方案之所以可能,是因为在马尔库塞那里,就像他这里假设的那样,有一个对于发达工业社会的基本判断,这就是,在这样的社会中,由于匮乏和劳苦已经被社会财富的发展所消除,所以社会的进步就不再以役使甚至放弃个人为代

---

① Herbert Marcuse, "On Hedonism", in *Negations*: *Essays in Critical Theory*, Translated by Jeremy J. Shapiro, Harmondsworth: Penguin Books, 1972, p. 162.
② Herbert Marcuse, "Political Preface to Eros and Civilization, 1966", in *Towards a Critical Theory of Society*: *Collected Papers of Herbert Marcuse*, *Volume Two*, Edited by Douglas Kellner, London and New York: Routledge, 2001, p. 97.

价,也就是他所说的,"当代文明已经把社会财富发展到了这样一个程度,即,加诸个人的放弃和负担看起来越来越不必要和不合理的了"①。因此,反过来说,必要的和合理的东西就是个人及其潜能的实现,这也就是被倒转过来的社会进步的方向。当然,尽管个人的潜能是马尔库塞一直关注的东西,但是很明显,它在这里不再被归诸理性之下,而是被归诸本能之下,因为它现在是享乐主义的标题下所说的"感官的和感觉的潜能"。马尔库塞在爱欲的标题下考虑了这种生命本能,并把他的考虑以一个简短有力的口号表达了出来,"今天,争取生命的战斗,争取爱欲的战斗,就是政治的战斗"②。

二、非压抑的生存方式

但是,如果我们把这样的战斗仅仅理解为废弃那曾经与匮乏和劳苦联系在一起的全日制劳动,从而使人们有更多的时间来从事似乎是与感官和感觉的欲求联系在一起的文化娱乐和审美活动,那么我们就把事情想简单了。之所以这么说是因为,全日制劳动正在由于它所造成的糟糕后果而日益暴露出它的不合时宜,这就如同马尔库塞所说的,"要使得对于(哪怕是极为缩减形式的)全日制劳动的行将过时的需要永存下去,就必然会造成资源的日益浪费,更多不必要工作和服务的产生,军事的或破坏

---

① Herbert Marcuse, *Five Lectures: Psychoanalysis, Politics, and Utopia*, Translated by Jeremy J. Shapiro and Shierry M. Weber, London: Allen Lane The Penguin Press, 1970, p. 3.
② Herbert Marcuse, "Political Preface to Eros and Civilization, 1966", in *Towards a Critical Theory of Society: Collected Papers of Herbert Marcuse*, *Volume Two*, Edited by Douglas Kellner, London and New York: Routledge, 2001, p. 105.

的部门的增长"①。全日制劳动的不合时宜意味着,劳动的缩减将变得不可避免,并随之催生出各种非劳动的行业,后者对与前者紧密联系在一起的市场经济构成挑战,马尔库塞对此是这么描述的,"劳动的逐渐缩减看起来是不可避免的,针对这一可能出现的结果,制度不得不提供无须劳动的行业;它不得不发展出超越市场经济并且甚至可能与之不相容的需要"②。这一切似乎都为无须劳动而仅仅旨在满足享乐的活动提供了条件,而且,富裕社会看起来也正是这么做的。然而,情况并非如此。

那么,情况是怎样的呢?马尔库塞分析道:"富裕国家正在以自己的方式为这一可能出现的结果做准备,这就是把'对美的欲求和对共同体的渴求'、'与自然的接触'的恢复、精神的丰富、对'出于其自身目的的创造'组织起来。这样一些宣告的伪年轮表明了一个事实,即,在既定制度之中,这些渴望转变成由政府和大公司所赞助的被管理的文化活动——它们的行政之臂向着大众的灵魂的延伸。在这样定义的渴望之中,不可能识别出爱欲的渴望以及它对压抑的环境和压抑的生存的自主改造。倘若这些目标得到满足而又不与市场经济的要求发生无法协调的冲突,那么它们必定是在商业和利润的框架之中得到满足的。但是,这种满足等于是否认,因为生命本能的爱欲能量在逐利的富裕的非人条件下是不能够获得自由的。"③马尔库塞从弗洛伊德

---

① Herbert Marcuse, "Political Preface to Eros and Civilization, 1966", in *Towards a Critical Theory of Society: Collected Papers of Herbert Marcuse, Volume Two*, Edited by Douglas Kellner, London and New York: Routledge, 2001, p. 103.
② Ibid., p. 104.
③ Ibid.

那里援用了"压抑"这个概念,但是,如果我们了解到他对黑格尔主奴关系以及马克思异化理论的研究,那么我们的视野可能就会更宽一些。事实上,马尔库塞自己也声明,"'压抑'和'压抑的'是在非技术的意义上使用的,表示意识和无意识的、外在和内在的抑制、限制、压制"[①]。马尔库塞前面那段话表明,无论如何,压抑依然存在,并且更加不易察觉和无所不在。

接下来的问题是,既然不管是劳动还是闲暇,压抑都存在,那么怎么从压抑下摆脱出来呢? 在这个问题上,马尔库塞的考虑是,在过度发展的国家中,劳动以及劳动的反面之所以都遭到压抑,乃是由于技术和科学的过度发展。所以,马尔库塞不是一般地反对发展,而是反对过度的发展,他说:"对富裕生产率的拒绝,远不是一种对于纯粹、简单、'自然'的承诺,相反,它可能是以技术社会的成就为基础的人类发展的一个更高阶段的标志(和武器)。"[②]相应地,他不是一般地反对压抑,而是反对过度的压抑。换言之,从压抑下摆脱出来在马尔库塞那里是指从过度的压抑下摆脱出来。就马尔库塞区分了压抑和过度的压抑而言,他比弗洛伊德走得更远。但是,当我们看到他用"剩余压抑"这个模拟剩余价值的术语来刻画过度的压抑时,就立刻明白了他实际上是承继着那个来自马克思的传统。

弗洛伊德以快乐原则向现实原则的转变来解释人类的文明和进步。某种意义上可以说,这是以心理的东西来解释历史的

[①] Herbert Marcuse, *Eros and Civilization: A Philosophical Inquiry into Freud*, New York: Vintage Books, 1962, p. 7.
[②] Herbert Marcuse, "Political Preface to Eros and Civilization, 1966", in *Towards a Critical Theory of Society: Collected Papers of Herbert Marcuse*, Volume Two, Edited by Douglas Kellner, London and New York: Routledge, 2001, p. 101.

东西。这样的解释使历史获得了一种不同于理性思辨的生物学基础。只要历史仍然是作为生物有机体的人的历史，那么这种生物学基础就是不可抹杀和无可取代的。然而，问题是，就在历史获得它的这个基础的同时，历史本身却非历史化了，因为单单的生物学说明由于缺乏特定的社会历史成分而无法揭示历史变迁以及社会统治的实质。而马尔库塞恰恰认为，弗洛伊德所提出的生物学的压抑一旦在社会统治中获得它的形式，那么它就立即变成了另外一种压抑，即剩余压抑。而剩余压抑正是流行于社会统治中的一般压抑形式。这意味着，如果这样的生物学说明要真正有效，那么就必须为它补充社会历史方面的分析，或者说，必须结合特定的社会历史来对它加以外推。

由是之故，马尔库塞一方面承认这样一个批评是有效的，即弗洛伊德"对本能在现实原则作用下的压抑转变的分析，从现实的特定历史形式中概括出了纯粹而简单的现实"[1]，另一方面又承认弗洛伊德以下概括的真实性，即"对本能的压抑组织乃是文明中现实原则的所有历史形式的基础"[2]。如果是这样的话，那么如何重新捕获弗洛伊德理论中的历史实质？马尔库塞的考虑是一种"外推"，也就是说，"从弗洛伊德的理论中导出那些仅仅以物化的形式蕴涵于其中的概念和命题，在这些概念和命题中，历史的过程呈现为自然的（生物的）过程"[3]。进一步地，马尔库塞引入两个术语来展开他的这项外推工作，他说："在术语上，这个外推要求成倍的概念：弗洛伊德的术语没有在本能的生物变

---

[1] Herbert Marcuse, *Eros and Civilization：A Philosophical Inquiry into Freud*, New York：Vintage Books, 1962, p. 31.

[2] Ibid.

[3] Ibid., p. 32.

迁和社会历史变迁之间做出充分的区分,这些术语必须以表示特定社会历史成分的相应术语来加以配对。我们目前引入两个这样的术语:/(a)剩余压抑:由于社会统治而成为必需的约束。这有别于(基本的)压抑:为了人类种族在文明中永存而对本能所做的必要'修正'。/(b)执行原则:现实原则的流行历史形式。"[1]在这里,马尔库塞实际上是把混同于文明的社会统治区分了出来:文明的必要条件只是对本能做必要修正的基本压抑,而不是剩余压抑;可是一旦把文明与社会统治等同起来,那么后者所要求的剩余压抑就假借文明的名义得到了执行。

不过,这个区分要真正有效,还必须回答另外一个问题,这就是,文明要得以成为可能,是否一定需要社会统治以及相应的剩余压抑?回答是否定的,因为在马尔库塞看来,爱欲非但没有构成社会的反面,反而意味着人与人之间的联合;换言之,社会可以建立在爱欲之上,而无须建立在统治之上。关于这一点,马尔库塞再次从弗洛伊德的作品中找到了思想资源:爱欲在《超越快乐原则》中被定义为"把有机物联合为更大统一体"的努力,在《心理分析大纲》中又被定义为"建立更大统一体以及从而维持它们——简言之,结合在一起"的努力,等等[2]。尽管在弗洛伊德那里,他关于爱欲的这些看法受困于他理论中无法和解的紧张,但是这样一个事实却得到了揭示,这就是马尔库塞所说的,"自由的爱欲并不排除持久的文明的社会关系——它只是抵

---

[1] Herbert Marcuse, *Eros and Civilization*: *A Philosophical Inquiry into Freud*, New York: Vintage Books, 1962, p. 32.
[2] 参见 Herbert Marcuse, *Eros and Civilization*: *A Philosophical Inquiry into Freud*, New York: Vintage Books, 1962, p. 38。

制在一个否定快乐原则的原则下对社会关系进行超压抑的组织"①。

那么,在剩余压抑的约束之下,自由的爱欲保存于何处? 这个问题的回答直接关联着爱欲对超压抑组织的抵制。在这里,马尔库塞又一次从弗洛伊德那里汲取了帮助,这就是心理分析所重视的记忆。当然,马尔库塞没有仅仅停留于心理分析中作为治疗手段的记忆,他要去寻找记忆所保存的个人的承诺和潜能,它们刻画着爱欲本来的模样。对于这样的记忆,马尔库塞说道:"如果记忆作为一种决定性的认知模式进入到心理分析的核心,那么这远远不止是一种治疗手段;记忆的治疗作用来自于记忆的真理价值。它的真理价值在于记忆对于保存承诺和潜能的特殊功能,这些承诺和潜能被成熟的、文明的个人背叛甚至宣布为非法,但是它们曾经在他暗淡的过去中得到实现,并且永远不会被完全遗忘。……重新发现的过去产生出了被当前所禁忌的批判标准。……追忆似水年华变成未来解放的运载工具。"②马尔库塞在这里所援用的恐怕不仅是普鲁斯特小说《追忆似水年华》的标题,而且还有它的意境,就像阿多诺后来也做的那样。由于记忆,个人得以从过去获得对于现在的批判力量。这个批判不仅是过去对现在的批判,更是解放爱欲的战斗,也就是说马尔库塞所说的,"因此,本书调用非压抑生存方式的概念,以便表明,现阶段文明能力所显示的向新阶段文明的过渡,意味着不管是物质上的还是精神上的传统文化的颠覆,包括迄今为止仍然

---

① Herbert Marcuse, *Eros and Civilization: A Philosophical Inquiry into Freud*, New York: Vintage Books, 1962, p. 39.
② Ibid., p. 18.

遭到禁忌和压抑的本能需要及其满足的解放"[1]。

第二节　技术统治下的现代社会

与此同时,社会特别是技术统治下的现代社会必须得到充分的考察,这也是心理学问题成为政治问题的另一个方面。技术是马尔库塞社会批判理论中的一个重要概念,但这并不意味着它在他那里得到了清晰的标定。一方面,出于理论上的平衡的考虑,马尔库塞承认技术既能带来福祉也能造成灾难,但另一方面,出于现实中的批判的考虑,他所展开的分析和阐述似乎只针对后一种情况。比如,在1941年发表的《现代技术的一些社会含义》中,他第一句话开宗明义地表示,"在本文中,技术被认为是一个社会的过程,其中,工艺(亦即工业、运输、通讯的技术设备)完全只是一个局部的因素"[2],之后很快就说,"工艺自己就能够既促进自由又促进专制,既促进丰富又促进匮乏,既促进辛劳的废除又促进辛劳的扩大。国家社会主义就是这些方式的一个显著的例子,凭借这些方式,一种有着最大生产效率的高度合理化和机械化的经济也能够为了极权主义的压迫和连续不断的匮乏而运转"[3]。在这里,马尔库塞简单列出几个对比性的词汇之后,就迅速把它们抛在一边,并几乎不加任何说明地转向了对于国家社会主义的讨论,而由以开始的对技术的批判才是他

---

[1] Herbert Marcuse, *Eros and Civilization: A Philosophical Inquiry into Freud*, New York: Vintage Books, 1962, p. viii.
[2] Herbert Marcuse, "Some Social Implications of Modern Technology", in *Technology, War and Fascism: Collected Papers of Herbert Marcuse, Volume One*, Edited by Douglas Kellner, London and New York: Routledge, 1998, p. 41.
[3] Ibid.

真正要阐述的东西。相仿佛地,在出版于 1958 年的《苏联的马克思主义》中,马尔库塞写道:"技术的进步和大工业的发展包含两个(对立的)倾向,它们对这个过程有决定性的影响:(1)劳动的机械化和合理化可以使更为大量的个人能量(和时间)免于材料工作过程,并允许这种能量和时间花费在超越于材料生产领域之外的人类才能的自由游戏上;(2)同样的机械化和合理化产生了对机械的标准遵从和精确服从的态度,这些态度要求适应和反应而不是自主和自发。如果工业机器的国有化和集中化与第一种倾向的抵消相同步,亦即与作为全日制职业的劳动的征服和强加相同步,那么工业化的进步就相当于统治的进步:对机械即科学工作过程的追随变成极权主义,这影响到生活的所有方面。"[1]在这里,同样是后一种情形得到了展开。因此,问题不是形式上的平衡或紧张,而是技术如何统治现代社会以及这样的统治的后果是什么。

一、技术合理性对批判力量的侵蚀

技术总是人的技术,这意味着,它从一开始就是以社会的方式发挥作用的。在人们获得技术为他们——就他们是个体主体而言——带来的成果之前,先已获得了技术为他们——就他们是社会关系而言——带来的组织。所不同的是,后者决定了前者,因为他们是什么样的人取决于他们被什么样的技术所组织,而他们仅仅是作为这样的人去享受或者遭受技术的成果的。如果我们把技术考虑为一种生产方式,那么根据马克思和恩格斯的判断,"因此,他们是什么样的,这同他们的生产是一致的——

---

[1] Herbert Marcuse, *Soviet Marxism: A Critical Analysis*, New York: Columbia University Press, 1969, p. 84.

既和他们生产什么一致,又和他们怎样生产一致"①,我们很容易得出以上那个结论。这样一来,就技术对人的组织是在先的而言,它所带来的成果反倒显得不是那么重要了,不管这个成果是福祉还是灾难。事实上,马尔库塞正是把技术视为一种生产方式,他说:"技术,作为一种生产方式,作为体现机械时代特点的工具、装置和发明的总体,因而同时是对社会关系进行组织并使之永存(或改变)的一种方式,是流行的思想和行为模式的一种表现,是用于控制和统治的一种工具。"②当然,这样的控制和统治并不是由于技术对社会关系的组织和对思想行为的表现已经成为实际存在的东西而变成现实进而获得根据的,因为正如前面援引的《理性与革命》中的那个来自黑格尔的想法,现实并不是实际存在的一切,而必须是理性的或者说合理的。

马尔库塞在这里也正是考虑到了合理性的问题。这是一种新的合理性,它充当着技术的控制和统治的根据。马尔库塞是这么说的,"在技术进行的过程中,一种新的合理性和各种新的个性标准遍布社会,它们异于甚至反对那些开启技术前进步伐的合理性和个性标准。这些改变不是机械对于其使用者或者批量生产对于其消费者的(直接或派生)效果;它们毋宁说本身在机械和批量生产的发展中就是决定性的因素"③。这种新的合理性就是马尔库塞所说的技术合理性,就像我们前面援引的那样,"个人主义的合理性已经变形为技术合理性了"。值得注意的是,对于这样的技术合理性,马尔库塞同样不认为它是在后的

---

① 《马克思恩格斯选集》第一卷,北京:人民出版社,1995年,第68页。
② Herbert Marcuse, "Some Social Implications of Modern Technology", in *Technology*, *War and Fascism*: *Collected Papers of Herbert Marcuse*, *Volume One*, Edited by Douglas Kellner, London and New York: Routledge, 1998, p. 41.
③ Ibid., p. 42.

效果，而是在先的决定。如果是这样的话，那么意味着，技术一旦开始前进，就背离了它由以前进的东西，因为一种与由以前进的东西不同的新的合理性产生了，它遍布社会并因而是决定性的。接下来的问题是，技术合理性是怎样决定的呢？或者说，是怎样组织的呢？我们从马尔库塞所区分的两种真理价值中获得了回答这个问题的线索。他说："随着技术合理性的法则和机制遍布整个社会，它们发展出一套它们自己的真理价值，这样的真理价值对机器的运作适用——并且仅仅对此适用。"[①]这样，一方面，真理价值的问题现在还必须以机器为尺度来考虑，另一方面，原来的那种统一的真理陷入了严重的分裂之中。不过，事情还不止于此。

对此，马尔库塞分析道："起初同一的和'同质的'真理看起来分裂成两套不同的真理价值和两套不同的行为模式：一种被机器同化，另一种与机器对抗；一种构成流行的技术合理性并主宰它所要求的行为，另一种属于批判合理性，后者的价值只有在它本身塑造一切个人和社会关系时才能得到实现。"[②]很显然，这里所区分的真理价值是马尔库塞所关心的合理性问题的发展，亦即，就在技术合理性遍布的同时，批判合理性也开始运作起来。如果仅仅是这样的话，那么情况可能并不是太糟糕。这是因为，虽然有一些麻烦，但一种对机器尺度或者说技术真理的平衡机制毕竟是可设想的，前提是这两种真理价值有着同等的效应，如果不是说有着各自的领域的话。然而，随着马尔库塞对

[①] Herbert Marcuse, "Some Social Implications of Modern Technology", in *Technology, War and Fascism: Collected Papers of Herbert Marcuse, Volume One*, Edited by Douglas Kellner, London and New York: Routledge, 1998, p. 49.
[②] Ibid., p. 50.

这两种真理之间关系的分析,这种设想开始瓦解。他说:"技术真理和批判真理之间的关系是一个这里无法处理的难题,但是必须提两点。(1)这两套真理价值彼此之间既不全然矛盾也不全然互补;技术合理性的许多真理在批判合理性中得到保存和改造。(2)这两套真理之间的区别不是严格的;每一套的内容都在社会过程中发生改变,以至于曾经是批判真理的东西会变成技术价值。"[1]尽管这里所说的是两套真理之间的关系,仿佛它们之间会彼此产生影响或改变,但实际上马尔库塞的态度是很明确的,这就是,这样的影响和改变是单向的:技术合理性侵蚀到批判合理性中,或者说,批判真理变成技术价值。

这样的侵蚀并不令人感到意外。如果批判真理像马尔库塞界定的那样是与机器对抗的,那么它就是超越于机器以及机器的代理之外的,因为渗透在机器及其代理中的技术合理性为人们所提供的态度是切除了超越性的价值的,简而言之,机器是以切除人的批判态度而使自身成为人所依赖的东西的。对此,马尔库塞说,批判合理性"只能在这样的社会群体中得到充分发展,这些社会群体的组织不以机器的流行形式或者它的代理和机构为模式。因为后者被技术合理性所渗透,而技术合理性塑造了依赖于后者的那些人的态度和利益,以至于所有超越的目标和价值都被切除掉了。……批判真理价值是由一种反对的社会运动所承担的,因此当这种社会运动把自己合并到机器中去的时候,批判真理价值就改变了它们的意义"[2]。可是问题是,

---

[1] Herbert Marcuse, "Some Social Implications of Modern Technology", in *Technology, War and Fascism: Collected Papers of Herbert Marcuse, Volume One*, Edited by Douglas Kellner, London and New York: Routledge, 1998, p. 50.
[2] Ibid., p. 52.

批判真理价值的意义正是这样被改变了。也就是说,马尔库塞所设想的技术合理性由以影响批判真理价值的那些情形恰恰就是实际存在着的情形。对此,马尔库塞明确表示,"在技术合理性支配下的思想的标准化也影响了批判真理价值。后者从它们起初所属的语境中撕裂出来,并且在它们的新形式中被给予广泛的甚至官方的宣传"[1]。这种新形式或者说广泛而官方的宣传无疑正是依赖于机器及其代理的。这样一来,由于技术合理性的侵蚀,批判真理价值完全背离了它的初衷,并进而与前者发生共谋。

同时遭到侵蚀的是理性。也就是说,理性同样与机器发生了共谋。我们知道,马尔库塞在1941年既发表了《理性与革命》又发表了《现代技术的一些社会含义》,在前者之中,理性,当然是黑格尔意义上的理性,乃是一种使人从包围着他的事实的摆布中解放出来的更高标准;而在后者中,理性却失去它的这种批判力量并转而成为控制人的机器的共谋。这种耐人寻味的转化正是技术合理性的结果。这意味着,所谓的合理性无非就是适应和顺从,而理性也只存在于标准化系统之中,即马尔库塞说的,"合理性正在从一种批判力量转变为一种适应和顺从。……理性已经在标准化控制、生产和消费系统中找到它的栖身之所"[2]。进一步地,在马尔库塞看来,人的适应和顺从不仅意味着接受机器的命令,而且意味着内化机器的命令。换言之,机器对于人来说成为了内在的东西,人心甘情愿地以机器的命令来

---

[1] Herbert Marcuse, "Some Social Implications of Modern Technology", in *Technology, War and Fascism: Collected Papers of Herbert Marcuse, Volume One*, Edited by Douglas Kellner, London and New York: Routledge, 1998, p. 50.
[2] Ibid., p. 49.

行事。这就是马尔库塞说的,技术合理性"确立了判断标准并且培养了使人准备接受甚至是内化机器命令的态度"①。这也为马尔库塞后来在《爱欲与文明》中所考虑的那种作为心甘情愿的容器的个人心灵充当了先导。反过来说,那些不心甘情愿或者持有异议的态度则是非理性的、不合理的,因而不仅是罪行而且是蠢行。马尔库塞在1958年出版的《苏联的马克思主义》中直接就说:"异议不仅是政治上的犯罪,而且是技术上的愚蠢,是对机械的破坏和虐待。理性只不过就是整体的合理性:机器的不间断的运转和增长。"②在这里,如果把机器当作问题的核心,那么政治上的犯罪和技术上的愚蠢很大程度上就是同一回事情。对于机器来说,消除异议甚至不是一件需要额外计划的事情,因为只要机器在运转,异议或者说批判力量就失去了它的基础。

批判力量遭到侵蚀意味着,人丧失了批判和否定的向度;而这一向度的丧失意味着,除了适应和顺从之外,人丧失了所有其他的向度。

二、作为意识形态的技术

丧失所有其他的向度之后,人只剩下唯一的一个向度。这一情形在马尔库塞1964年出版的著作《单向度的人》的标题中得到直接的透露。在马尔库塞看来,发达工业社会中剥夺批判向度的正是技术,他说:"但是这里,发达工业社会使批判面临一

---

① Herbert Marcuse, "Some Social Implications of Modern Technology", in *Technology, War and Fascism: Collected Papers of Herbert Marcuse, Volume One*, Edited by Douglas Kellner, London and New York: Routledge, 1998, p. 44.
② Herbert Marcuse, *Soviet Marxism: A Critical Analysis*, New York: Columbia University Press, 1969, p. 85.

种似乎剥夺了其基础的境况。技术进步扩大为一种整体的统治和协调制度,它创造了生活(和权力)的形式,这些形式好像调和了那些反对该制度的力量,好像挫败或者驳倒了所有以摆脱辛劳和统治的历史前景为名的抗议。"[1]如果我们考虑到人是并且只是一定生活形式中的人,那么就会发现创造生活形式的技术进步其实就是把人塑造为人的力量,它以整体制度的方式运作。就此而言,对于它的任何批判、反对、抗议都是非人的,因此当然不会在这样被塑造的人那里获得其基础。

这样的情形迫使我们对意识形态的问题做出另外一种考虑。之所以这么说,是因为现在不再需要一种虚假意识来蒙蔽主体从而使主体把它不可接受的生活当作可接受的现实来接受。人们生活在他们的现实之中,与此同时,他们生活在他们的真实意识之中,后者与前者之间不再存在一种有待虚假意识来掩饰的鸿沟。换句话说,那种被考虑为虚假意识的意识形态不再存在了。然而,在马尔库塞看来,这并不意味着意识形态终结了,他说:"进步的成就既藐视意识形态的辩护也藐视意识形态的控告;在它们的法庭前,它们的合理性的'虚假意识'变成了真实意识。但是,意识形态被现实的这种吸收并不意味着'意识形态的终结'。相反,在特定的意义上,发达工业文化比它的前身更为是意识形态的,因为今天意识形态就在生产过程本身之中。"[2]最后一句话是意义重大的,因为根据前面援引的马克思和恩格斯的判断,人们是什么样的同他们的生产是一致的。既然生产过程直接塑造了从事这种生产的人,

---

[1] Herbert Marcuse, *One-Dimensional Man: Studies in the Ideology of Advanced Industrial Society*, London and New York: Routledge, 2007, p. xlii.
[2] Ibid., p. 13.

那么一旦把意识形态归结到生产过程,就不再需要额外的力量来塑造人了。

那么,这个生产过程究竟发生了什么变化,以至于竟然把意识形态吸收在其中?这个变化恐怕就是,个人不再以个人的方式存在于生产过程之中,而是以机器的方式,确切地说,是以把个人敉平的机器的方式。我们可以在马尔库塞所讨论的技术进步带来的自动化中发现这一点,他说:"现在,自动化似乎从质上改变了死劳动和活劳动之间的关系;它倾向于这一点,即生产率'被机械而不是被个人产出'[1]所决定。此外,对个人产出的度量也变得不可能了。"[2]在自动化的条件下,由于决定生产率的是机械而不是个人产出,个人得以从以往死劳动的压迫下摆脱出来。换句话说,个人和自动化机械结合在一起,并在这种结合中一方面失去自身一方面摆脱压迫。可是,我们不禁要问,难道自动化机械意味着压迫的自行解除吗?对于这个问题,马尔库塞这样陈述道:"……援引一个工人的话说,'总而言之,我们在物的改变之中……'[3]这话极好地表达了机械化奴役中的变化——物进行改变而不是进行压迫,它们改变人这种工具——不仅改变他的身体而且改变他的精神甚至灵魂。萨特的一个评论阐明了这个过程的深刻含义:'在半自动机械被采用之后不久,研究表明,女性技术工人会在工作时陷入一种关于性的白日梦中;她们会回忆起卧室、床、夜晚以及……但是她梦中爱抚的

---

[1] Serge Mallet, in *Arguments*, no. 12 - 13, Paris 1958, p. 18. ——原注
[2] Herbert Marcuse, *One-Dimensional Man: Studies in the Ideology of Advanced Industrial Society*, London and New York: Routledge, 2007, p. 31.
[3] Charles R. Walker, *Toward the Automatic Factory* (New Haven: Yale University Press, 1957), p. 104f. ——原注

却是她手里的机械。'①"②在这里,我们清楚地看到,个人是如何从身体到精神乃至灵魂全面地同机械结合在一起的。他们在这种结合中生活着,并享受着由此而来的舒适和平稳——尽管奴役并没有解除,就像马尔库塞提醒的那样。

这样的舒适和平稳成为了发达工业社会中的常见状态,"一种舒适的、平稳的、理性的、民主的不自由流行于发达工业文明之中,这是技术进步的一个表征"③。相比较舒适、平稳、理性、民主而言,不自由又算得了什么呢?无非是与机械结合,无非是被物所改变,而并不存在压迫。不仅如此,曾经存在并且受到指控的阶级差别似乎也不存在了。对此,马尔库塞说道:"在这里,阶级差别的所谓平等化透露了它的意识形态功能。如果工人和他的老板享受同样的电视节目、参观同样的风景名胜,如果打字员打扮得像她雇主的女儿一样迷人,如果黑人拥有凯迪拉克,如果他们都阅读同样的报纸,那么这种同化并不表明阶级的消失,而是表明基础人群所分享的需要和满足达到了怎样的程度,这些需要和满足是为权势集团的持存服务的。"④工人不再是奴隶,他们从饥饿、服从、艰辛等等之中摆脱出来,分享着似乎人人都在享受的需要和满足。但是,这样的相同享受除了说明他们被技术所控制之外,不能说明任何别的东西。这是因为,他们根本无法触及更不用说考虑那些更为根本的问题,譬如个人的生死或者国家的安危。但恰恰是这些问题决定了那些享受的意

---

① Jean-Paul Sartre, *Critique de la raison dialectique*, tome I (Paris: Gallimard, 1960), p. 290.——原注
② Herbert Marcuse, *One-Dimensional Man: Studies in the Ideology of Advanced Industrial Society*, London and New York: Routledge, 2007, p. 29.
③ Ibid., p. 3.
④ Ibid., p. 10.

义。就他们无法考虑生死安危而全身心投入工作和享受而言，他们并不比同样无法考虑生死安危而全身心追求辛劳和食物的奴隶更强。事实上，马尔库塞正是把他们考虑为升华了的奴隶，他说："因为实际上，采用行政控制而不是身体控制（饥饿、人身依附、暴力），改变繁重工作的特性，同化职业阶层，均摊消费领域，这些都不能弥补这样一个事实，即，对生死的决定、对个人安全和国家安全的决定，都是在个人无法控制的地方做出的。发达工业文明的奴隶是升华了的奴隶，但他们是奴隶，因为决定奴隶制的'既不是服从也不是劳动的艰辛，而是仅止为工具的地位，以及人降低到物的状态'①。这就是奴役状态的纯粹形式：作为一种工具存在，作为一种物存在。"②由此，人沦为工具以及物这一真相得到了挑明。其实，我们前面谈到的两点，即物对人的改变以及人与机械的结合，已经包含了通向这一挑明的线索。

到这里，我们再来反观那些同样的电视节目、风景名胜、漂亮迷人、凯迪拉克之类，就会发现，它们所反映的无非是被奴役的人所追求的一种没有根基的虚荣。这就如同尼采当年在"奴隶和工人"的标题下写下的这样一番话，"我们更重视虚荣的满足而不是其他形式的福祉（安全、住宿、各种各样的愉悦），这一情形的表现在以下事实中达到了荒唐可笑的程度，除了政治的原因之外，每个人都渴望废除奴隶制，都痛恨把人降低到这种状况的想法；然而，每个人同时又必定认识到，奴隶在每个方面都比现代工人生活得更幸福、更安全，奴隶所做的工作比起'工人'

---

① François Perroux, *La Coexistence pacifique* (Paris, Presses Universitaires, 1958), vol. III, p. 600.——原注
② Herbert Marcuse, *One-Dimensional Man: Studies in the Ideology of Advanced Industrial Society*, London and New York: Routledge, 2007, pp. 35 - 36.

所做的工作来说乃是非常轻微的工作"①。这里的非常轻微当然不是在体力耗费的程度上而言的,而是在被物改变的程度上而言的。对于奴隶来说,一旦他们停止工作,就仿佛获得了安全与幸福,尽管它们是非人的。而对于工人来说,由于物改变了他们身体乃至精神和灵魂,所以,无论是工作还是享受,他们都是作为工具,作为物,因而总是无法获得安全与幸福,哪怕它们是非人的。

在这样的情形下,社会批判理论可以做些什么呢?既然技术的控制是无所不在的,那么在这样的社会之中抱有希望和憧憬未来就变得荒谬了。换句话说,除了对这种无所不在的控制采取彻底的否定和拒绝之外,没有任何其他的出路。马尔库塞这样说道,"社会批判理论不拥有桥接现在和它的未来之间的概念;它既不抱有希望也不显示成功,而只是保持否定。因此它将依然忠诚于那些尽管没有希望但却已经并且正在献身于大拒绝的人"②。之所以没有希望也没有成功,是因为这些肯定性的东西在今天已经变得太过可疑了。作为结果,唯一可以设想的方案就是彻底的否定。

第三节 艺术的否定性带来的解放

接下来的问题是,否定存在于何处,或者,以何种方式来否定?让我们来考虑一下马尔库塞在讨论技术统治时说的这样一

---

① Friedrich Nietzsche, *Human, All Too Human: A Book for Free Spirits*, Translated by R. J. Hollingdale, Cambridge: Cambridge University Press, 1996, p. 167.

② Herbert Marcuse, *One-Dimensional Man: Studies in the Ideology of Advanced Industrial Society*, London and New York: Routledge, 2007, p. 261.

句话,"在这个过程中,对现状的反对能够植根于其中的精神的'内在'向度被削弱了。……这个向度是否定性思维的力量——理性的批判力量——的家园……"[1]在这里,就其是否定和批判的力量之源而言,精神的内在向度扮演了至关重要的角色。它也为我们的问题提供了线索。在马尔库塞的追溯中,精神的内在向度由于既不触及也不影响外在的事实世界,所以它所构建的与事实世界迥然不同的异在世界是可容忍的。这个异在世界作为一个不存在的世界,成为了对业已存在的事实世界的否定。这种否定从另一个方面来讲就是,异在世界肯定了事实世界中不存在的东西,或者更为确切地说,尚未存在的东西——尚未存在的原因是它们遭到事实世界的拒斥。马尔库塞把这种处于否定和肯定之间的反叛力量归结到艺术以及艺术作品,并道出了其中的辩证法。他说:"但是,这种肯定性有着它自己的辩证法。没有哪件艺术作品不是用'否定的力量'来突破它的肯定立场,不是在其结构中唤起另一种现实,另一种秩序的文字、图像、音乐,这另一种的现实和秩序尽管被既存的现实和秩序所拒斥,但却仍然活在记忆和期待之中,活在发生于人们身上的事情之中,活在他们对它的反叛之中。"[2]与艺术联系在一起的是审美和感性的向度,因此,当艺术使我们获得对这另一种现实和秩序的领会时,我们的感性也相应地被改造为马尔库塞所说的新感性。新感性是对理性的压抑性暴政的反抗,就此而言它是一种实践,确切地说,是政治实践。其结果是一套新的感觉系统、一种新的

---

[1] Herbert Marcuse, *One-Dimensional Man: Studies in the Ideology of Advanced Industrial Society*, London and New York: Routledge, 2007, p. 13.
[2] Herbert Marcuse, *Counterrevolution and Revolt*, Boston: Beacon Press, 1972, p. 92.

生活方式的产生,而这意味着新的世界历史的创造。

一、否定与肯定的重叠

在马尔库塞看来,那种关于事实世界和超越世界的等级划分由来已久,前者涉及必然和有用,后者涉及幸福和享受。他说,"在这个等级制度中,存在着两个方面之间的根本断裂,一个是必然和有用,另一个是'美'"①,并说:"在古代,超越于必然性之上的美的世界本质上是一个幸福和享受的世界。"②但是,与古代不同的是,在资产阶级时代,有别于必然的美不再被归结到特定的社会阶层。也就是说,不再存在这些的情形,即某些人生来就适合于必然,而另一些人生来就适合于美。现在,美或者说更高的价值存在于文化之中,这就是马尔库塞说的,"在资产阶级时代,关于必然性和美、劳动和享受之间关系的理论经历了决定性的变化。首先,那种认为对最高价值的关注作为一种职业被特定社会阶层专有的想法消失了。取代它的是'文化'的普遍性以及普遍有效性的概念"③。马尔库塞这里说的文化与文明有着明显的区别,前者指观念的再生产或者说精神世界,后者指物质的再生产。并且,也正是在这样的文化的意义上,马尔库塞提出了资产阶级时代的"肯定的文化",他说:"肯定的文化是指资产阶级时代的文化,这个时代在它自己的发展过程中形成了心灵及精神世界与文明的分离,前者被认为是高于文明的一个独立的价值王国。它的决定性的特征是主张必须无条件地肯定

---

① Herbert Marcuse, "The Affirmative Character of Culture", in *Art and Liberation: Collected Papers of Herbert Marcuse, Volume Four*, Edited by Douglas Kellner, London and New York: Routledge, 2007, pp. 82-83.
② Ibid., p. 88.
③ Ibid., p. 86.

一个普遍义务的、永远更好和更有价值的世界：这个世界本质上不同于日常为生存而奋斗的事实世界，它不对事实状态做任何改变而是靠每个个人'从内部'为他自己而成为可实现的。"[1]也就是说，这种否定事实世界的肯定的文化所诉诸的是精神而不是物质，唯其如此，它使得事实世界中永远不可能实现的东西变成可实现的，但也仅仅是在精神世界。

那么，这样的精神世界是以什么样的方式呈现出来的呢？艺术。这是因为，艺术以幻想的方式展示在事实世界中被遗忘的真理，而幻想当然是不会对事实世界做任何改变的。换言之，理想只有作为幻想才是可容忍的。马尔库塞说："文化理想在艺术中获得例证是有充分理由的，因为只有在艺术中，资产阶级社会才容忍它自己的理想并把它们严肃地视为一种一般要求。事实世界中算作乌托邦、幻想和反叛的东西在艺术中被允许了。在那里，肯定的文化展示了被遗忘的真理，这些真理在日常生活中被'现实主义'所击败。"[2]与被"现实主义"所统治的日常生活相比，这样的幻想乃至反叛是无力的，因为它们不对也不可能对事实世界中的客体施加暴力。然而，恰恰是这一点让我们看到，客体本来就有可能不被施加暴力，换句话说，事实世界中对客体的处理方式并不是唯一的，我们在精神世界或者说艺术世界中看到了另一种方式。马尔库塞为我们表述了这种方式，"结果是创造出一个不同于然而又源自于既存客观世界的客观世界，但是这种转变并不对客体（人和物）施加暴力——它毋宁为它们代

---

[1] Herbert Marcuse, "The Affirmative Character of Culture", in *Art and Liberation: Collected Papers of Herbert Marcuse*, *Volume Four*, Edited by Douglas Kellner, London and New York: Routledge, 2007, p. 87.

[2] Ibid., p. 100.

言,给予那些在既定现实中沉默的、被扭曲的、被压抑的东西以文字、声调、图像。而艺术所内在固有的这种解放和认识的力量就存在于艺术的全部风格和形式里"[1]。这种方式在资产阶级时代之所以显得格格不入或者不合时宜,乃是因为在这个启蒙的时代,对客体亦即马尔库塞说的人和物的认识是建立在对其施暴的基础之上的,也就是说,除非对它们加以操控,否则它们就无法被知道。这一点在霍克海默和阿多诺那里得到了明确的表述,"启蒙对物的行为,就如同独裁者对人们那样。独裁者只是就他能操纵人们而言才知道人们。科学的人只是就他能制造物而言才知道物"[2]。因此,如果说非但不是施暴,反而是使那些由于遭到施暴而被扭曲和压抑的东西得到言说并在这样的言说中得到认识和解放,就显得极其异乎寻常了。

马尔库塞不仅承认和强调这种异乎寻常,而且把它指认为是艺术对异化社会的再次异化。他这样说道:"……艺术保持着与既定现实的异化,而这个既定现实是艺术的源头。这是第二次异化,艺术家藉此有条不紊地同异化的社会脱离开来并创造出非现实的、'假象的'世界,在这个世界中,只有艺术才拥有并传达它的真理。与此同时,这一异化使艺术与社会发生了关联:它保存着阶级内容——并使之成为透明的。作为'意识形态',艺术使统治的意识形态'失效'。"[3]那么,艺术是怎么使在异化社会或者说既定现实中占统治地位的意识形态失效的呢? 对于

---

[1] Herbert Marcuse, *Counterrevolution and Revolt*, Boston: Beacon Press, 1972, p. 96.

[2] Theodor W. Adorno and Max Horkheimer, *Dialectic of Enlightenment*, Translated by John Cumming, London and New York: Verso, 1995, p. 9.

[3] Herbert Marcuse, *Counterrevolution and Revolt*, Boston: Beacon Press, 1972, p. 97.

这个问题,马尔库塞实际上给出了两个角度的考虑,一个是艺术的真理的角度,另一个是艺术的特质的角度。

艺术在它的假象的世界里给出了真理的另一种样式,一种不同于既定现实中的样式,从而由于取消了后者的唯一性而使之发生根本的动摇。马尔库塞写道:"在给定的现实中,个人要么改变自己以便去适应,要么放弃自己,要么毁坏自己。给定的现实存在于它自己的权利中,存在于它自己的真理中;它有它自己的伦理,有它自己的幸福和快乐(为此可以说许多!)。另一种真理是大师作品中的音乐、歌曲、诗文、图像:一个自足的审美王国,一个任悲惨的现实自行其是的审美和谐的世界。"[1]艺术并不改变悲惨的现实,它只是以作品中的真理揭示出:这种以外在的、异化的力量来迫使个人放弃和毁坏自己的悲惨现实是可以并且应当被改变的。简而言之,艺术以诉诸内在向度的方式道出了对给定的现实进行否定的可能。这种可能同时也就是从既定世界跳跃到艺术世界的可能。马尔库塞不仅注意到了这样的跳跃的可能,而且对它的表现进行了描述,他说:"一个象征性的事件可以宣布从日常生活向一种本质上不同的媒介的过渡,从既定社会世界向疏远的艺术世界的过渡;这就是沉默的发生……'(画家的)唯一渴望的必定就是变得沉默。他必定抑制他心中的偏见之声,他必定遗忘并且继续遗忘,他必定使关于他的一切沉默下来,他必定是一个完美回声。'[2]但不是直接自然、直接现实的回声,而是在艺术家同直接现实——甚至是同革命

---

[1] Herbert Marcuse, *Counterrevolution and Revolt*, Boston: Beacon Press, 1972, p. 88.

[2] Cézanne, as quoted by Gasquet in Max Raphael, *The Demands of Art*, translation by Norbert Guterman, Bolingen Series LXXVIII (Princeton: Princeton University Press, 1968), p. 8. ——原注

的直接现实——的疏远中迸发出来的那个现实的回声。"① 马尔库塞这里所说的沉默不仅指向绘画,而且指向音乐和文学。不难发现,这样的沉默正是艺术的特质,因为沉默意味着遗忘或者说摆脱日常生活的喧嚣,这同时意味着不再与直接现实发生共谋,只有这样,对于同直接现实相疏远的那个现实的回声方才得以成为可能。如果我们结合前面提到的作品中的真理的话,就会更为清楚地看到,马尔库塞所说的那个现实从根本上来说就是否定,因为它总是在指出所是的现实的所不是,哪怕所是的现实是革命的现实。

二、感性向度的重建及其意义

现实总是意味着所是的东西,而艺术作为否定性的力量恰恰要刻画那所不是的东西,或者说,那所不存在的东西。马尔库塞直言,"艺术的异化使得艺术作品、艺术世界成为了本质上不现实的东西——它创造了一个不存在的世界,一个 Schein 即外观或假象的世界。但是现实向假象的这种转化,并且只是在这种转化中,显现出艺术的破坏性的真理"②。简单地来说,这个不存在的世界就是假象的世界,而且正是因为它是假象,所以它对于现实来说是破坏性的。如果我们还记得前面提到的艺术家创造出来"假象的"世界的话,那么马尔库塞这里正是在向我们提醒假象(Schein)这个词在德国哲学中的线索和渊源。我们知道,康德在《纯粹理性批判》中区分了三种假象,即经验的假象、逻辑的假象和先验的假象,不过,他在《判断力批判》中关于假象

---

① Herbert Marcuse, *Counterrevolution and Revolt*, Boston: Beacon Press, 1972, pp. 104 – 105.
② Ibid., p. 98.

的思考可能同我们的讨论更为相关,他说,诗的艺术"随意地以假象来游戏,而并不以它来做欺骗……"①也就是说,诗的艺术中的假象无关乎欺骗,而关乎游戏。这一点在席勒所区分的审美的假象中得到了进一步阐发,"这大概是不言自明的,即,这里所讲的只是同真实和真理区别开来的审美的假象,而不是同真实和真理混淆起来的逻辑的假象——因此人们喜爱它,乃是因为它是假象,而不是因为人们把它视为什么更好的东西。只有前者才是游戏,而后者仅仅是欺骗"②。审美的假象具有实践的品性,但这个实践只是游戏,就此而言,它有别于直接现实所涉及的实践。事实上,在席勒看来,现实根本就不是人的作品,换言之,真正的实践只是游戏,只是审美的,他说:"事物的现实乃是它(事物)的作品;事物的假象则是人的作品,而一颗欣赏假象的心灵,已经不再以它所接受的东西来取悦自己,而是以它所做出的东西来取悦自己。"③在这里,假象的实践以及创造品性得到了强调,但是我们不要忘记,假象之所以具有这样的品性,仅仅因为它是审美的。

那么,什么是审美的? 马尔库塞当然知道,从康德的《判断力批判》开始,审美的和感性的这两个概念就彼此打通了。不过,他显然不满足于这一点,他要从这个词的哲学历史中发现更多的东西,"审美的这个术语的哲学历史反映了对感性的(因而'肉体的')认知过程的压抑性对待。在这个历史中,作为一门独

---

① Immanuel Kant, *Kritik der Urteilskraft*, Herausgegeben von Karl Vorländer, Hamburg: Felix Meiner Verlag, 1993, S. 183.
② Friedrich Schiller, *über die ästhetische Erziehung des Menschen in einer Reihe von Briefen*, in *Sämtliche Werke: Band V*, Düsseldorf und Zürich: Artemis & Winkler Verlag, 1997, S. 396.
③ Ibid.

立学科的美学的基础抵消着理性的压抑性规则：努力证明审美功能的核心位置，努力将其确立为一个生存范畴，这些努力唤起感性的内在真理价值以防备它们在流行的现实原则下恶化。美学这门学科设置出感性的秩序以便反对理性的秩序"[1]。从审美的这个术语的哲学历史中，马尔库塞不仅解读出了理性对感性的压抑或者说暴政，而且解读出了感性在美学这门学科中所获得的足以与理性抗衡的力量。进一步地，感性秩序对理性秩序的这种抗衡在马尔库塞那里有着重要的意义，因为自由就在于感性的解放。换句话说，不自由的源头就是理性对感性的暴政。在马尔库塞对自由问题的这一考虑中，我们很容易发现，审美的这个术语在他那里直接关联于社会政治的问题。对此，他在他对席勒的讨论中做出了阐发，"在这一点上，席勒想法的爆炸性质变得清晰明白了。他将文明的疾病诊断为人的两种基本冲动（感性的冲动和形式的冲动）之间的冲突，或者毋宁说诊断为这种冲突的暴力'解决'：建立起理性对于感性的压抑性暴政。因此，这两种相冲突的冲动之间的和解涉及到这种暴政的排除——亦即感性权利的恢复。自由必须在感性的解放而不是理性的解放中被寻求，必须在有利于'低级'能力而对'高级'能力所做的限制中被寻求。换言之，对文化的拯救涉及到文明强加于感性之上的压抑性控制的废除"[2]。简而言之，与审美相打通的感性在作为社会批评理论家的马尔库塞那里意味着自由的可能，是一个政治问题。对于这种抗暴的感性，马尔库塞后来用一个术语来加

---

[1] Herbert Marcuse, *Eros and Civilization: A Philosophical Inquiry into Freud*, New York: Vintage Books, 1962, p. 165.
[2] Ibid., pp. 173–174.

以阐述,这就是"在反对暴力和剥削的斗争中出现"①的新感性,并且明确表示,"新感性已经变成了一个政治因素"②。

接下来的问题是,感性何以可能具有这样的能力？回答是艺术。对于马尔库塞来说,感性不再是指专门或者说主要服务于认知的感官,而是指从事创造的艺术,具有实践的品性。相应地,感性的秩序不是指认知活动中的低级阶段,而是指审美活动中的艺术秩序。对此,他1955年在《爱欲与文明》中说,"这里迈出的一步是,把美学这门感性的科学转变为艺术的科学,把感性的秩序转变为艺术的秩序"③;1969年又在《论解放》中说:"'审美的'这个术语,就其'属于感觉'和'属于艺术'的双重内涵而言,可以用来指自由环境中生产-创造过程的性质。具有艺术特征的技术将把主观的感性转化为客观的形式,转化为现实。"④也就是说,审美所蕴含的创造表现在艺术的实践之中。如果结合前面所说的假象和游戏,那么可以说,艺术的实践才是真正的实践。另外,就这样的创造和实践关联于自由环境而言,它当然是政治的。到这里,我们回过头来看新感性,就会得出一个结论,这就是,艺术由以出发的主观的感性意味着一套新的感觉系统,一种新的看、听、触等,之所以说它们是新的,是因为它们现在服务于政治实践。对此,马尔库塞说:"……一种抵达人的基础构造中的抑制和满足之根源的政治实践,一种有条不紊地脱离和拒绝权势集团的政治实践,它的目的在于对诸价值进行一种彻底的重新评估。这样一种实践涉及与习以为常的看、听、触

---

① Herbert Marcuse, *An Essay on Liberation*, Boston: Beacon Press, 1969, p. 25.
② Ibid., p. 23.
③ Herbert Marcuse, *Eros and Civilization: A Philosophical Inquiry into Freud*, New York: Vintage Books, 1962, p. 167.
④ Herbert Marcuse, *An Essay on Liberation*, Boston: Beacon Press, 1969, p. 24.

和理解事物的方式的决裂,以至于有机体会变得善于接受一个非侵略性的、非剥削性的世界的潜在形式。"[1]人的基础构造所指的正是有机体的五官感觉。如果我们还记得马克思说的那句话"五官感觉的形成是迄今为止全部世界历史的产物"[2],那么马尔库塞这里对感觉的讨论正透露了对新的世界历史的呼求,非侵略性和非剥削性刻画了这个世界的特征。

对于与新感性联系在一起的这个新的世界或者说生活方式,马尔库塞这样描写道,新感性于其中出现的反对暴力和剥削的斗争"本质上是为了一种新的生活方式和形式:否定整个的权势集团,否定它的道德、文化;肯定建立这样一种社会的权利,在这样的社会中,贫穷和辛劳的废除以这样一个世界而告终,在这个世界里,感性、游戏、平静以及美成为生存的形式并因而成为社会本身的形式"[3]。这样一个在否定和肯定的重叠中生成的社会,必然不是抽象的东西,不是反对个人的独立的实存物,而是使生产和创造得以成为可能的自由环境。

---

[1] Herbert Marcuse, *An Essay on Liberation*, Boston: Beacon Press, 1969, p. 6.
[2] 《马克思恩格斯全集》第三卷,北京:人民出版社,2002年,第305页。
[3] Herbert Marcuse, *An Essay on Liberation*, Boston: Beacon Press, 1969, p. 25.

第六章　阿多诺

就社会科学而言,如果我们把阿多诺所思考的问题置于批判理论的标题下,那么我们就获得了一个基本的语境,这就是社会,因为对于阿多诺来说,"天空和大地之间——更确切地说大地之上——绝对没有什么东西不是被社会所中介的"①。这意味着,我们无法获得对于对象的任何直观形式的理解——不管是就其存在而言还是就其属性而言;一切都必须以社会的方式呈现出来,并由此而成为自身或者说获得规定。人也是如此,即,人只有在社会中才能成为自身并认出自身。然而,一旦我们像阿多诺那样将社会的现实形式指认为资本主义,事情就发生了倒转:"人们既不能够在社会中认出他们自身,也不能够在他们自身中认出社会,因为他们既彼此异化又与总体异化。"②也就是说,人使自己个人的东西被社会所中介以便实现它,但这样被中介的东西却只会使人陷于迷失状态,迷失在一种本质上异

---

① Theodor W. Adorno, *Introduction to Sociology*, Edited by Christoph Gödde, Translated by Edmund Jephcott, Cambridge: Polity Press, 2000, pp. 64 – 65. 阿多诺不止一次地表达了这个意思,他在另一处相仿佛地说道:"太阳底下没有什么东西,我的意思是绝对没有什么东西,由人类智能和人类思维所中介,却不同时也在社会上得到中介。"(Theodor W. Adorno, *Introduction to Sociology*, Edited by Christoph Gödde, Translated by Edmund Jephcott, Cambridge: Polity Press, 2000, pp. 15 – 16.)

② Theodor W. Adorno, "Sociology and Psychology (Part I)", Translated by Irving Wohlfarth, in *New Left* I/46 (1967), p. 69.

己的社会的烟幕之中,这就如同阿多诺所言,"社会倾向断言它们在个人的背后,而个人并不知道这些倾向是他们自己的——这是社会围绕在自身周围的意识形态烟幕"①。这样就形成了一个悖论:一方面,我们只有被社会所中介才能成为我们,另一方面,被社会所中介的我们又总不成为我们。其中的原因恐怕正是在于,资本主义社会只以一种方式来中介——交换。作为结果,那使我们成为我们自身的东西由于无法交换而被剔除了。这使我们转而考虑一种不在交换原则下社会化的社会的可能。阿多诺对艺术和美学问题的分析为这种考虑提供了某种进路,这也为探讨对于幸福的形而上学经验提供了契机。

第一节 交换社会以及对它的批判

由于资本主义社会的这种中介,人只能以一种唯一的方式即交换来换取属于自身的东西并进而换取自身。交换,在它的这种须臾不可缺席的意义上,不仅构建起了以交换方式呈现的人与人之间的关系,而且使得社会在这样的关系中成为一种社会实存物。对此,阿多诺说道:"真正使得社会成为社会实存物的东西,从概念上并从现实上构建起它的东西,乃是交换关系,交换关系无形中把所有参与到这种社会中的人都捆绑在了一起。"②接下来,如果说重要的是交换而不是交换的东西,那么作为后者自然属性或者说具体形式的使用价值就变得无关紧要

---

① Theodor W. Adorno, "Sociology and Psychology (Part I)", Translated by Irving Wohlfarth, in *New Left* I/46 (1967), p. 76.

② Theodor W. Adorno, *Introduction to Sociology*, Edited by Christoph Gödde, Translated by Edmund Jephcott, Cambridge: Polity Press, 2000, p. 31.

了。也就是说,在交换社会,对于自然的有用性,我们不是要使其成为关涉于人的有用,而是要使其成为无涉于人的交换。由此不难发现,人是被交换价值所支配的,阿多诺称之为"交换价值对于人类的普遍支配"[1]。在这样的支配下,所交换的东西——根据交换的等价特性——必须废除其自然的、具体的属性上的差别,而代之以社会的、抽象的属性上的同一:同一性原则既耙平了物与物之间的差别,也耙平了人与人之间的差别,以及人与物之间的差别。这种耙平是社会对于个人的压倒性的力量,它逼迫他们把一切包括自身都当作一模一样的东西交付出去;然而他们不知道等待着他们的是什么,不知道他们换取的东西最终将是什么。在这个意义上,社会像命运一样神秘莫测地支配着个人。但是,这样的神秘莫测恰恰是计算理性的结果,因为每一次交换都是由计算理性达成的。交换社会的计算理性使得人们置于这个社会的非理性和伪理性之中。

一、作为交换原则的同一性Ⅰ

在交换价值的支配下,人被降低为客体,即阿多诺说的,交换价值的支配"先天地阻止主体成为主体,并且把主体性本身贬低为一种纯粹的客体"[2]。这意味着,交换所关涉的不是被直观到的客体,而是由主体性被贬所形成的客体。这样的贬低使得人的需要以及效用发生了根本的改变,这些改变足以使人本身被另外的东西所取代。也就是说,交换社会中的客体的需要及

---

[1] Theodor W. Adorno, *Negative Dialectics*, Translated by E. B. Ashton, New York: Continuum, 1973, p. 178.
[2] Ibid.

其效用并不是客体天然具有的现实的东西,恰恰相反,它们从一开始就是由精神性的东西以假象的方式配置出来并强加于上的,这就如同阿多诺所说的,"与使用价值相比仅仅是一种精神配置的交换价值,支配着人类的需要并且取代了它们;假象支配着现实。在这个程度上,社会是一个神话,对它的说明一如既往地必要"①。把社会指认为神话,很容易使我们想起阿多诺和霍克海默关于启蒙回复到神话的观点,因而也使我们对启蒙与资本主义社会的内在关联获得了考察的角度。不过,就这里而言,我们所获得的更为直接地是对交换价值和使用价值之间关系的一种考察角度。这是因为,如果人们认为使用价值来自于现实的东西,那么就会对交换价值的支配产生质疑,比如,"马克思澄清了下面这一点,交换价值从使用价值中区别出来,获得了一种独立性或者说自主性,正是这种独立性或者说自主性界定了商品,但是,尽管如此,这种界定从来不是完全的,因为最终所交换的乃是使用,而且,如果某样东西不再是可使用的,那么它也就不再是可交换的了"②。然而,如前所述,在资本主义社会中,任何东西包括商品以及作为商品的人的可使用或者不可使用都不是由它们本身所决定的,而是由如同神话那般的社会所决定和管理的。

正是在这个意义上,阿多诺谈及了客体的可用与不可用,他说:"管理员事先把人看作是他根据可用性或不可用性来加以估

---

① Theodor W. Adorno, "Sociology and Empirical Research", in Theodor W. Adorno et al., *The Positivist Dispute in German Sociology*, London: Heinemann, 1976, p. 80.

② Stewart Martin, "the Absolute Artwork Meets the Absolute Commodity" in *Radical Philosophy* 146 (2007), p. 19.

价的客体。"①在这个出自《被管理的世界或者：个人的危机》一文的判断中，客体由以得到估价的可用性以及不可用性被归结到了管理员，而管理员所写照的就是社会的无所不在以及无时不在的中介。在交换社会，一方面，就这种可用与不可用是被中介的而言，它们不是出于事物自身的缘故，而总只是为着其他的什么东西，另一方面，就交换是基本的社会关系而言，根据这样的可用所形成的交换刻画了事物的存在。阿多诺在他的黑格尔研究中分析道，"……万事万物存在于其中并且仅仅为别的东西而存在于其中的普遍交换关系，在这样一些人的支配之下，他们把持着由他们做主的社会生产；这种支配在哲学上受到崇拜。……没有什么东西是为着其自身的缘故而存在的世界，也是释放生产的世界，这样的生产遗忘了它的人的目的。生产的自我健忘，交换社会的不知足的和破坏性的扩张原则，在黑格尔形而上学中得到了反映"②。也就是说，事物的可用和不可用不是出于它们的天赋，而是在支配者或者说管理者所把持的社会中被生产出来的。

由此，在有用和交换的问题上，我们也获得了一个视角来看待阿多诺这里所提及的黑格尔，黑格尔曾经说，"正如对于人来说一切都是有用的，同样地，对于一切来说人也是有用的，而人的天职恰恰在于，使自己成为团体中的一员，既对共同利益有用，也对一切可用。他为他自己利益的操心的程度

---

① Theodor W. Adorno, Max Horkheimer and Eugen Kogon, "Die verwaltete Welt oder: Die Krisis des Individuums", in Max. Horheimer, *Gesammelte Schriften*, Vol. 13: *Nachgelassene Schriften 1949-1972*, Herausgegeben von Gunzelin Schmid Noerr, Frankfurt am Main: S. Fischer, 1989, S. 137.
② Theodor W. Adorno, *Hegel: Three Studies*, Translated by Shierry Weber Nicholsen, Cambridge: The MIT Press, 1993, p. 28.

必定也相配于他为他人的服务的程度,并且,他为他人服务多少,他就为自己操心多少:一只手洗另一只手。但是,无论他置身于哪里,哪里都是他适当的地方;他既利用别人也被别人所利用"①。这里所说的有用以及由有用而来的利用与被利用,仿佛是基于人与一切的天赋对它们的普遍本质所做的刻画,但是,我们知道,这只是并且总是社会中介的结果,确切地说,是交换的结果。对此,我们或许也可以考虑《1844年经济学哲学手稿》中马克思在归纳亚当·斯密的论述时所说的一番话:"人的才能的差异与其说是分工即交换的原因,不如说是它的结果。也只有交换才使这种差异成为有用的。同类而不同种的动物的特殊属性生来就比人的秉赋和活动的差异显著得多。但是,因为动物不能从事交换,所以同类而不同种的动物具有的不同属性,对任何动物个体都没有用。……人则不同,各种极不相同的才能和活动方式可以相互为用……"②不过,在这里,更为要紧的不在于分工使得人与人之间在才能上产生了彼此的差别,而在于,这种差别既然是由于交换而产生的,那么它必然同样由于交换而消失——因为人非但不是通过这些有差别的才能来成为自己,反而是通过出卖它们来取消自己。简而言之,在交换社会中,建立在差别之上的有用性仅供出卖之用,即马克思所说的,"你必须把你的一切变成可以出卖的,就是说,变成有用的"③。如果是这样的话,那么分工即交换从根本上来说乃是为了废除差别而制造差别。

---

① G. W. F. Hegel, *Phenomenology of Spirit*, Translated by A. V. Miller, Oxford: Oxford University Press, 1977, pp. 342-343.
② 《马克思恩格斯全集》第三卷,北京:人民出版社,2002年,第356页。
③ 同上书,第343页。

不管人们在劳动分工中被赋予怎样的差别,他们都与这些差别无关,因为他们与这些差别之间不存在一种能够体现他们的质的内在关联。这样一来,每个人似乎都由于分工而从事有差别的劳动,但实际上恰恰是由于分工而从事无差别的劳动,即无差别地出卖自己的有用性。阿多诺说:"……作为日益推进的分工的结果,工作过程变得越来越相似了,以至于到了这样的程度,即,据认为由分工而来的质的差别最终被消除了——又一个辩证的主题——所以,作为这种分工的一个逻辑后果,到最后,任何人能做任何事。"[1]这里所说的"任何人能做任何事"就仿佛我们在第一章所援引的杜威的那个论述:"他可以做一百件其他工作中的任意一件,作为获取报酬的一个条件——他经常就是这么做的——并做得同样地好或者坏。"这些论述提醒我们,既然不存在质的关联,那么人们对于有差别的分工来说是可以彼此替代的,正如有差别的分工对于他们来说也是可以彼此替代的。而且,正是因为这种彼此替代,人们才能更加有效地、更加彻底地出卖自己。那么,出卖或者说交换的尺度是什么呢?回答是量——一种与质形成截然对照的尺度,同时又是等价交换所必须遵循的尺度。阿多诺和霍克海默这样描述道:"资产阶级社会被等价性所统治。它通过把不同的东西还原为抽象的量而使之成为可比较的。"[2]量之所以是抽象的,很大程度上在于它采取了废除具体差别的同一性原则:只有同一性的东西才能归于量的计算之下。这种同一性原则可以在两个层面上得到分析

---

[1] Theodor W. Adorno, *Introduction to Sociology*, Edited by Christoph Gödde, Translated by Edmund Jephcott, Cambridge: Polity Press, 2000, p. 42.
[2] Theodor W. Adorno and Max Horkheimer, *Dialectic of Enlightenment*, Translated by John Cumming, London and New York: Verso, 1995, p. 7.

和批判,一个是经济学的,一个是哲学的。

二、作为交换原则的同一性 II

在经济学上,同一性原则与社会劳动时间有关。阿多诺说:"古典政治经济学证明,就像马克思在轮到他时所做的那样,作为等价形式位于货币之后的真正单位乃是社会劳动时间的平均必要的数量,当然,它随着支配交换的特定社会关系而得到修正。在这种就平均社会劳动时间来说的交换中,所交换的客体的那些特定形式必然被忽视了;取而代之的是,它们被还原为一种普遍单位。"① 在这里,由平均社会劳动时间而来的普遍单位,作为一种量的东西,正是被取消特定形式的抽象同一的结果。只要万事万物不是为着自身的缘故而是为着其他的东西而存在,这样的同一就是不可或缺的,因为它们或他们必须依靠可被量化的同一性的东西来进行交换。那么,这样的交换究竟意味着什么的发生?阿多诺的回答是,什么也没有发生。他说:"交换是神话式始终如一性的合理性形式。在每个交换动作的同比中,一个动作取消另一个动作;账户余额为零。如果交换是公正的,那么没有什么会真正地发生,万事万物都保持原样。"② 我们发现,这番话所陈述的是阿多诺反复思考的问题,他在一次讲演中以与之相仿佛的词句说道:"如果交换是公平的,那么就什么也没有发生,每样东西都像它曾经所是的那样,人们两相抵消,

---

① Theodor W. Adorno, *Introduction to Sociology*, Edited by Christoph Gödde, Translated by Edmund Jephcott, Cambridge: Polity Press, 2000, pp. 31–32.
② Theodor W. Adorno, *Critical Models: Interventions and Catchwords*, Translated by Henry W. Pickford, New York: Columbia University Press, 1998, p. 159.

事物就像它们从前曾经所是的那样。"①阿多诺的这些话道明了交换的真相,即,时刻发生的交换使得什么也没有发生,因为所有的一切都始终如一。

可是,始终如一的只可能是物,而不可能是生命——"世界被物化,被剥夺人类关系的直接性,被抽象的交换原则所支配"②。作为结果,交换社会不管它从表面上来看多么活跃,从实质上来看却只有没有生命的物的那种死寂。而死寂这种最无差别的同一恐怕正是对同一性原则的严格刻画。这样一来,对于古典政治经济学中的同一性原则的批判,就不仅仅是指出客体那些遭到忽视的有差别的特定形式,而更是要指出以同一性为其原则的交换社会必须被摧毁和超越。因为只有这样,社会才能真正作为社会再生产出它的成员的生命,而不是像在交换社会中那样,人们以他们由交换所获得的货币和财富来作为他们被剥夺的生命甚至人性的补偿,即如马克思所说,"国民经济学家把从你的生命和人性中夺去的一切,全用货币和财富补偿给你"③。货币和财富作为可度量的、同一性的物,乃是死寂的东西。这些都表明,在资本主义交换社会,社会科学,作为对于社会的分析,必须转向对于社会的批判,或者说,分析就是批判。所以,阿多诺阐述道:"……社会的概念不再成为那种看起来空洞的抽象……这样的一种社会概念通过它的本性而变成对于社会的批判,因为它所涉及的客观地位于社会本身之中的交换过

---

① Theodor W. Adorno, *History and Freedom: Lectures 1964 – 1965*, Edited by Rolf Tiedemann, Translated by Rodney Livingstone, Cambridge: Polity Press, 2006, p. 170.
② Theodor W. Adorno, *Critical Models: Interventions and Catchwords*, Translated by Henry W. Pickford, New York: Columbia University Press, 1998, p. 120.
③《马克思恩格斯全集》第三卷,北京:人民出版社,2002 年,第 342 页。

程的展开将以摧毁社会而告终。证明这一点是马克思在《资本论》中的真正意图。因此,社会如果要继续再生产出它的成员的生命——正如我们今天应当详加阐述的东西那样——就必须超越交换的概念。"①

同样地,阿多诺也从哲学上对同一性原则进行了批判,这个批判触及了观念论哲学的主要内容即思维。如前所述,交换价值仅仅是一种精神配置,而这种精神配置正是以思维的方式运作的,或者更为简单地说,万事万物之所以可以作为同一性的东西被同比交换,仅仅是因为它们被思维为同一的,即如阿多诺所言,"思维意味着同一"②。当然,阿多诺追溯了同一性在近代哲学中的几种意思,不过他在那里主要考虑的是"个人意识的一致"和"在所有理性存在物中都合法地相同的东西——作为逻辑普遍性的思维"③这两种意思。阿多诺说:"……在观念论中,同一性指心理的和逻辑的契机的中立点。逻辑的普遍性作为思维的普遍性系于个人的同一性,如果没有个人的同一性,逻辑的普遍性就不会形成——因为过去的东西不会在现在的东西中得到保持,所以根本没有什么东西可以保持相同。对这一点的诉诸反过来预先假定了逻辑的普遍性;它是一种思维的诉诸。"④这就是说,对于观念论哲学而言,不能被思维的东西就是不能被同一的东西,因而也就是哲学所不感兴趣的东西。这样的东西是什么呢?阿多诺告诉我们,它们是非概念的、个体的、特殊的东

---

① Theodor W. Adorno, *Introduction to Sociology*, Edited by Christoph Gödde, Translated by Edmund Jephcott, Cambridge: Polity Press, 2000, p. 32.
② Theodor W. Adorno, *Negative Dialectics*, Translated by E. B. Ashton, New York: Continuum, 1973, p. 5.
③ Ibid., p. 142.
④ Ibid.

西;并告诉我们,这些黑格尔漠不关心的东西才是哲学的真正兴趣之所在。阿多诺说:"就这一点在历史上而言,哲学真正感兴趣的东西乃是黑格尔同意传统而表达的他所不感兴趣的那些东西。它们是非概念性、个体性和特殊性——是自柏拉图以来常常被当作转瞬即逝和无关紧要的东西而不予理会的事物,是黑格尔贴上'惰性存在'的标签的事物。"①可以说,自柏拉图以来的那个传统,由于把同一性当作思维的固有之物和最终目的而错失了哲学的真正兴趣。那么,以观念论哲学为代表的传统哲学为何热衷于同一性?

很显然,唯有在同一不变的东西上,人们才可能找到稳固而牢靠的立足点。既然"辩证法早如柏拉图之时就意味着以否定为手段来达成某种肯定的东西"②,那么在阿多诺看来,以这样的辩证法运思的传统哲学从根本上来说就是要寻求某种立足点:它旨在立足于某个地方,而不是发展和改变,更不是否定性的发展和改变。被立足的地方必须是肯定的,否则就无法立足。如果是这样,那么以下的情形几乎就是不可避免的了,即,无论哲学表现出怎样的活力和怎样的运动,哪怕是所谓的辩证运动,它也总是会在某处面临某样东西而暴露其不动的和无力的本质,这就是现实。对此,阿多诺的表述是,"哲学只是解释了世界,它在现实面前的顺从使它本身成为了残废"③。从字面上来看,这个表述似乎是接着马克思《关于费尔巴哈的提纲》的最后一条往下说的。马克思在那里所强调的改变世界的品格是哲学

---

① Theodor W. Adorno, *Negative Dialectics*, Translated by E. B. Ashton, New York: Continuum, 1973, p. 8.
② Ibid., p. xix.
③ Ibid., p. 3.

确切地说传统哲学所丧失的东西,这种丧失使得它顺从于作为现实的世界并不可避免地沦为无法做出改变的残废。哲学在以某种形式上的肯定的辩证法为自己争得一席之地的同时,失去了自己应当拥有的推动与创造的活力,这些失去的东西在否定的辩证法那里,即在马克思所说的"作为推动原则和创造原则的否定性"①那里。当哲学顺从地立足于某一个地方时,它是作为一个残废而立足于那里的,而作为残废的哲学当然不可能去改变这个世界。只要辩证法还在寻求立足点,那么这样的情形就不会改变。

所以,唯一的办法是放弃对于立足点的迷恋,这同时就是从同一性的哲学转向非同一性的哲学,即阿多诺说的,"辩证法是对非同一性的坚定意识。它并不首先采取一个立足点"②。立足点,作为首先的和同一的东西,同时也就是第一性的或者说基础性的东西。这就意味着,肯定的辩证法实际上从一开始就将某种第一性的东西当作基础设定在那里,以后所发生的辩证运动无非是从这个基础上发展出来并又返回到这个基础,这在黑格尔意义上的那个起点就是终点的圆圈中表现得尤为明显。然而在阿多诺看来,这个基础并不预先存在,而是在发展的过程中才被发展起来的,这样,它的第一性就被取消掉了,阿多诺由此提出了"对基础概念的批判以及对实质性思维的第一性的批判"③。这样的批判恢复了前面所说的非概念的、个体的、特殊的东西在哲学中的应有地位。根据阿多诺的否定的辩证法,正

---

① 《马克思恩格斯全集》第三卷,北京:人民出版社,2002年,第320页。
② Theodor W. Adorno, *Negative Dialectics*, Translated by E. B. Ashton, New York: Continuum, 1973, p.5.
③ Ibid., p. xix.

是这些东西的非同一性使它们保持了活力,这个活力也是对交换社会的批判所需要的活力。

三、社会成为命运般的东西

在交换社会之中,就人们总不是为着自身而是为着其他的东西存在而言,即总是为着交换而言,他们必须依赖于这个源源不断地提供交换机会的社会并企图通过了解它来了解自身。但是,这个企图必定落空,因为这个以异己的方式维系他们的社会,非但不是他们所能了解的,反倒对他们构成威胁并带来恐惧。阿多诺说:"那些被束缚于社会化的社会之轭中的人们……不断地感到被维系他们的东西所威胁。他们感到威胁但却总是不能以特定的实例来把这种来自社会总体的威胁具体化。"[1]在这里,维系和威胁这两个表述勾勒了社会的异化性质,而且,这种异化不是部分的而是总体的。在这个意义上,作为总体的社会对于人而言宛如命运一般:既每时每刻归属于它,又一丝一毫不了解它。作为结果,人恐惧而无助地面对社会,就如同他恐惧而无助地面对命运。对此,阿多诺坦言:"……有一种恐惧得到了加强,即,人们被移交给各种各样匿名的权力与进程,他们对它们缺少直观,因而不了解它们,这样他们就以一种加倍无助的方式来面对它们。"[2]这当然是令人难以忍受的,人们竭力寻求某种帮助,即帮助他们克服忧惧。

---

[1] Theodor W. Adorno, *The Jargon of Authenticity*, Translated by Knut Tarnowski and Frederic Will, Evanston: Northwestern University Press, 1973, pp. 34–35.

[2] Theodor W. Adorno, *Vermischte Schriften II*, in *Gesammelte Schriften*, Band 20.2, Herausgegeben von Rolf Tiedemann, Frankfurt am Main: Suhrkamp, 2003, S. 678.

而阿多诺发现,他们的确找到了,并且是通过一种值得注意的方式找到的,这就是星相学。阿多诺是在20世纪50年代初再次访问美国并关注《洛杉矶时报》星相学专栏时获得这一发现的。他在他的这一关注所形成的题为《坠地的星星》的长文中写道:"对于整个专栏而言,存在着一种抚慰人心的暗示:它看起来不停地向读者重新保证'一切都会好起来',通过确立对诸事裨益的某种巫术式信心来克服他的忧惧。"①阿多诺在这里所针对的当然不仅是心理现象,而且更是社会现象,确切地说,是社会现象所涉及的非理性的因素。事实上,这篇长文的第一句话就是,"这组研究所涵盖的是对于《洛杉矶时报》星相学专栏的内容分析,它所设定的目的是调查一些更为广泛的社会现象的本质和动机,这些社会现象以一种特殊的方式牵涉到了非理性的因素——融合了可被称为是伪理性的东西"②。这句话明白无误地表露了阿多诺的旨趣。当社会以看似合乎理性而实则乃是巫术的方式运作时,个人也只能相应地以巫术的方式来寻求对于忧惧的摆脱。唯其如此,这里充斥着,如阿多诺所述,非理性的和伪理性的东西。

星相学并不是什么新的东西,无论在过去还是在现在都引起着一些人的兴趣。但是,在这个时代,如果由此去考察更为广泛的社会现象的本质和动机,就像阿多诺做的那样,那么我们也许就会发现更多的东西,因为天空中那些无法改变而只能解释的星星仿佛正写照着同样无法改变而只能解释的社会。而无法

---

① Theodor W. Adorno, *The Stars Down to Earth and Other Essays on the Irrational in Culture*, Edited by Stephen Crook, London and New York: Routledge, 1994, p. 55.

② Ibid., p. 34.

改变而只能解释的东西是什么呢？命运。然而，如果说只能解释而无法改变，那么这样的解释就仅仅是揣度。人们同样也通过面相和颅相来揣度个体的命运，就像黑格尔在《精神现象学》中所嘲弄和批判的面相和颅相对人的本性的非理性决定作用。不过，较之面相学和颅相学更多地指向个体而言，这一非理性传统中的星相学更多地牵涉到了社会这个公共的空间。可能也正是由于这一点，非理性倾向在星相学中隐蔽得更深了，与此同时，它所要揣度或者臆断的东西也更深了。所以，在阿多诺的分析中，星相学中的非理性并不是一个突显出来的主题，毋宁说它已经成为了某种隐蔽在背景中的东西——无论我们处理何种主题，背景是无法摆脱的，而且正是背景使得主题以及我们对之的相关处理成为可能。对此，阿多诺是这样说的，"非理性毋宁说被保持在背景之中，决定着整个进路的基础：各种各样的预测和相应的建议乃是来自于星星，这被当作一种必然结果"[1]。天上的星星与面孔或者颅骨比起来，当然更不私人一些，所以它们似乎更像是客观的、公共的事实，这些事实按照某种机械法则而运动。这很容易把人们引向这样一个推论，即这些客观的、公共的事实循着机械法则的运动所产生的结果是必然的。

然而，这里面有某些东西被混淆了，阿多诺分析了这种混淆，"一方面，存在着由天文学所研究的星星及其法则……另一方面，存在着人的经验生活……星相学的'神秘'，换句话讲，说明其大众吁求的非理性的因素，随便讲也是唯一的因素，乃是把

---

[1] Theodor W. Adorno, *The Stars Down to Earth and Other Essays on the Irrational in Culture*, Edited by Stephen Crook, London and New York: Routledge, 1994, p. 41.

这两种'不相关'的领域彼此联系起来的方法"①。星相师们看起来并不违背天文学的法则,他们小心谨慎地使他们的陈述严格地符合由这些法则所指向和测算的运动,但问题是,他们把这些法则与人的经验生活混淆了起来,确切地说,使得后者通过某种方式被归结到了前者。这种混淆或者说归结之所以能够占据一种不被怀疑的地位,乃是因为在这个时代,事实是一个普遍不被怀疑的东西,而如前所述,星星及其运动法则恰恰就是事实。在这一点上,阿多诺说得更为彻底,"对上帝的崇拜已经被对事实的崇拜所取代,就如同星相学的命运实存物,星星本身被看作是事实、事物,它们由机械法则所规定"②。上帝的作为父亲的权威妨碍事实本身的呈现,于是对事实的追求使得这个时代的人们废弃了上帝,仿佛这样一来,一种独断的、非理性的倾向就得到了扭转,而民主的、理性的倾向就得到了伸张;然而,当事实如阿多诺所说成为另一种被崇拜的东西时,这样的想法就成为了迷梦。

随着上帝的废弃,星相学不得不承认自然处于无人格的状态之中,从而表现为一种自然主义,而另一方面,它又无力在这个自然中导致任何真正的运动即发展和改变,所以它又总是试图要超越到这个自然之外。这样,它的非理性倾向终于暴露了,阿多诺说:"根源上的非理性不仅被保持遥远的距离,而且也被当作是没有人格的和与物肖似的:存在着一种可被称为是自然主义的超自然主义的东西的潜在哲学。这种假想性超越根源的

---

① Theodor W. Adorno, *The Stars Down to Earth and Other Essays on the Irrational in Culture*, Edited by Stephen Crook, London and New York: Routledge, 1994, p. 118.
② Ibid., p. 116.

'去人格化的'无情方面与星相学所解读出的潜在威胁有很大关系。"①这番话无疑刻画了星相学的非理性倾向在这个时代的隐蔽性。其实在星相学这件事上,上帝的废弃对于阿多诺来说可能还意味着他一直争辩的一个主题,这就是,对于父权制的超越并不能当然地导致一种理性的或者解放的状态,因为这种超越有可能马上就又陷入以星相学为象征的一种新的非理性的泥淖中。

在没有上帝而只有事实的时代,事实是陌生和异己的。从这个角度出发,我们可以再次得出那个判断,即人们面对社会上的事实与面对天上的星星并没有什么根本的不同。社会就像天上的星星一样,决定着人们的命运。也许有人会争辩说,我们今天总比以往的时代更为自由,对此,阿多诺说:"纵观历史上有组织的社会,大多数人在某种意义上是依赖性的,而且这种依赖性在某些阶段可能比今天还要严重……不管今天个人是否在许多方面比他们从前'更为自由'……说明下面这一点就足够了,即,工作和休闲之间的传统二分趋向于变得越来越少,而社会控制的'休闲活动'越来越接管个人的空余时间。"②这就把问题挑明了:在今天,关键的不在于你的自由是多了还是少了,而在于你的自由和不自由已经无从分辨了,它们都被社会全面接管了。于是,星相学成为了一个看似最合乎时宜的选项。被事实所包围的人们希望有尊严地活下去,于是他们就去看星星,毕竟遥远的星星看似是社会所无法左右的。这就如同阿多诺所说的,"由于社会系统是大多数个人的独立于其意志和利益之外的'命

---

① Theodor W. Adorno, *The Stars Down to Earth and Other Essays on the Irrational in Culture*, Edited by Stephen Crook, London and New York: Routledge, 1994, p. 42.

② Ibid., pp. 113 - 114.

运',所以它被投射到星星之上,以便得到一种更高程度的尊严和正当理由,而个人希望自己能够分享这种尊严和正当理由。与此同时,那种认为只要星星得到人们的正确解读就能提供某种建议的想法,减轻了观星者自己所创造的对社会进程的冷酷的相同恐惧"[1]。通过星星来分享社会生活的尊严和正当理由,这当然是荒谬的。然而,荒谬正是对于人来说像命运那样存在着的交换社会的现状。

第二节 逃脱交换社会的可能途径

既然如此,那么我们不禁要问这样一个问题:有无可能以及如何可能从交换社会中逃脱出来?在这个问题上,阿多诺的态度似乎是双重的。一方面他认为交换社会的控制密不透风,所以他陈述道,"因此,'社会'从更强的意义上来说,代表着某一种不遗漏任何东西的缠结"[2]。这一点我们实际上已经在前面做了充分的讨论,因为它所刻画的就是那种无所不在的社会中介。当然,在这一点上,阿多诺偶尔也会有一些不那么彻底的陈述,比如,"而人类于其中可以过一种不依赖于这社会机制的生活的区域变得越来越小了"[3]。我们也许会据此而认为,逃脱交

---

[1] Theodor W. Adorno, *The Stars Down to Earth and Other Essays on the Irrational in Culture*, Edited by Stephen Crook, London and New York: Routledge, 1994, p. 42.

[2] Theodor W. Adorno, *Introduction to Sociology*, Edited by Christoph Gödde, Translated by Edmund Jephcott, Cambridge: Polity Press, 2000, p. 30.

[3] Theodor W. Adorno, Max Horkheimer and Eugen Kogon, "Die verwaltete Welt oder: Die Krisis des Individuums", in Max. Horheimer, *Gesammelte Schriften*, Vol. 13: *Nachgelassene Schriften 1949 – 1972*, Herausgegeben von Gunzelin Schmid Noerr, Frankfurt am Main: S. Fischer, 1989, S. 124.

换社会的可能尽管越来越小,但不是完全没有。不过,阿多诺的考虑也许并不在这里,他更多地考虑的是对社会的社会性反对,这同他的辩证法直接相关。阿多诺将这个考虑表述为一个短语"社会的社会性反题(the social antithesis of society / die gesellschaftliche Antithesis zur Gesellschaft)"之中,并将可以充当这个反题的东西指认为艺术,他说,"艺术乃是社会的社会性反题"[①]。也就是说,另一方面,阿多诺认为对交换社会的逃脱是可能的,并且,这种由艺术而来的逃脱恰恰是社会性的。我们记得,马克思在《〈政治经济学批判〉序言》中表示,人类社会的史前时期是以资产阶级社会而告终的[②]。如果是这样的话,那么对于阿多诺来说,逃脱交换社会意味着人类社会的真正历史的开始。所不同的是,对资本主义交换社会的现实有着更多了解的阿多诺以艺术来表达他的理论诉求。在这个进路上,阿多诺的否定的辩证法所做的规定的否定(determinate negativity / bestimmte Negation)某种程度上作为方法得到了贯彻。

一、艺术成为社会的社会性反题

那么,在何种意义上,艺术是社会的社会性反题?对于艺术和社会的关系,就社会出现在艺术作品中而言,我们通常会将其指认为是程度不同的共谋或者批判。但是,在阿多诺看来,情况是复杂的。这种复杂不是指共谋或批判的指认过于简单,而是指社会在艺术作品中的"出现"不那么简单。阿多诺说:"社会不仅以意识形态的方式,而且也以论辩真理的形式'出现'在艺术

[①] Theodor W. Adorno, *Aesthetic Theory*, Translated by Robert Hullot-Kentor, London and New York: Continuum, 2002, p. 8.
[②] 参看《马克思恩格斯选集》第二卷,北京:人民出版社,1995年,第33页。

作品中,这易于导致历史哲学的神秘化。思辨很容易成为这样一种想法的牺牲品,即认为在社会和艺术作品之间有一种被世界精神预先设定的和谐。但是,理论必定不屈从于这种关系。"[1]这样的出现之所以受到质疑,很大程度上在于艺术作品并不是社会得以出现于其中的载体——艺术作品之为艺术作品本身就是一个社会过程,不管它承载什么甚至不管它是不是载体。脱离这个过程来讨论社会和艺术作品及其出现关系,就会造成它所涉及的内在方面的抽象化或者神秘化,而社会和艺术作品的关系就会成为一种被某种外在于它们的力量所安排的东西,就像阿多诺这里说的预先设定的和谐。可是,如果不是出现,那么是什么关系?阿多诺之所以拒绝莱布尼茨单子论中的预先设定的和谐,恐怕是因为他看到它将不可避免地导致同一性意义上的总体。不过,单子的无窗特性就完全不同了——就这种特性刻画了单子的互不影响而言,它正向我们提示了一种彼此之间的不可还原以及不可交换的状态。所以,阿多诺从这种无窗特性入手来阐述社会与艺术作品的关系。

阿多诺说:"发生在艺术作品之中并在艺术作品中陷入停顿的过程,将被构想为是艺术作品所嵌入其中的那相同社会过程;根据莱布尼茨的公式,艺术作品无窗地描绘了这个过程。一件艺术作品的诸要素遵照内在法则而取得它们的作为一个整体的配置,这些内在法则与外在于这件艺术作品的社会法则有关。社会生产力以及生产关系作为被剥夺其真实性的单纯形式而返回到艺术作品中,这是因为艺术的劳动是社会劳动;而且,它们

---

[1] Theodor W. Adorno, *Aesthetic Theory*, Translated by Robert Hullot-Kentor, London and New York: Continuum, 2002, p.236.

总是这种劳动的产品。在艺术作品中,生产的力量本身并没有不同于社会生产力,除非它们在构成上缺席于现实社会。艺术作品中所做或所生产的东西几乎无不在社会生产中拥有其模式,尽管是隐而不见地拥有。艺术作品的超越它们内在性权限的结合力起源于这种亲和力。"[1]在这里,艺术作品的过程之所以与社会过程相同,不是由于来自外部的和谐安排,而是由于出自内部的相同法则。因此,根本不需要操心社会是否以及如何出现在艺术作品中,而只需要让每一件艺术作品的要素都遵照内在法则,我们就能触及社会的社会性反题。在这个反题中,一方面,艺术作品拥有社会所拥有的一切,另一方面,这一切又都是被剥夺其真实性的;一方面,从无窗特性来看,艺术作品是一种不受社会影响因而对于社会来讲不在场的东西,另一方面,从相同法则来看,艺术作品又由于分享社会中的模式而超越了它们的内在性权限。简而言之,艺术作品既是社会所不是的自身,又是自身所不是的社会。

怎么理解这一点?恐怕还是要通过阿多诺的辩证法。他说:"作为无窗的单子的艺术作品'表现'它们自身所不是的东西,这几乎难以理解,除非是因为它们自己的动力,它们的作为一种自然和对自然的支配的辩证法的内在历史性,不仅与外在于它们的辩证法有着相同的本质,而且与它相像却不模仿它。审美的生产力与有用劳动的生产力是相同的,并且有着相同的目的论;而可以被称作审美生产关系的东西——生产力嵌于其中并于其中保持活跃的一切东西——是社会生产关系的沉淀或

---

[1] Theodor W. Adorno, *Aesthetic Theory*, Translated by Robert Hullot-Kentor, London and New York: Continuum, 2002, p. 236.

印记。"①艺术作品的动力即源自辩证法的内在历史性使得它们无法被彻底地物化,尽管它们从形式上来看仍然是物并因此作为外在的事实存在于社会之中;就前一个方面而言,艺术作品是自主的,就后一个方面而言,即就其与社会发生关系而言,艺术作品又是异质的。当然,不管就哪个方面而言,艺术本身的自主性是更为基本的,因为如阿多诺所说,作为社会生产关系的沉淀的审美生产关系使得生产力于其中保持活跃。所以,阿多诺紧接着就说:"艺术的双重特性,即既是自主性的又是社会事实,乃是在其自主性的层面上不断得到再现的。"②包含于这一双重特性中的张力,使得艺术作品在最是自身的地方最不是自身,并在最不是社会的地方是社会——前者指社会事实,后者指自主性的。对此,我们也可以结合《美学理论》英译者罗伯特·赫洛特-肯特尔在译者导言中所概括的阿多诺的几个主题来加以考虑,"因此,阿多诺自始至终反复重申这样一些主题:艺术作品是单子,它是社会性的小宇宙,社会在它最远离社会的艺术作品中最强烈地活跃着"③。在这里,就我们讨论的社会而言,更为要紧的不在于艺术作品是作为社会性小宇宙的单子,而在于艺术作品使社会远离社会来保持社会的活跃。

如果是这样的话,那么对于"艺术乃是社会的社会性反题"这个命题,更为要紧的不是从艺术作品方面出发的理解,而是从社会方面出发的理解,或者说,从艺术作品方面出发的理解也已经是社会的了。之所以如此是因为,艺术作品是作为社会的东

---

① Theodor W. Adorno, *Aesthetic Theory*, Translated by Robert Hullot-Kentor, London and New York: Continuum, 2002, p. 5.
② Ibid.
③ Ibid., p. xvii.

西来与社会发生关系的,即阿多诺说的,"艺术作品能够占用它们的异质性的要素,即它们与社会的缠绕,乃是因为它们本身总是同时就是社会性的东西"①。但是,如前所述,它们之为社会性的东西,乃是因为它们远离社会。事实上,在阿多诺那里,这种远离同时也是一种反对。如果结合我们所讨论的对交换社会的逃脱,就会发现,要逃脱交换社会,就要确立起反对社会的东西,而这种反对就在艺术作品中。就此而言,艺术作品不是作为涂尔干意义上的社会事实而具有它的社会方面,恰恰相反,这个社会方面是它要逃脱的东西。因此,较之艺术的体现着辩证法的生产方式而言,它对社会的反对是更为重要的,而它也正由此而变成社会性的。对此,阿多诺说:"如果,在某一方面,作为社会性精神劳动的产品的艺术总暗中地是社会事实,那么在变成资产阶级艺术的时候,它的社会方面就显而易见了。资产阶级艺术的对象是作为人工制品的它自身与经验社会的关系;《堂·吉诃德》站在这个发展的起点。然而,艺术之所以是社会性的,不仅是因为它的生产方式,即生产力和生产关系的辩证法集中于其上的生产方式,也不只是因为它的主题材料的社会来源。更为重要的是,艺术凭借它对社会的反对而变成社会性的,并且,它只是作为自主性艺术才占据这个位置。"②这里以及前面的论述在某种程度上都意味着,在阿多诺那里,艺术提示了逃脱交换社会的可能途径,而且,这恐怕也是社会性的社会的可能途径。

---

① Theodor W. Adorno, *Aesthetic Theory*, Translated by Robert Hullot-Kentor, London and New York: Continuum, 2002, p. 238.
② Ibid., p. 225.

二、作为方法的规定的否定

接下来,我们要讨论的是逃脱交换社会的方法。阿多诺虽然并不愿意在方法的意义上考虑他的否定的辩证法,但是我们仍然能从中特别是从规定的否定中发现一种方法的运用。阿多诺在《否定的辩证法》的一开始就明确表示,他既要反对辩证法的肯定性,又要坚持它的规定性,他说:"本书试图使辩证法从这些肯定的品质中摆脱出来,而又不减少它的规定性。"①或许,我们已经在"社会的社会性反题"中看到了这种工作,即对社会的肯定的品质的反对既不是抽象的也不是绝对的,换言之,既不从空虚出发也不从理型出发,而是从社会性的这样一个揭示社会活跃程度的规定性出发。这给予我们非常重要的方法上的启示。当然,我们知道,规定的否定是一个出自黑格尔的术语。而阿多诺,还有霍克海默,也正是在指明这一点的同时开始他们的阐述的。他们写道:"这种追求,即'规定的否定'②并不通过抽象概念的统治权来免除诱人的直观,而这正是怀疑主义所做的,对于怀疑主义来说,真和假是同样空虚的。规定的否定不像严格主义所做的那样拒斥绝对、偶像的不完美的表象,严格主义是通过使它们面对它们不能相称的理型来做到这一点的。"③在这里,怀疑主义对于真和假的态度,不仅意味着真和假的判断从直观的领域中被排除出来,而且意味着这样的判断被交付给了抽象概念的统治权。之所以如此是因为,它和它要反对的东西——

---

① Theodor W. Adorno, *Negative Dialectics*, Translated by E. B. Ashton, New York: Continuum, 1973, p. xix.
② *Phänomenologie des Geistes*, p. 65. ——原注
③ Theodor W. Adorno and Max Horkheimer, *Dialectic of Enlightenment*, Translated by John Cumming, London and New York: Verso, 1995, p. 24.

样,试图以一种直接的方式对一切加以归结,所不同的是它归结到空虚。然而,正是由于这种归结,空虚反倒取得了统治权,就像抽象概念一样。这也往往正是非理性主义接下来所难以避免的命运。在严格主义那里,绝对、偶像的不完美的表象与它们所面对的自身的理型是不相称的,这就造成了一种以表象与理型的距离所表现出来的无法克服的断裂,就像我们在康德的道德哲学中所看到的那样。就严格主义的这种诉诸而言,它也在做着与怀疑主义相仿佛的事情,只不过那不是空虚,而是理型——一个看起来与怀疑主义正相对立的东西。在这个意义上,怀疑主义也完全可能成为严格主义的归宿,尤其是在理型被推得更为遥远的时候,比如当前的这个资本主义时代。

在这样的时代,怀疑主义或隐蔽或公然地告诉人们,无须再去为真假善恶而苦心劳形——一切都可被归结到空虚,就像前面所援引的,"如果交换是公平的,那么就什么也没有发生"。既然一切都可被归结到空虚,那么一切都是被允许的。这样一来,在严格主义那里几乎怎样都不行的生活一下子变得怎样都行了。这当然是资本主义社会所支持的,因为公平的交换要求这种怎样都行。从中,我们不难发现实质上的相对主义。事实上,相对主义已经在这个时代到处弥漫了。自由与极权在这样的相对主义中是没有本质的区别的。阿多诺不可能不明白这一点。因此,他一方面将这种诉诸空虚的怀疑主义与相对主义联系起来,"把相对主义当作教义来体现的资产阶级怀疑主义是顽固的"[1]。另一方面他又指出了规定的否定对于它们所起的重要

---

[1] Theodor W. Adorno, *Negative Dialectics*, Translated by E. B. Ashton, New York: Continuum, 1973, p. 37.

作用,"通过批判来干预相对主义乃是规定的否定的范例"①。怀疑主义的顽固从根本上来说也就是资产阶级的顽固:它既不相信这个世界,又不相信它的不相信;因此,它不得不通过不断地扩张来缓解这种不相信。就此而言,它的扩张也就是延迟。换言之,它希望在那个由延迟所最终获得的全体中,由对于不相信的不相信突然转向相信。对此,黑格尔的辩证法可以被看作是一种哲学上的刻画。但是,阿多诺发现了这种辩证法的问题,确切地说,是资本主义的本性的问题,从而突出了规定的否定在辩证法中的意义,比如这里提到的通过批判来干预相对主义。

当然,我们愿意更为完整地援引阿多诺的一段评论来考察他的这个发现,"因此,在辩证法的最深处赢得优势的乃是反辩证法的原则:那种更具算术意味的负负得正的传统逻辑。它是从黑格尔在其他地方别出心裁地加以反对的数学那里借来的。如果全体是咒语,如果它是否定的,那么对——化身于这个全体之中的——特殊性的否定就仍然是否定的。它的正面仅仅是批判、规定的否定;它不是靠着对肯定的幸福把握而来的一个突然变向的结果"②。也就是说,对于否定而言,它的正面不是肯定,而只是规定的否定。可是,如果说"真正的东西是全体"③,那么这个全体似乎就不能是否定的,因为它意味着它的圆满完成的本质——而这正是黑格尔所考虑的。这里的要点在于全体:一旦把全体当作真正的东西,并且由之而出发,那么事情的发展就颠倒过来,即,作为终点的全体成为了起点。作为结果,辩证法

---

① Theodor W. Adorno, *Negative Dialectics*, Translated by E. B. Ashton, New York: Continuum, 1973, p. 37.
② Ibid., pp. 158 – 159.
③ G. W. F. Hegel, *Phenomenology of Spirit*, Translated by A. V. Miller, Oxford: Oxford University Press, 1977, p. 11.

的历程变成了一种有惊无险地向着全体的归顺,这用阿多诺的话来说就是反辩证法的原则赢得了优势。所以,阿多诺要针锋相对地说,"全体是非真的东西"①。而社会就其,如前所述,代表着某一种不遗漏任何东西的缠结而言,正可以被看作是一个总体;而现在,规定的否定在方法上的运用把它揭示为非真的东西。这意味着,社会不可能像巫术那样突然发生转向并从而变成真正的东西,与此同时,看似可兑现为对肯定的幸福把握的交换其实什么也兑现不了。在这个意义上,也可以说,全体是绝对的无,是毫无规定的东西。

进一步地,我们在艺术上看到了规定的否定的方法运用。事实上,艺术之所以能够对逃脱交换社会的可能途径有所提示,很大程度上正是因为规定的否定的贯彻。对此,阿多诺结合他有关精神的思考来加以阐述。他说:"只有作为精神,艺术才是对经验现实的反驳,对既存世界秩序的规定的否定。"②我们知道,阿多诺不止一次地将艺术归结到精神,他的每一次归结都是耐人寻味的;而在这里,精神对于艺术来说意味着从经验现实中解放出来,这种解放不是为艺术寻找一个属于它自己的空间,而毋宁是把这个空间建立在经验现实的反面之上。也就是说,艺术对经验现实的反驳,并不是单纯的个别状态,而是要通过个别状态对既存世界秩序进行规定的否定。相反地,如果它诉诸一种直接的全体意义上的反驳,那么它很大程度上就变成了它所反驳的东西;事实上,它所反驳的东西也引诱它这么做。接下

---

① Theodor W. Adorno, *Minima Moralia*: *Reflections from Damaged Life*, Translated by E. F. N. Jephcott, London: Verso, 1985, p. 50.
② Theodor W. Adorno, *Aesthetic Theory*, Translated by Robert Hullot-Kentor, London and New York: Continuum, 2002, p. 89.

来，如果把规定的否定贯彻到底的话，那么我们也必须考虑精神的真实性。对此，阿多诺说道："然而，通过对精神的真实性的规定的否定，这些艺术作品仍然是关涉精神的：它们并不是伴作精神，而是说，它们动员起来以反对精神的力量乃是精神的无所不在。"①也就是说，当精神的真实性对于艺术作品来说成为规定的否定的对象时，既没有什么东西从艺术中也没有什么东西从精神中解放出来。不过，这也不是精神的自我解放，确切地说，不是黑格尔意义上的精神的自我解放。之所以这么说是因为，精神的无所不在并不意味着它乃是一个全体；相反地，它存在于一件件艺术作品所动员起来的反对力量面前，并在这种反对力量中认出自己。

第三节　对于幸福的形而上学经验

对于交换社会的逃脱同时也就是对于同一性的摆脱，因为万事万物特别是人自身不再在等价性的统治下被还原为没有差别的抽象的量。换言之，质的方面得到了恢复。在质的上面，它们以及他们无法以等价交换的方式彼此替代。事实上，前面谈到的艺术作品已经暗示了这种不可替代性，比如赫洛特-肯特尔在解读阿多诺时就说，"艺术作品毕竟是独一无二的，尤其是，当它们被经验时，它们是从内部被经验的"②。在阿多诺看来，这种不可替代性是同幸福联系在一起的，他说："在普遍的可替代

---

① Theodor W. Adorno, *Aesthetic Theory*, Translated by Robert Hullot-Kentor, London and New York: Continuum, 2002, p. 88.
② Ibid., p. xii.

性中,幸福毫无例外地系于不可替代东西。"①但是,既然艺术是对经验现实的反驳,既然艺术作品是从内部被经验的,那么从阿多诺关于艺术是社会的社会性反题的论断中所得出的就是:对于幸福的经验不是一种经验现实,也不在外部世界。这样的经验被阿多诺考虑为一种形而上学的经验。由此,我们也获得了对于阿多诺所说的"错误的生活"的一个考察视角。阿多诺有一个值得我们注意的判断,即"在错误的生活之中不存在正确的生活"②。如果是这样的话,那么我们应该怎样在这样的错误的生活中生活?阿多诺所诉诸的不是暴力革命,而是来自艺术的救赎。这一点构成了他的社会科学思想的一个独具特色的方面。由于来自艺术的救赎,人们可以过幸福的生活,但是这样的幸福在阿多诺那里是意味深长的。

一、对不可替代的东西的经验

不可替代的东西是独一无二的,这意味着它只在它所在的那个地方,而不在任何别的地方。可是,它究竟是怎样的呢?阿多诺探寻了它的踪迹,他说:"对于孩子来说,不言而喻的是,他最喜爱的村子里的令他快乐的东西只在那里才能找到,只在那里才有而别的地方都没有。他是错误的;但是他的错误创造了经验的模式,一种概念的模式,这种概念将以事物本身的概念而不是以来自事物的贫乏投射而告终。"③我们知道,从交换的角度来说,村子里的任何东西甚至包括村子本身都没有什么与众

---

① Theodor W. Adorno, *Minima Moralia*: *Reflections from Damaged Life*, Translated by E. F. N. Jephcott, London: Verso, 1985, p. 120.
② Ibid., p. 39.
③ Theodor W. Adorno, *Negative Dialectics*, Translated by E. B. Ashton, New York: Continuum, 1973, p. 373.

不同,即它们都可以通过等价交换得到或失去。因此,这种只在那里才有的东西,如阿多诺所说,与一种新的经验模式有关。这样的经验是面向事物本身的。唯有面向事物本身,我们才能从对普遍的东西的窥视中摆脱出来。阿多诺把这样的经验称作形而上学的经验,他说:"什么是形而上学的经验?如果我们不屑把它投射在据称原始的宗教经验上,那么我们最有可能,像普鲁斯特所做的那样,例如在像水獭溪、棉花溪、后悔谷、月亮井之类名字所允诺的幸福中想象它。人们认为,去往那里就会带来圆满,仿佛那里就有这样的事。真的到那里却使这允诺像彩虹那样后退了。然而,人们并不失望;人们毋宁感觉到只是自己太近了,因此而看不到它。风景和决定童年意象的地区之间的差别大概根本不是这么大;对于相同社会阶层的许多孩子来说,普鲁斯特在伊利耶所看到的东西也会在其他地方出现。但是,这种普遍性由以形成的东西,即普鲁斯特的表象的真实之处,乃是人们无须窥视普遍性便在一个地方所着迷的东西。"① 当人们在某一个地方着迷的时候,他们并不把这个地方当作普遍的东西的样本。事实上,他们内在于它之中,而并不把它当作一个可以用普遍的方式来指认的对象,亦即不把它当作外在的对象来加以窥视。在这样的形而上学经验中,那个地方以它的名字对幸福做出允诺,尽管在外在的和普遍的对待中它会后退和消失。换言之,我们无法通过普遍的东西来经验幸福,这就如同阿多诺所说的,"那个否认我们幸福的世界是充满普遍性的世界,是普鲁斯特的经验改造所坚决反对的世界"②。可以说,阿多诺由普鲁斯特

---

① Theodor W. Adorno, *Negative Dialectics*, Translated by E. B. Ashton, New York: Continuum, 1973, p. 373.
② Ibid., p. 374.

的经验改造所阐发出来的形而上学的经验正是幸福的经验模式。

从这样的形而上学的经验出发,我们不难发现,幸福乃是一种我们身在于其中以至于近得看不到它的东西。对此,我们可以在阿多诺一个关于形而上学的讲演中看到明确的阐述,他在那里同样援用了普鲁斯特的那个例子,他说:"当一个人小时候度假并读到或听到像月亮井、后悔谷、火腿井这样的名字时,他会有这样的感觉:只要他在那里,在那个地方,那就是它了。这个'它'——'它'所是的东西——很难说是什么;人们或许也会循着普鲁斯特这里的轨迹说,它是幸福。当人们后来抵达这样的地方时,它根本不在那里,人们没有找到'它'。……人们就在这现象之中,并感觉到,由于完全在它之中,所以他们实际上并不能看到它。……幸福的人离幸福太近了以至于不能够在意识中拥有朝向幸福的立足点。"① 也就是说,如果一个人是幸福的即他在幸福之中,那么幸福对他来说似乎是无比遥远的,因为他甚至无法凭借意识的朝向来估算他与幸福的距离。这意味着,当对幸福的经验被考虑为形而上学的经验时,形而上学的经验并没有把幸福把握在自身之内。事实上,在阿多诺看来,形而上学的经验根本未曾触及到幸福,它们之间的关系是一种外在遥远而内在相合的关系,他用星座这个源自本雅明的术语来说明这一点:"因此我想说,幸福——在形而上学的经验和幸福之间存在着一个极深的星座——是某种内在于对象之中同时又远离于对象的东西。"② 只有在对于幸福的形而上学的经验中,幸福

---

① Theodor W. Adorno, *Metaphysics*: *Concept and Problems*, Edited by Rolf Tiedemann, Translated by Edmund Jephcott, Cambridge: Polity Press, 2000, p. 140.

② Ibid.

才可能是这种内在又远离的东西。这种内在又远离是至关重要的,因为它表明幸福不是某种同一性的东西,亦即它没有在意识活动中被思维所同一。尽管如此,根据规定的否定,这个没有被同一的东西的规定性并没有减少,换言之,内在和远离实际上要以这种方式给出规定。那么,这个规定是什么呢?一个地方。阿多诺说:"只有在一个得到规定的地方,才允许引起对幸福的经验,对不可交换的东西的经验。"[1]而我们也已经在前面所说的月亮井之类的地方看到了这一点,在那里以及在这里,幸福和不可交换的东西都以可以相提并论的方式起作用。

进一步地,除了上面所提到的空间尺度,阿多诺还考虑了幸福的时间尺度。他的这个考虑是从另一个比喻即作为原初庇护的母亲开始的,他说:"对于幸福而言,同样为真的是:人们不是拥有幸福,而是在幸福之中。事实上,幸福不是别的而就是被包含,在母亲中的原始庇护的一种后像。但是,由于这个原因,没有哪个幸福的人能够知道他是幸福的。为了看到幸福,他必须出离于它:就好像他已经生出来那样。说自己是幸福的人是在说谎,并且在对幸福的祈求中违背幸福。唯有这样说的人才是守信的:我曾是幸福的。意识和幸福的唯一关系乃是感激:它的无与伦比的尊严就在于其中。"[2]在这里,以母亲为喻的包含再次道明幸福是从内在的方面来考虑的。不过,我们更重视这里涉及的时间尺度,它表明:只有在过去时中,对于幸福的表达才是妥当的,而在现在时中这样的表达就成为了一件悖谬的事

---

[1] Theodor W. Adorno, *Kulturkritik und Gesellschaft I*, in *Gesammelte Schriften*, Band 10.1, Herausgegeben von Rolf Tiedemann, Frankfurt am Main: Suhrkamp, 2003, p. 305.

[2] Theodor W. Adorno, *Minima Moralia: Reflections from Damaged Life*, Translated by E. F. N. Jephcott, London: Verso, 1985, p. 112.

情。作为结果,或者在幸福中而不知道幸福,或者知道幸福而不在幸福中。不过,这里所说的知道作为一种意识活动也并不是在一般意义上将幸福当作认识对象,而是将幸福当作感激的对象。也就是说,不是在反思中认识幸福,而是在回忆中感激幸福。但是,显然,回忆不会在经验现实的层面上改变我们的生活,换言之,对幸福的心怀感激改变了内在的一切,与此同时任外在的一切继续如其所是。对于幸福的这种理解是阿多诺关于逃脱交换社会的诸多思考中的一个基本特征,也是他社会科学思想中的一个基本特征,接下来我们还会在阿多诺所说的被救赎的世界中看到这一点。

二、如何在错误的生活之中生活

由于这种形而上学的经验,或者说,由于这样的幸福,我们获得了对怎样在错误的生活中生活这个问题的思考进路。这个进路在阿多诺那里通过艺术来加以深入阐发。而之所以需要思考这个问题是因为,我们还在生活着,还要将我们自身交付给这样的错误或者正确。尽管错误是无法改变的,即它不会变成正确的东西,然而在艺术的救赎中,一切如其所是却又完全不同。如果结合前面所说的对经验现实的反驳,那么可以说,这个反驳并不带来取消,而是在这种反驳关系中让全然不同的东西呈现出来,这也正是"对既存世界秩序的规定的否定"的题中之义。所以,阿多诺会说,"在其与经验现实的关系中,艺术作品使人想起这样一种神学现象,即,在被救赎的世界中,一切都如其所是,可是一切又全然有别"[1]。不难发现,这样的现象所透露的更多

---

[1] Theodor W. Adorno, *Aesthetic Theory*, Translated by Robert Hullot-Kentor, London and New York: Continuum, 2002, p. 6.

地是一种否定性的东西。接下来,即便幸福由于救赎而在这样的关系中有所显现,那么它也不能由此而保持一种如其所是的地位,而必须同样向着那些全然有别的东西让出自身,这就如同阿多诺说的,"幸福不是不变的;只有不幸的本质才始终一成不变"[①]。如果我们想在这个问题上获得更多的思考,那么我们也可以追踪到阿多诺的以下判断,即"艺术是永远被打破的对幸福的允诺"[②]。正是由于允诺被打破了,所以幸福并不以一种肯定的方式存在于将来或者别处,毋宁说,它以一种否定的方式存在于现在或者这里,即对当前的资本主义社会的实践进行批判,因为后者正是幸福的妨碍。对此,阿多诺说道:"艺术对幸福的允诺不仅意味着迄今为止的实践妨碍了幸福,而且意味着幸福是超越于实践之上的。实践和幸福之间的深渊由艺术作品中的否定性的力量来度量。"[③]这一点是重要的,即那被度量的东西既不是实践也不是幸福,而是它们之间的深渊;换言之,艺术作品,作为一种否定性的力量,既没有取消实践也没有带来幸福,而是让我们知道并面对那深渊。或者说,我们已经在这深渊之中,艺术作品只是在度量它。有必要说明的是,实践从来不是抽象的人类活动,在今天,它必然是资本主义社会的实践,就像我们已经道明的那样。由此,我们就不难理解实践中的暴力了,"暴力对于实践来说乃是内在的,并且在它的升华之中得到保持,而艺

[①] Theodor W. Adorno, *Negative Dialectics*, Translated by E. B. Ashton, New York: Continuum, 1973, p. 352.

[②] Theodor W. Adorno, *Aesthetic Theory*, Translated by Robert Hullot-Kentor, London and New York: Continuum, 2002, p. 136.

[③] Ibid., p. 12.

术作品,哪怕是最为侵略性的艺术作品,则代表非暴力"①。暴力再次使实践成为艺术的反面,同时也更扩大了它与幸福的深渊。

在阿多诺对实践的进一步追溯中,事情的要点变得更加一目了然了,他说:"实践乃是使物质必然性最小化的诸手段的总和,这样它与快乐、幸福以及这些手段在其中得到升华的自主性是同一个东西。然而这遭到了实践主义的阻碍,它本着社会的精神来拒斥快乐,在社会中,充分就业的理想代替了废除劳动的理想。……实践本身被拜物化了。这违背了它自身的概念……"②这就发生了一个根本性的颠倒,本来是使物质必然性最小化的东西现在却与充分就业纠缠在了一起;这样,它在拒斥劳动的废除的同时,也拒斥了快乐当然还有幸福。作为结果,实践越是得到付诸就越是被拜物化,换句话说,它只在被拜物化中才有获得自身的可能。这是违背自身概念的实践,但事实是,我们就生活在这个违背自身概念的实践之中。如果说实践被归结到了拜物化,那么幸福就总显得有些不合时宜。我们不妨来看一下人在这样的实践中的生活,要是那还可以被称作生活的话。在这个问题上,就经验现实的直观而言,最值得注意的就是人的身体。在阿多诺和霍克海默看来,人的身体一方面作为遭贬低的东西、奴隶化的东西而一再受到讥讽和嘲笑,另一方面又作为被禁止的、物化的和异化的东西而受到渴求。这种对于身体的恨和爱影响到了一切,然而现在,无论恨还是爱似乎都变得不适当了,因为身体变成了尸体。他们这样说道:"身体无法被重新

---

① Theodor W. Adorno, *Aesthetic Theory*, Translated by Robert Hullot-Kentor, London and New York: Continuum, 2002, p. 241.
② Ibid., p. 319.

做成一个高贵的对象：不管它怎样起劲地训练并保持健康，它仍然是尸体。向着死亡的变形只是那把自然转变为材料和质料的永久进程一部分。"①这个永久进程正是在拜物化的实践中展开的，健康的身体从充分就业的角度来说仅仅只是劳动力，它在它所从事的死亡变形中成为尸体，而且，越是健康就越是顺利迅速地成为尸体。

那么，尸体是作为什么而生活的呢？恐怕只能是鬼魂。鬼魂是尸体唯一可能的生活方式，而现代监狱见证了这种生活方式。在阿多诺和霍克海默看来，"绝对的孤独，朝着其全部存在都在于掌握物质和单调劳动的自我的强行转向，便是勾画现代世界中的人的生存的鬼魂。彻底的孤立与彻底的还原，对于始终同样没有希望的虚无来说，乃是同一的。监狱中的人正是资产阶级类型的虚拟形象，他不得不在现实中变成这样的类型"②。监狱是资本主义社会的普遍状态。而对于监狱中的人来说，首先回忆起的是家——如果还能回忆的话，因为家已经成为过去。阿多诺在"无家可归者的庇护所"这个标题下写道，"本来意义上的居住现在不可能了。……现代人想要像一个动物那样贴近大地而眠，……家已经成为了过去"③。无家可归者对于家的回忆意味着对幸福的回忆，其中的意味通过那句诗被道出——"……人诗意地居住……"，这是荷尔德林的诗句，它被海德格尔反复吟诵，把我们带到原初的地方，那是记忆的深处。阿多诺和霍克海默继续将对幸福的回忆往前追溯，我们被带到史

---

① Theodor W. Adorno and Max Horkheimer, *Dialectic of Enlightenment*, Translated by John Cumming, London and New York: Verso, 1995, p. 234.
② Ibid., p. 226.
③ Theodor W. Adorno, *Minima Moralia: Reflections from Damaged Life*, Translated by E. F. N. Jephcott, London: Verso, 1985, p. 38.

前历史,"那时的人们无论遭受什么样的痛苦,都不能够设想一种不怀念那史前历史的图景的幸福:'所以我们怀着沉重的心情继续航行。'①"②人们现在对幸福的设想来自于对史前的回忆,而史前人们所遭受的东西乃是痛苦,他们似乎也在回忆或者说怀念,可是对于他们来说,那史前图景的幸福无非就是他们所遭受的痛苦。在这里,回忆改变了一切,尤其是痛苦和幸福。

史前历史中的人不像我们这样有幸福的回忆可以沉浸,他们在回忆的尽头,他们遭受痛苦,却只能怀着沉重的心情继续航行。在回忆的尽头,幸福消失了。这似乎在告诉我们:回忆的幸福最后是以痛苦告终的。这样的幸福并非是真实的。如果幸福是真实的,那么它必须正视苦难并消除苦难,阿多诺和霍克海默继续通过史前的人们来展开论述,"但是,幸福将真理包括在自身之中。它从本质上来讲是一种结果。它通过苦难的消除来显示自身。因此,不能忍受与食莲者为伴的受苦者是有正当理由的。他反对他们的假象,而他由以反对他们假象的是一个看似相同实则不同的假象:通过历史的劳动来实现乌托邦;而单单徘徊在极乐图景的阴影下则从梦中移除所有力量"③。这里有两种东西,一种是食莲者的极乐图景,另一种是受苦者的乌托邦。尽管极乐图景和乌托邦一样有着不现实的成分,但实际上是很不一样的,即就力量的有无而言是很不一样的。乌托邦证明了受苦者的生存的正当性,因为幸福把真理保存在乌托邦之中了。

---

① *Odyssey* 9.105. ——原注
② Theodor W. Adorno and Max Horkheimer, *Dialectic of Enlightenment*, Translated by John Cumming, London and New York: Verso, 1995, p.64.
③ Ibid., p.63.

无论如何,"在错误的生活之中不存在正确的生活"这个宣告值得反复体味。如果说生活已经是错误的了,那么幸福就不可能是这个生活中可以谋求或有待修复的东西。作为结果,幸福,必然是彻底地反对这个生活。这就如同维特根斯坦曾经给出的一个描述,"幸福者的世界是一个与不幸者的世界不同的世界。/幸福者的世界是一个幸福的世界"[1]。这意味着,幸福与不幸不是一个世界中的两种不同的东西,而根本就是两个世界。那么,如何反对这错误的生活,如何开启幸福的世界?这是一个两难,因为我们只有一个世界。阿多诺的艺术也面临着这个两难,"艺术出离然而又没有出离世界;它所反映的世界仍然是其所是,因为它只是被艺术所反映"[2]。但同时,就像前面所援引的,在由艺术作品而得以呈现的被救赎的世界中,"一切都如其所是,可是一切又全然有别"。

---

[1] Ludwig Wittgenstein, *Notebooks 1914 - 1916*, Edited by G. H. von Wright and G. E. M. Anscombe, Translated by G. E. M. Anscombe, New York and Evanston: Harper & Row, Publishers, 1969, p. 78.

[2] Theodor W. Adorno, *Aesthetic Theory*, Translated by Robert Hullot-Kentor, London and New York: Continuum, 2002, p. 351.

第七章 阿佩尔

如果我们试图从霍克海默或者阿多诺的个别论断出发来勘定阿佩尔作为批判理论家的身份,那么我们也许会有些失望。事实上,阿佩尔本人似乎也不愿意人们这么做。不过,如果我们从他们的问题域出发的话,那么也许会得到不同的结果,因为这个问题域不仅是他们的,而且是时代的。阿佩尔的下面这番话也许道出了对于他们而言的共同的东西,"作为恰好经历了希特勒时代国家灾难的这代人的一员,我也属于这样一些人,他们在那个场合下——即在灾难后醒来——亲身经历了'道德自我意识的毁灭',我可能也就是在这个基础上成为哲学家的"[1]。阿佩尔将这番话归在这样一个标题之下:"回归规范性?——或者我们能从民族灾难中认识到什么独特的东西呢?"这种从灾难出发的对于规范性的寻求,似乎回应了霍克海默的一个想法,即"批判思想所旨在的目标,即社会的合理性状态,乃是由当前的危难强加给科学家的。"[2]社会的合理性状态在霍克海默和阿佩尔那里也许获得了不同的现实形式,但它作为目标的地位并没有改变。就此而言,阿佩尔的身份的模糊恐怕更多地系于他的

---

[1] Karl-Otto Apel, *Diskurs und Verantwortung: das Problem des übergangs zur postkonventionellen Moral*, Frankfurt am Main: Suhrkamp, 1997, S. 371.

[2] Max Horkheimer, *Critical Theory: Selected Essays*, Translated by Matthew J. O'connell and Others, New York: The Continuum Publishing Company, 2002, pp. 216 - 217.

理论的资源的多元化,他一方面使得康德、皮尔士、维特根斯坦、海德格尔等这些看似旨趣不同的人物在他的思想中交织在一起,另一方面在先验哲学、符号学、语用学、解释学等思想中探索自己的方法论路径。他也的确以他的强调语用学的先验符号学为社会科学的方法论做出了重要贡献。他的方法集中体现在他对交往共同体的研究中。当然,建基于合理性之上的规范及伦理学思考始终是他的问题指向。

第一节 主体间性及其与世界的关系

从笛卡尔或者说从康德开始,一切可以被称之为科学的东西逐渐获得了一个可靠的基础,这就是思维或者说意识。之所以说它们是可靠的,是因为只有当它们作为形式化的能力运用和施加到对象上时,对象才可能从晦暗不明和游移不定中摆脱出来,从而成为可认知的。不难发现,这样的认知活动是以主客二元模式为前提的,即主体作为纯粹的思维或意识从事对于客体的认知活动。这样的主体是绝对的主体,也就是说,它本身无法被认知并因而在这个意义上成为客体。这就意味着,它不以任何方式存在于那个可经验或者说可认知的世界中。这就如同维特根斯坦所考虑的那种不属于世界但充当世界限度的主体,他说:"在世界中哪里找得到一个形而上学的主体?你会说,这恰似眼睛和视野的情形。但是你并没有真的看到眼睛。而且,视野之中没有任何东西让你推断出它是被眼睛所看到的。"[①]维特根斯坦所说的这种形而上学的主体是一切可以被经验到的东

---

① Ludwig Wittgenstein, *Tractatus Logico-Philosophicus*, Translated by D. F. Pears and B. F. McGuinness, London: Routledge & Kegan Paul, 1963, p. 117.

西的前提,而它本身是无法被经验到的。就此而言,它是先验的主体。如果是这样的话,那么能够被经验到的他人就无法取得这样的主体的地位。换言之,这样的主体是单独的自我,它单独地认知客体。与之相应的方法论问题就是如何认知客体。尽管说,只有剥离任何经验性的东西的主体才能保证知识的必然性和普遍性从而使其获得成为科学的可能,但是,这样做的代价是科学在其客观性上失去了方法论的支持,更不用说标志科学本身的更新可能的历史性了,而这些恰恰是科学对于自身意义和根据的重要证明。这样一来,对于另外方案的寻求就成为了一桩要务。与其他一些方案不同,阿佩尔并不否定主体的先验地位,而毋宁是从这种地位出发对主体进行重新思考,即把主体考虑为主体间性。与之相应,主体与世界的关系特别是认知关系得到了重新阐发。

一、从"单独一人"的主体性转向主体间性

如果抛开种种来自其他角度的揣测和质疑,那么对于这里所讨论的认知主体或者说科学主体而言的一个核心问题就是,当主体被考虑为先验的时候是否必须在方法论上采取唯我论的立场?换言之,是否先验论的进路必定导致或者伴随方法论的唯我论?这个问题所需要的也许并不是一个简单的回答,不管是肯定的还是否定的,而是对其中所涉及的哲学特别是先验论哲学的重新阐发。阿佩尔就是这么做的。

在阿佩尔那里,方法论的唯我论与其说是一个术语,不如说是一个漫长的传统,确切地说,是他所着重考察的皮尔士符号学之前的一个漫长传统。他说:"前符号学的知识论只能够在主-客体关系的维度中反思知识的问题。这种知识论必定不仅包括

施莱尔马赫和狄尔泰的人文科学理解理论而且包括康德和古典实证主义。既然这样一种理论是建基于对象意识和自我意识的统一和显著之上的,并且其方法论概念是唯我论的,那么它就不能够懂得如下事实,即,作为由记号所中介的知识,统觉认知的主-客体关系总是通过解释性认知的主-客体关系而得到中介的。"[1]方法论的唯我论是与知识论的主-客体关系维度密切相关的。在这样的关系维度中,主体和客体构成了仅有的两极,也就是说,主体所面对的一切只具有客体的地位,而不具有主体的地位。因此,这样的主体或者说自我必定是单独的,而所谓的知识也就是它与对象在意识上的统一。这样的设想在近代以来的知识论中是如此地举足轻重,以至于在阿佩尔看来,从笛卡尔到后来的语言分析哲学,有更多的名字和理论可以被列入方法论的唯我论之中,"在这个语境中,我的论题是,统一科学的客观主义概念可以追溯到一个前提,新实证主义作为一种基于语言分析的进路引人注目地与近代的传统意识哲学共享了这一前提:方法论的唯我论的前提。就像笛卡尔、洛克、罗素甚至胡塞尔一样,新实证主义最终也是从这个前提入手的,即,从原则上来说,'单独一人'便能把某物当作某物来认识并以这样的方式来从事科学"[2]。既然是单独一人,那么就不存在理解和交往的问题,确切地说,不存在主体之间的理解和交往的问题。但是,在阿佩尔看来,这样做与其说是取消不如说是阻碍了这些问题,因为主体之间的理解和交往是先行的,是先验的。

正是在理解和交往的问题上,方法论的唯我论意义上的单

---

[1] Karl-Otto Apel, *Towards a Transformation of Philosophy*, Translated by Glyn Adey and David Fisby, Milwaukee: Marquette University Press, 1998, p. 111.
[2] Ibid., p. 147.

独一人得到了真正的道明。这是因为,这样的单独一人并不意味着泛泛地否认其他人也如同主体般存在着,而是说他们都可以被还原为那个单独一人的对象,都可以被那个单独一人来加以描述和说明。比如,阿佩尔在援引了一个《逻辑哲学论》中关于唯我论的陈述之后评论道,"它并不是否认其他主体的存在,而是否认交往的先验语用学的或者先验解释学的前提。这样的交往是为我的世界以及自我理解而与其他主体所做的。根据在《逻辑哲学论》中所发现的方法论的唯我论的前提,一位科学家原则上必定能够把所有其他科学家——且不说其余存在的人类——还原为他就他们的行为所做'描述'和'说明'的对象"[1]。在这里,其他科学家之类虽然没有被剥夺其作为主体的存在,但是这样的存在仅仅是存在,而并不交往,亦即并不在先验语用学前提或先验解释学前提下进行交往。事实上,这里也从反面对一开始提出的那个问题给出了回答,即,如果先验论的进路不等于作为单独一人的先验主体,那么方法论的唯我论就不是必然与之伴随的东西。而阿佩尔正是在这条进路上考虑了先验语用学和先验解释学。在阿佩尔看来,"自然科学家们不能用彼此对于行为的观察和说明来代替主体间的交往,因为即使是以语言解释(和世界解释有关)的形式达成的含蓄交往也不能被对于语言材料的客观观察和说明来代替"[2]。在这里,主体被考虑为主体间的交往,或者说,刻画主体地位的东西不再是方法论的唯我论意义上的主体性,而是主体间性。

---

[1] Karl-Otto Apel, *Towards a Transformation of Philosophy*, Translated by Glyn Adey and David Fisby, Milwaukee: Marquette University Press, 1998, p. 154.
[2] Ibid., p. 113.

不过,从"单独一人"的主体性到主体间性的转向不是那么简单。之所以这么说是因为,即便不把他人还原为单独一人的描述和说明对象,也存在着另外一种对于交往的误解,即把交往视为不同主体间所发生的信息交换。这种误解在日常生活中也许更为普遍和隐蔽。阿佩尔指出了这一点,他说:"与《逻辑哲学论》的规定相反,这些主体之间的交往并不简单地等于关于情况如何的信息的交换,它主要是试图得到一种先行理解,这种理解涉及人们如何能够解释世界,亦即,人们如何能够评估世界,并就人的需要、兴趣和目标来评价世界。"①这很大程度上是因为,任何关于情况如何的信息只有在一定的条件之下才成为可能,这个条件就是主体先于这样的信息而获得了对于世界的解释和评估。后者是主体之间的交往的真正含义。其实,如果再多思考一步的话,就会发现这种误解的根源仍然是方法论的唯我论,因为尽管主体之间发生着关于情况如何的信息的交换,但是这样的信息是属于对象意识的,所以相应地,这样的信息交换无非仍然旨在对象意识和自我意识的统一,只不过是看似复杂了一些。

接下来的问题是,这种先行理解是以何种方式达成的?或者说,这种先于信息交换而确立起来的对于世界的解释是以何种方式达成的?如果我们考虑到首要的事情不是情况如何而是解释世界,换言之,不是客体的状况而是主体的活动,那么我们就很容易得到对于这个问题的一个回答,这就是约定。也就是说,这种先行的理解和解释是以主体之间的约定或者说常规、习俗达成的。阿佩尔这样说道:"为了根据其可解释性把'语义框

---

① Karl-Otto Apel, *Towards a Transformation of Philosophy*, Translated by Glyn Adey and David Fisby, Milwaukee: Marquette University Press, 1998, p. 99.

架'构造为科学语言,约定是必需的。为了获得观察陈述,约定同样也是必需的,这些观察陈述作为'基本陈述'能够对假设或理论起到证实或证伪的作用。但是,什么是'约定'?"[1]无论就语义框架而言还是就观察陈述而言,约定都只与主体相关而与客体无关,因为约定所给出的不是对客体的解释,而是对客体的解释的规则,而规则是主体的,确切地说,主体间的。可是,这样一来,另一个问题就出现了,即,如果说规则是约定给出的,那么这种约定本身是不是有规则呢? 如果有,那么这样的规则是怎样的? 或者,更为简洁地,就像阿佩尔这里问的,什么是约定?

阿佩尔考虑了逻辑经验主义对于约定的理解,他说:"如果人们阅读逻辑经验主义的作品,那么人们会获得一个确凿无疑的印象,这就是,遵守'约定'被理解为一种绝对非理性的因素,而且这个因素必定先于或者超越一切合理性的话语。'约定'看起来就等于'任意的决定'——类似于这样一种意思,即,根据霍布斯,最高统治者用他意志的权威来解释法律;或者,更远地回溯到唯名论的历史,那时,对于方济各会神学家们来说,上帝意志的'许可'先于所有理性。"[2]在这里,阿佩尔指出了非理性的约定的本质,这就是约定成为某个统治者的任意的决定,不管这个统治者是凡俗的还是神圣的。这样一来,就约定出自某一个人而言,事情又回到了方法论的唯我论。事实上,我们可以设想,如果约定是出自某一个人并且是任意的,那么所有的一切都可以被认为是遵守约定所给出的规则,其最终保证就是这一个

---

[1] Karl-Otto Apel, *Towards a Transformation of Philosophy*, Translated by Glyn Adey and David Fisby, Milwaukee: Marquette University Press, 1998, p. 155.

[2] Ibid., p. 156.

人自己总是可以在任意的这一次遵守规则,而下一次有下一次的规则,换句话说,一个人可以单独并单次地遵守规则。但是这样一来,规则的标准和效度被取消了。结果就是,悖谬地,如果说一切都符合规则,那么同样可以说,一切都违反规则,因为根本不存在符合或者违反规则的标准和效度。

维特根斯坦正是在设想一个人单独并单次遵守规则的情形时指出了这个悖论,他说:"这就是我们的悖论:没有什么行为方式能够由一条规则来决定,因为每一种行为方式都可以被搞得符合于规则。答案是:如果一切都能被搞得符合于规则,那么一切也就都能被搞得与规则相冲突。因而在这里既没有什么符合也没有冲突。"①而阿佩尔也正是从维特根斯坦语言游戏理论中的这个设想来展开他的思考的,"在我看来,任意约定主义的对应物在于'语言游戏'的概念。更准确地说,它在于这个概念在以下这一论题中的应用,即,'一个人单独并单次'不能遵守一条规则。假如这竟然可能的话,亦即假如方法论的唯我论竟然正确的话,那么意义的标准问题或者话语-行为的效度问题就完全不能得到回答了……事实是,'一个人单独并单次'不能遵守一条规则,相反,行动、对世界的解释以及语言的使用必定作为社会生活形式的构成元素而'交织'在语言游戏之中……"②很清楚,约定以及规则是由于它们寓于其中的生活形式或者说语言游戏而取得它们的标准和效度的。就此而言,约定不是非理性的,当然也不是任意的。

---

① Ludwig Wittgenstein, *Philosophical Investigations*, Translated by G. E. M. Anscombe, Oxford: Blackwell Publishers Ltd., 1999, p. 81.
② Karl-Otto Apel, *Towards a Transformation of Philosophy*, Translated by Glyn Adey and David Fisby, Milwaukee: Marquette University Press, 1998, p. 158.

不过,阿佩尔并没有止步于此。每一种特定的语言游戏或者生活形式都有约定所给出的规则,但是根本的规则,即语言协定本身所系于的规则却不是约定给出的,毋宁说,这样的规则反倒是约定由以可能的前提,所以阿佩尔说,"……语言协定本身在每一可能的语言游戏中先天系于的规则不能先由'约定'所确立,相反地,它们使'约定'得以成为可能:比如,社会语境中遵守规则的规范,它隐含着——还有其他一些东西——公平而真实的(诚实的)讨论。在我看来,所有按照约定确立起来的规则的这样一些元规则不属于特定的语言游戏或者生活形式,而是属于无限交往共同体的先验语言游戏"[①]。就特定的语言游戏或生活形式而言,存在于其中的约定在给出规则的同时也进行限制。而元规则,作为比约定所给出的规则更为根本的规则,突破了这种限制。只有这样,交往才真正是无限的,换句话说,才真正是主体间的,而认知也相应地不是单独一人的。之所以这么说是因为——否则的话——某种特定的语言游戏或生活形式就有可能重新取得单独一人意义上的主体的地位,亦即重新回到方法论的唯我论。

二、衔接形式以及认知旨趣

在把知识归结到主体间性之后,还需要考虑另外一件事情,这就是,人们对世界的介入或者说人们与世界的衔接。这样的介入和衔接之前是被忽视的,因为它们所基于的技术、物质、身体等条件,在比如康德哲学中,是不被考虑的,被考虑的只是先

[①] Karl-Otto Apel, *Towards a Transformation of Philosophy*, Translated by Glyn Adey and David Fisby, Milwaukee: Marquette University Press, 1998, pp. 158 – 159.

天的法则。然而事实是,这种衔接甚至在前科学的经验中就已经开始了。对此,阿佩尔以物理学知识为例进行了阐述,"在我看来,比如,物理学问题的意义,并不是仅仅通过求助于意识('范畴')的'统一'(综合)功能就能变得可理解。……这种在每项实验中都得到先天预设的对自然的工具性介入某种程度上详细说明了经由感官而来的活跃的世界衔接,这在前科学的经验中已经得到了预设……"①因此,阿佩尔进而得出结论说,"现代自然科学家们不仅——像康德先前主张的那样——根据思想中的(或者时空图式化的想象力中的)法则般过程的先天大纲接近自然,而且他们还把这种大纲以工具装置的形式(即,可以说是,人工自然)联系到自然本身之上。主要依靠这种在一定程度上把人的问题转化为关于自然的语言的技术介入,自然科学家们才有可能——像康德所说的那样——'迫使自然回答他们的问题'。……例如,'同时性'的意义当然必须这样来加以定义,即把测量'同时性'的技术和物质前提考虑到定义之中去"②。在这里,技术和物质的前提是使物理学中的"同时性"概念或者说关于自然的语言得以成为可能的东西,就此而言,它们乃是知识的可能性的前提。如果是这样的话,那么阿佩尔这里的讨论显然是在康德的路线上继续前进,因为康德的先验哲学的一个重要任务或者说题中之义就是考察知识的可能性的前提。所不同的是,阿佩尔提出的"工具性介入"以及"世界衔接"之类,对康德所做的先验考察进行了扩充。对此,阿佩尔在阐发他的"认知人

---

① Karl-Otto Apel, *Towards a Transformation of Philosophy*, Translated by Glyn Adey and David Fisby, Milwaukee: Marquette University Press, 1998, pp. 46 - 47.

② Ibid., p. 47.

类学"时直言不讳地谈到,"科学概念的假设扩充的基础应该由根据'认知人类学'的传统'认识论'的扩充来提供。我用'认知人类学'来意指一种扩充康德的'知识的可能性的前提'的问题的进路,这种扩充是在以下意义上而言的,即,不仅客观有效、统一世界的概念的前提对于'意识本身'是特定的,而且所有使科学问题得以可能成为有意义的问题的前提也是特定的"①。也就是说,这种扩充使得那些特定的、具体的东西也作为前提性的东西被包含到知识的可能性之中。并且,就它们是知识的可能性的前提而言,它们是先验的。

以上阿佩尔的想法简单来说就是,要使知识得以成为可能,那么人们就必须与世界衔接,而这样的衔接总是特定的、具体的。人们不能对一个纯粹的对象形成知识,而只能对自身与其发生关系的对象形成知识。换句话说,人们在对对象形成知识之前,已经对对象有所理解了,或者说,对象已经是有意义的了。而前面讲的特定的、具体的世界衔接正是同这样的意义构造相关。阿佩尔说:"一种纯粹的对象意识,就其本身来说,不能从世界获得任何意义。为了达成一种意义构造,意识——基本上是'偏心的'——必须同心地衔接;亦即,体现在这里和现在。任何意义构造都回溯到,比如,一种表达某个立场的特殊视角。这再一次意味着就认识意识而言的一种活跃的衔接。然而,非常显著的是,不仅可能意义的各个个人的构造是通过认识意识的活跃衔接而得到中介的,而且任何意义构造的主体间的有效性也是如此。"②在这里,阿佩尔不仅突出了衔接的特定性和具体性,

---

① Karl-Otto Apel, *Towards a Transformation of Philosophy*, Translated by Glyn Adey and David Fisby, Milwaukee: Marquette University Press, 1998, p. 46.
② Ibid., p. 48.

而且突出了由衔接所达成的意义的主体间性。这样一来,发生在比如一个特定个人身上的衔接就不应当被还原为他的心理机能和心理动机。这一点是重要的,因为当我们把衔接与特定的个人联系起来时,往往会去寻找这个个人由以做出这个衔接的主体意图,并进而从他的心理机能和心理动机来考虑这样的主体意图;然而,这样做的结果就是,由于心理动机这样的后天的东西的掺入,衔接在知识前提的意义上不复是先天的了。而在阿佩尔看来,衔接是特殊的,但它不应被关联到特殊的心理动机,而应被关联到特殊的认知旨趣。对此,他这样说道:"我坚持认为,就认知人类学必定把人类的活跃衔接当作是所有知识的一个必然前提而言,它能够并且必定也把知识的更深远前提提升到先天的等级上:我们知识的活跃衔接的类型关联于特殊的认知旨趣。"[①]认知旨趣是先天的。比如,在物理学中,前面所提及的"同时性"这一物理概念有着其在技术和物质方面赖以存在的前提,这样的前提使得"同时性"不再是一个观念性的东西,而是一个操作性的东西,确切地说,可以在操作中验证。换句话说,对操作性验证的依赖刻画了物理学的认知旨趣。而阿佩尔也正是紧接着分析了与现代物理学相关的认知旨趣,"例如,现代物理学的实验衔接先天地关联于技术的认知旨趣。这并不意味着心理学上可验证的技术利用的动机就跻身于自然科学理论形成的可能性和有效性的前提之中。这些动机当然决不是自然科学中主要理论研究的典型主体意图。……这种旨趣在我看来仅仅在于现代物理学问题对已经在原则上被设定的操作性验证

[①] Karl-Otto Apel, *Towards a Transformation of Philosophy*, Translated by Glyn Adey and David Fisby, Milwaukee: Marquette University Press, 1998, p. 49.

的可能性的先行依赖"①。不过，阿佩尔并不意在为物理学贡献自己的思考，他要做的事情是指出这样一点，即，存在着不同的认知旨趣，并且，说明和解释之间的差异或者说自然科学和人文科学之间的关系可以在认识旨趣的层面上来考虑。

事实上，阿佩尔正是通过一系列的论证得出结论说，"在我看来，人类从根本上来说有两种同等重要但并不同一的互补的认知旨趣：1. 一种由对于技术实践而言的必要之物所决定的旨趣，这种必要之物是对自然法则的洞见的基础；2. 一种由对于社会的、道德上相关的实践而言的必要之物所决定的旨趣"②。之所以说这两种旨趣互补，乃是因为如果技术实践和自然法则所寻求的乃是对对象的说明，那么这种说明的对象就不是维特根斯坦在驳斥私人语言时所提及的私人对象，具体地说，不是从事这个说明的这个自然科学家的私人对象，亦即不是只有这个自然科学家自己才知道的东西，而必定是这个自然科学家与其他自然科学家所共同知道的东西。阿佩尔正是从维特根斯坦对私人语言问题的思考出发阐述了这两种旨趣的互补，"自然科学家，作为单独的自我，无法寻求独自说明某样东西③。而且，仅仅为了知道他要说明'什么'，他必须就此与其他人达成某种协定。就像皮尔士所承认的，自然科学家的实验共同体总是表达了一种关于解释的符号学共同体。然而，这种主体间性层面上的协定，恰恰因为它是客观科学的可能性的前提，所以它从来不能被客观科学的程序模式所取代。在这里，我们面对客观说明

---

① Karl-Otto Apel, *Towards a Transformation of Philosophy*, Translated by Glyn Adey and David Fisby, Milwaukee: Marquette University Press, 1998, p. 49.
② Ibid., p. 59.
③ 参看维特根斯坦关于"私人语言"问题的思想实验；*Philosophical Investigations*, 1. SS, 197ff., 199, 243, 256。——原注

性科学的任何纲领的绝对界限。涉及人们意谓什么以及想要什么的语言协定在以上所界定的意义上与客观科学是互补的"[1]。不难发现,阿佩尔这里的阐述,特别是其中提到的主体间性,是与他对方法论的唯我论的批判相一致的。而如果我们还记得在批判方法论的唯我论时谈到的一点,即主体间的交往不等于信息的交换,而在于对世界的先行理解,那么我们就会明白,阿佩尔这里所说的第二种认知旨趣同样不是指向关于社会道德实践的信息的交换,而是指向一种涉及在世之在的先行理解,唯其如此,阿佩尔也把这种旨趣说成是意义理解的旨趣。事实上,他在列出这两种旨趣之后立即就说,"后者指向关于一种有意义的人类之'在世之在'的可能性与规范的协定——已经成为技术实践的前提的协定。这种对于意义的理解的旨趣不仅指向同时代人之间的交往,而且指向活着的一代人依靠传统的中介与过去时代人发生的交往"[2]。这里提到的意义理解的旨趣是意味深长的,因为它暗示着,更为要紧的事情不是把所认知的对象特别是这个对象由以形成的人类意向和动机当作某种客观性的东西来加以说明,而是要理解它们。而理解的要义在于,当意向和动机得到理解时,理解者必定以某种方式来改造自身的意向和动机结构,否则的话,理解就不成其为理解,而仍然是说明。

如果同时也考虑到说明的问题,那么以上第二种旨趣中所涉及到的理解问题集中体现在对历史的认知上,就像阿佩尔说的与过去时代人交往所提示的那样。他这样分析道:"这里我们再次回到'历史说明'问题以及它在解释学和科学学之间显著的

---

[1] Karl-Otto Apel, *Towards a Transformation of Philosophy*, Translated by Glyn Adey and David Fisby, Milwaukee: Marquette University Press, 1998, p. 58.
[2] Ibid., p. 59.

居中位置。……政治史……以某种与自然科学相类似的方法来说明事件;它对那些在可客体化的时间顺序中实际发生的事件进行说明。……我们仍然强调,事件的客观语境作为历史重构的结果乃是经由对参与人的意向的理解得到中介的。"[1]也就是说,当社会科学以类似自然科学的方式来进行认知时,认知对象主要是作为可客体化的东西而得到说明,而如果仅仅是这样,那么对于对象由以形成的参与人的意向的理解被忽视了。但是,恰恰是这样的理解使认知对象得以被重构为某种客观性的东西。而且,这种忽视会造成一个更为严重的后果,这就是,认知者的反思性的自我理解失去了可能,同时失去可能的是认识者自身在意向和动机方面的自我改造。这样一来,问题的出路恐怕只能在于,说明必须凭借某种契机或者中介转化为理解。对此,阿佩尔的考虑是,"……人类能够借助自我反思把心理学的和社会学的'说明'转化为一种深化的自我理解的语言,这种自我理解改造他们的动机结构并因而剥夺'说明'的基础"[2]。不难发现,"说明"的基础的被剥夺无非就是说建立于这个基础上的"说明"发生了转化。这反过来迫使我们重新来看待"说明",或者说,重新来思考它应当如何被建立起来这个问题。阿佩尔思考了这个问题,并在他的思考中用一个专门术语来指认前面提及的说明和理解之间的中介,他说:"在这里,社会科学的'说明'必须这样来得到建立(公布!),即,它们不是把对于无知者的控制权授予那些有知者,而是向所有人传达一个挑战,这就是,借助评估过程把可作因果性说明的行为模式改造

---

[1] Karl-Otto Apel, *Towards a Transformation of Philosophy*, Translated by Glyn Adey and David Fisby, Milwaukee: Marquette University Press, 1998, p. 69.
[2] Ibid., p. 71.

为可理解的行动。'理解'和'说明'之间的这种辩证中介的专门术语被称作'意识形态批判'。"①不过,就理解和说明之间的转化中介来说,意识形态批判这个术语并不是阿佩尔唯一的选择,至少就前面的论述而言,我们已经看到了自我反思对于这种转化的重要意义。而阿佩尔也正是在这里所说的科学学、解释学和意识形态批判这三个术语之外,从另外的角度阐发了旨趣的问题。

我们看到,在"鉴于人类认知旨趣的社会科学类型"的标题下,他把"主导知识旨趣"当作一个基本上可以和"认知旨趣"相互换的术语②,并提出了三种基本的主导知识旨趣,即,"(a)控制客体化环境世界的旨趣;(b)交往理解的旨趣;(c)批判性解放的自我反思"③。如果我们看一下阿佩尔接下来对它们所做的解释,那么很容易发现它们与前面所讨论的认知旨趣之间的对应关系。他说:"第一种知识旨趣可以在与技术实践相关的意义上被称作是实践的——从广义上讲。……第二种知识旨趣可以在接近亚里士多德术语'实践'的意义上被称作是实践的,因为就它的起源来说,它并不在比如说近代哲学的抽象意义上局限于意义理解,而是包含与他人在人类相互作用中'达成协定'的旨趣。"④简单来说,就是技术实践和道德实践的旨趣,或者说,

---

① Karl-Otto Apel, *Towards a Transformation of Philosophy*, Translated by Glyn Adey and David Fisby, Milwaukee: Marquette University Press, 1998, p. 72.
② 参见 Karl-Otto Apel, *Selected Essays*, Volume 2: *Ethics and the Theory of Rationality*, Edited and Introduced by Eduardo Mendieta, New Jersey: Humanities Press, 1996, p. 103。
③ Karl-Otto Apel, *Selected Essays*, Volume 2: *Ethics and the Theory of Rationality*, Edited and Introduced by Eduardo Mendieta, New Jersey: Humanities Press, 1996, p. 105。
④ Ibid., pp. 105 - 106.

是说明和理解的旨趣，就像前面分析的那样。不过，阿佩尔更在意的可能还是第三种旨趣，因为它把前两种旨趣纳入到人类本性的变化和演进这件更为根本的事情之中。就此而言，这里的第三种知识旨趣同样起到了一种辩证中介的作用，其契机也同样被阿佩尔表述为自我反思。他是这样表述的，"第三种主导知识旨趣可以在与改变人类准本性的进化实践或者说革命实践相关的意义上被称作是实践的。这样的人类准本性，不管是个人的还是社会的，乃是启蒙过程的结果，亦即借助批判的自我反思克服内在限制或强制的结果"[①]。就阿佩尔反复强调的与实践的关联而言，认识或者说知识总是旨在指向某种实践，而人类的准本性就是在这样的实践中生成的。但是，这样的实践本身又需要不断地加以批判性的反思，因为否则的话它们会反过来成为一种桎梏，一种人类自己加给自己的桎梏，即阿佩尔说的内在限制和强制。而当自我反思成为对它们的克服时，它就被妥当地认为是批判地解放的。

第二节　建基于先验语用学之上的对话伦理学

康德在《纯粹理性批判》的导言中说过这么一句意味深长的话，"但是尽管我们所有的认知都是从经验开始的，却并不意味着我们所有的认知都是由经验引起的"[②]。不可否认，我们的认识中总是充斥着经验，但是使得认识成为认识的并不是经验，而

---

① Karl-Otto Apel, *Selected Essays*, *Volume 2*: *Ethics and the Theory of Rationality*, Edited and Introduced by Eduardo Mendieta, New Jersey: Humanities Press, 1996, p. 106.

② Immanuel Kant, *Critique of Pure Reason*, Translated by Werner S. Pluhar, Indianapolis: Hackett Publishing Company, Inc., 1996, p. 44.

是先于经验的东西。和康德一样,阿佩尔明确地把经验的东西剥离出去。认知旨趣就是这种剥离的结果,因为认知旨趣并不是由经验引起的。而阿佩尔进一步从先验语用学出发对它进行了规定,他说:"事实上,我把认知旨趣的问题群看作是包含知识人类学在内的(语言的)'先验语用学'的一个主题。"①我们很容易在阿佩尔经常援引的维特根斯坦和皮尔士那里看到语用学的这种先验地位,亦即,在从事任何其他活动特别是认识活动之前,我们就已经处于我们由以获得语言使用的语言游戏之中,或者,我们就已经处于我们获得意义解释的交往共同体之中了。因此,阿佩尔在讨论前面提及的科学学和解释学的互补时,把他更为重视的交往共同体视作前提性的东西,他说:"最后,所提出的关于科学学的和解释学的科学互补的断言乃是从这样一个事实出发的,即,交往共同体的存在是主-客体维度中的所有知识的前提,以及,这种交往共同体本身的功能——作为对世界中的材料进行客观描述和说明的主体间的元维度——能够并且必须成为科学知识的一个主题。"②在这里,交往共同体就知识而言是前提性的,而就自身而言则是主体间的。换句话说,主体间性就是在交往共同体中呈现出来的。如果是这样的话,我们作为主体间性意义上的主体就是在交往共同体中获得这一身份的。而就交往共同体对于知识的前提地位而言,我们的这一身份与经验无关,亦即,我们作为主体是先验的,"从原则上来讲,这看起来的确是可能的,即把一种先验的功能归于我们自身……我

---

① Karl-Otto Apel, *Selected Essays*, Volume 2: *Ethics and the Theory of Rationality*, Edited and Introduced by Eduardo Mendieta, New Jersey: Humanities Press, 1996, p. 104.
② Karl-Otto Apel, *Towards a Transformation of Philosophy*, Translated by Glyn Adey and David Fisby, Milwaukee: Marquette University Press, 1998, p. 60.

们首先不是扮演一个心理学或社会学意义上的经验相关的角色;我们毋宁是接管一个迫使我们可以说是负责知识或思想的先验主体的角色"①。经验方面的剥离和先验主体的确立,使得伦理学从基于个人经验之上的相对主义中摆脱出来从而获得普遍的基础。这个基础是重要的,因为在阿佩尔看来,"一方面,对一种普遍伦理学的需要,亦即对一种对于作为整体的人类社会有约束力的伦理学的需要,从来没有像现在——一个以科学的技术后果所产生的全球统一文明为其特征的时代——这样紧迫"②。而他正是从他的交往共同体的先天性出发对伦理学的基础进行了思考。

一、交往共同体与语用学问题

尽管对普遍伦理学的需要如此紧迫,但是,阿佩尔坦陈:"另一方面,为普遍伦理学进行合理性奠基的哲学任务却似乎从未像它在科学的时代这样困难。这是因为在我们的时代,主体间有效性的观念也是被科学预断的,亦即是被规范上中立的或价值无涉的'客观性'的科学学观念所预断的。"③如果说主体间的有效性被指认一种与价值无关的客观的东西,那么这无疑意味着它没有必要也没有可能遵守任何道德规范,或者说,它没有必要也没有可能使自身合理性地建立在一种普遍伦理学的基础上。这一点似乎即便在承认科学家不是作为单独的自我而是作

---

① Karl-Otto Apel, *Selected Essays*, Volume 1: *Towards a Transcendental Semiotics*, Edited and Introduced by Eduardo Mendieta, New Jersey: Humanities Press, 1994, p. 116.
② Karl-Otto Apel, *Towards a Transformation of Philosophy*, Translated by Glyn Adey and David Fisby, Milwaukee: Marquette University Press, 1998, p. 226.
③ Ibid.

为实验共同体或者符号学共同体的成员去从事科学认识活动时也不会改变,因为人们很容易设想,科学家们在这样的共同体中仅仅就客观的东西进行合理性的论辩,并且仅仅如此就可以不言而喻地廓清主体间有效性的全部范围。这看起来当然不涉及道德的问题。但是,阿佩尔恰恰挑战了这种通常的看法,他明确地说:"……合理性论辩不仅在一切科学中而且也在一切问题讨论中被预设为前提,但它本身却是把普遍伦理规范的有效性预设为前提的。"①这听起来有些令人费解。在人们看来,比如,当科学家们就某个科学问题进行论辩和对话时,他们之间怎么会需要跟这个问题的客观性无关的道德规范呢?对此,阿佩尔举例分析道,"例如,说谎显然会使得参与论辩的人们的对话成为不可能。但是,对批判地理解论辩或者解释和辩护论辩的拒绝,也会使得这样的对话成为不可能。简单来说,在论辩共同体中,被预设为前提的乃是,所有成员互相承认在讨论中彼此都是有平等权利的参与者。"②在这里,平等权利的承认揭示了容易被人们忽视的论辩共同体的伦理学前提。事实上,在阿佩尔看来,科学总是以伦理学为前提的,因为科学家总是这样的共同体的成员。换句话说,阿佩尔在伦理学上追溯到了经验科学的先验前提,他说:"……价值中立的、经验分析的科学之所以把伦理学预设为前提,并不是简单地因为它们在规范逻辑的意义上把理智的运作预设为前提。它们这么做是因为,科学的这些独白式运作把交往共同体中关于意义的对话式协定以及关于有效性的对话式辩护预设为前提。简而言之,规范科学逻辑(科

---

① Karl-Otto Apel, *Towards a Transformation of Philosophy*, Translated by Glyn Adey and David Frisby, Milwaukee: Marquette University Press, 1998, p. 257.
② Ibid., p. 259.

学学)把规范解释学同时把规范伦理学预设为前提,……"①这一点是意义重大的,因为前提的先验意味我们在前面已经有所提及,而阿佩尔在这里进一步把这样的前提的规范性归结到伦理学的规范性。而就规范性总是交往共同体的规范性而言,阿佩尔的交往共同体理论成为了他的伦理学思想的切入点。

事实上,当我们一开始讨论主体间性问题的时候,就已经涉及了阿佩尔有关交往共同体的理论。可以说,这个理论对于阿佩尔哲学来说既是方法也是实质,它贯穿于对诸多问题的分析之中,或者更确切地说,它使得对诸多问题的分析得以可能。就此而言,它是前提性的东西,而阿佩尔也正是把交往共同体的存在指认为是所有知识的前提,就像我们前面所援引的那样。那么,交往共同体何以具有这样的前提地位,或者说用阿佩尔自己的话说,具有先天地位? 我们曾经提到,主体之间的交往主要是试图得到一种先行的理解,这样的理解既关系到人们如何解释世界也关系到他们如何改造自身。这种先行理解回答了上面的问题,即交往共同体的先天性的问题。接下来,这样的理解是怎么发生的? 当然是藉着语言,准确地讲,是藉着语言的使用和意义的解释,亦即符号与符号使用者之间的关系。这使得它成为了一桩语用学的事情。交往共同体的先天性可以由先验语用学或者说以语用学为基本进路的先验符号学来加以阐明。关于语用学,阿佩尔这样说道:"语用学处理记号和它们的使用者即人之间的关系。在现代语言分析和科学哲学中,它的标志是皮尔士所鼓舞的美国实用主义符号学的出发点,其主要兴趣在于语

---

① Karl-Otto Apel, *Towards a Transformation of Philosophy*, Translated by Glyn Adey and David Fisby, Milwaukee: Marquette University Press, 1998, p. 260.

言、知识和科学在人类生活实践语境中的功能。"[1]由于前面所说的先行理解,我们当然不会把这里讲的语言的功能当作是工具意义上的语言使用,毋宁说,它更多地是一种具有先验哲学意味的先天规范或者说先天机制。当然,与康德的先验哲学不同,它是从语言确切地说语用学上来讲的,或者用阿佩尔的话来说,"我们现在可以看到,第一哲学的第三种范式——先验符号学的范式……它把思想或者认识的先验主体的位置整合为先验交往共同体。因而,关于意识的先验哲学变成了关于语言的先验语用学"[2]。这番话也再次强调了交往共同体与语用学的内在关联。

出于对交往共同体的这种先验语用学的思考,阿佩尔竭力通过区分语言的工具使用与语言的规范机制来进行阐述,"人类活动由交往——亦即主要由语言的使用——而来的协调并不像社会学家们常常宣称的那样是一个借助语言工具所达成的相互引导的案例。毋宁说,它通常是被话语-行为的有效性要求的规范性'约束力'机制所中介的,这种机制使得加强语意之言语行为的用言语表现结果的建议对于受众来说成为'可接受的'。由语言使用而来的隐含一致信息的这种正常功能是一个说话者所不得不预设亦即提出的,哪怕是在那样一些情形中,即他并不真正地依赖这种机制,而毋宁是依赖由语言的隐蔽策略性使用——比如说由修辞手段——所导致的直接的用言语表现结果

---

[1] Karl-Otto Apel, *Towards a Transformation of Philosophy*, Translated by Glyn Adey and David Fisby, Milwaukee: Marquette University Press, 1998, p. 94.
[2] Karl-Otto Apel, *From a Transcendental-Semiotic Point of View*, Edited by Marianna Papastephanou, Manchester and New York: Manchester University Press, 1998, pp. 52 – 53.

的效果"①。也就是说,如果我们从语言使用的角度来考虑语用学,那么有必要考虑到语言使用在两个层次上的运作,一个当作工具,另一个是形成机制。对于阿佩尔来说,后者更为重要,因为它是语言的工具性使用得以成为可能的规范。无论说话者是不是直接涉及到这样的机制,他总是已经以这样的机制为全部言语行为的前提了。进一步地,由于这种有着规范性约束力的机制的作为前提的存在,我们在对语言做工具性或者刚刚提及的隐蔽策略性使用之前就必定已经获得了对于语言的理解和解释。这样一来,当我们考察诸如政治谈判或者经济交换这样的人类交往问题时,就不会停留在隐蔽策略性交往的层次上了,对此,阿佩尔分析道:"原则上当然有可能思考一种彻底开放的亦即言辞明确的策略性交往的形式,比如说在政治谈判的层面上或者说在供给者经济交换的层面上。在这个案例中,相互作用的交往主体并没有采取语言的隐蔽策略性(亦即直接用言语表现结果的)使用,而是完全依赖于语言的习惯共享意义。"②对于语言的意义解释和意义理解的重视使得阿佩尔在语用学上更接近皮尔士的而不是维特根斯坦的进路,尽管后者也一直是他的重要思想资源。阿佩尔曾明确表示,"在我看来,皮尔士的'语用学准则'这一点构成了一种意义解释的规范性先验语用学对一种维特根斯坦式语言使用的语用学的差异性和优越性……"③

---

① Karl-Otto Apel, *Selected Essays*, Volume 2: *Ethics and the Theory of Rationality*, Edited and Introduced by Eduardo Mendieta, New Jersey: Humanities Press, 1996, p. 325.
② Ibid., p. 327.
③ Karl-Otto Apel, *Selected Essays*, Volume 1: *Towards a Transcendental Semiotics*, Edited and Introduced by Eduardo Mendieta, New Jersey: Humanities Press, 1994, pp. 150-151.

阿佩尔甚至认为,皮尔士的语用学准则从根本上来说跟语言使用没有什么关系,因为这个准则只是对意义进行规范性的阐明,也就是他所说的,"然而,皮尔士合并到其研究逻辑中的意义解释的'语用学准则'并不关注语言使用的语言学概括,而毋宁是关注交往情境中符号意义的规范性阐明"[①]。如果我们由此再回过头来考虑阿佩尔意义上的语用学共同体,那么可以说,这个共同体主要不是由语言使用而是由意义的解释和理解构建起来的,它也被阿佩尔表述为解释共同体。因此,简单来说,意义的解释和理解刻画了交往共同体的基本特征。

与此同时,需要指出的另外一点是,在阿佩尔那里,语用学上的意义解释和理解不仅构成了皮尔士与维特根斯坦的区分,而且指认了皮尔士对康德先验哲学的改造,亦即用超个体的无限的实验共同体或者说解释共同体来改造康德哲学的先验主体。他说:"换句话说,皮尔士对于康德先验逻辑的改造的'最高点'就是'研究者的无限定共同体'这一'最终意见'。在这一点上,人们或许可以发现两样东西的汇聚,一样是超个体的解释统一的符号学假设,另一样是从长远来看关于经验验证的探究逻辑的假设。这种统一的准先验主体便是无限定实验共同体,它等同于无限定解释共同体。"[②]不过,这样一来,我们也很容易看出由此牵涉到的另外一个问题,即与皮尔士所说的无限定共同体形成对照的有限定生命。这个问题是阿佩尔在汲取皮尔士的共同体思想并从而阐发自己的交往共同体理论时所必须考虑的。对于这个问题,我们无法想象阿佩尔会从私人或者个人的

---

① Karl-Otto Apel, *Towards a Transformation of Philosophy*, Translated by Glyn Adey and David Fisby, Milwaukee: Marquette University Press, 1998, p. 106.
② Ibid., pp. 87–88.

层面上来加以考虑,因为在他那里,如前所述,交往共同体是先天的。因此,阿佩尔的策略是,通过引入现实共同体和理想共同体的区别和关联来考虑这个问题。他这样分析道:"任何参与论辩的人都自动预设了两样东西:首先是现实交往共同体,论辩参与者自身已经通过社会化过程而成为其成员了,其次是理想交往共同体,它基本上能够充分理解论辩参与者的论辩的意义并能以明确的方式判断这些论辩的真理性。"①换句话说,生命的有限定性意味着任何人亦即这里所说的论辩参与者都无法摆脱某个特定的或者说现实的社会而存在,而就社会化很大程度上由交往所刻画而言,他也因此在他的社会化过程中成为相应现实的交往共同体的成员。但问题是,论辩,或者确切地说,论辩所涉及到的意义及其理解和解释的问题并不是论辩本身所能处理的,更不用说论辩的真理性问题了。这个任务被交付给了理想交往共同体。如果是这样的话,现实交往共同体的可能性正是可以被归结到理想交往共同体。事实上,阿佩尔紧接着就说:"然而,关于这个情境,值得注意并具辩证意味的是,在现实共同体中,理想共同体是被预设甚至是被反事实地预期的,亦即作为现实社会的现实可能性被预设和预期,尽管参与论辩的人知道(在大多数情况下)现实共同体,包括他自己,远不与理想共同体相似。"②一方面是被预设,另一方面又是不相似。不过,这其实并不是一件费解的事情,因为一旦我们想到阿佩尔的先验语用学,就会清楚地看出这里的意思无非就是,理想共同体作为现实共同体的前提为后者给出了规范。进一步地,要是我们想

---

① Karl-Otto Apel, *Towards a Transformation of Philosophy*, Translated by Glyn Adey and David Fisby, Milwaukee: Marquette University Press, 1998, p. 280.
② Ibid., pp. 280 - 281.

到在阿佩尔那里伦理学主要是当作规范性的问题来考虑的,那么就不难理解阿佩尔后来对现实共同体和理想共同体说的这样一番话了,"我相信,可以为每个人从就一切哲学论辩而言的这种(含蓄)要求中导出长期道德行为策略的两个基本规约原则。第一,在一切行为和过失中,要紧的是要确保作为现实交往共同体的人类的存活。第二,要紧的是要在现实交往共同体中实现理想交往共同体。第一个目标是第二个目标的必要条件;第二个目标为第一个目标提供了它的意义——业已随着每次论辩而得到预期的意义"①。言下之意,现实交往共同体需要确保存活,但这个确保存活的现实交往共同体不是别的而就是理想交往共同体的实现——就后者为前者的存活提供意义而言,而意义的提供正是由于规范才得以成为可能。可以说,在规范的层面上,交往共同体、语用学和伦理学是相通的。

二、对话伦理学的原则以及应用

当然,这种相通还需要加以进一步的阐发,至少对于这种与交往共同体以及语用学相通的伦理学,有必要加以进一步的界定。这样的伦理学被阿佩尔界定为对话伦理学。这个界定是我们一直讨论的阿佩尔的先验语用学所必然得出的东西,他说:"……我们已经通过先验语用学的反思为伦理学的最终基础打开了一扇门。因为藉着克服现代思维主体哲学的方法或先验的唯我论,我们已经揭示了主体间性的先验维度,这个维度与此同时也是对话伦理学的基础维度。……我们必定总是已经预设了

---

① Karl-Otto Apel, *Towards a Transformation of Philosophy*, Translated by Glyn Adey and David Fisby, Milwaukee: Marquette University Press, 1998, p. 282.

对话伙伴的存在和合作。"①对于交往共同体来说,先验唯我论的克服和对话伙伴的存在是一件事情的两个方面,后者道明了交往的基本形式——对话。这一点也是语用学的考察所能得出的东西。事实上,阿佩尔有的时候就直接把交往共同体表述为对话共同体,而对话伙伴之间的合作必然蕴含了充当其前提的伦理规范。阿佩尔这样陈述道:"……另外还有一种作为自我和世界理解之媒介的语言的存在以及一种作为对话共同体的交往共同体的存在。而且,既然论辩预设了思想的共同主体的无限制合作,那么很清楚它也预设了基本的伦理规范。"②如果我们还记得前面在讨论论辩共同体时所提到的说谎问题,那么就不难理解这里所说的伦理规范了。很简单,说谎使得对话成为不可能,因为说谎背离了在对话中被预设为前提的伦理规范。当然,仅仅说谎问题的分析是不会令我们完全满意的,因为一旦伦理规范作为一个标题被提出来,我们很自然要追问这个标题的内容亦即对话伦理学的原则。因此,相比较而言,阿佩尔在说谎问题之后说的关于参与者互相承认在讨论中彼此权利平等的那句话可能更为重要,因为它刻画了对话伦理学的基本原则。我们看到,阿佩尔在一次讲演中把对话伦理学的基本原则明确归结为两条,"……下面的规范性原则(或者说对话伦理学的基本规范)必定总是已经得到承认了:1. 所有可能的对话伙伴都必须承认彼此有同等的权利凭借论辩来陈述他们的旨趣。2. 所有可能的对话伙伴都应该承担通过论辩性对话来识别和解决问

---

① Karl-Otto Apel, *The Response of Discourse Ethics: to the Moral Challenge of the Human Situation as Such and Especially Today*, Leuven: Peeters, 2001, p. 46.
② Ibid., p. 47.

题的同等的共同责任"①。第一条原则并不难理解,它的意思是说对话伙伴所拥有的权利彼此之间是同等的,这一点几乎也是我们可以从传统伦理学那里发现的东西。相比较而言,第二条就不那么容易理解了,因为在这里,与传统的伦理学不同,对话伙伴所承担的不是各自的责任,而是共同的责任,并且,正是这样的共同责任被阿佩尔指认为同等的。惟是之故,阿佩尔紧接着就对第二条原则做出了进一步的说明,"这第二条原则通常是被哲学反思所忽视的,因为在传统伦理学中,责任等同于个人对具体职责所负的义务。但是这种义务已经把一种社会上共同负责的职责属性预设为前提了……"②也就是说,当一个人承担某个责任时,他不是作为单独一人在承担这个责任,而是在与他人承担他们的共同责任,或者说,正是这样的共同责任才使得那种指向具体职责的责任成为可能。不难发现,这其中所透露的仍然是先验语用学的思考。

在原则或者说规范被确立起来之后,另一个问题就随之而来了,这就是应用的问题,具体而言,对话伦理学如何应用到现实世界以及具体情境中去。在一次访谈中,阿佩尔正是被问及了这样的问题,"一旦你创立了这些先验规范或者说规约观念、元规范或者说规范性原则,你是怎么达到那些必然应用于具体情境中的具体规范的?"③对此,阿佩尔的回答是,"这一步是如此之困难,以至于我只能表明,它如何应该在一个并不存在的世

---

① Karl-Otto Apel, *The Response of Discourse Ethics: to the Moral Challenge of the Human Situation as Such and Especially Today*, Leuven: Peeters, 2001, p. 48.
② Ibid.
③ Karl-Otto Apel and others, *What Right does Ethics Have?: Public Philosophy in a Pluralistic Culture*, Edited by Sander Griffioen, Amsterdam: VU University Press, 1990, p. 19.

界中。因为,在我们的世界中,有着成千上万的障碍阻挠我们采取这个从最终基础向实践对话的下一步。情况就是如此,哪怕我们每天在媒体上有着几百几千某种意义上已经声称如此的对话。这些对话至少在形成风格上仿佛是所有这些人都承认对话伦理学"①。毋庸置疑,应用问题是一个无法回避的问题,尽管它困难重重。那么,从何入手呢? 在阿佩尔那里,他反复强调的责任是接近这个问题的一种方案。事实上,对话伦理学也被他表述为责任伦理学。他说:"……讨论对话伦理学应用到现实世界中去的问题,这意味着:讨论作为一种责任伦理学的对话伦理学的结构,或者我们可以确切地说,讨论作为一种历史相关的共同责任伦理学的对话伦理学的结构。"②对于对话伦理学来说,无论是其历史相关的方面还是其共同责任的方面都指向现实的东西,换言之,它依赖后者而不仅仅是加诸后者。这样一来,我们就无法从传统伦理学的框架来考虑对话伦理学的基础与应用之间关系的问题,阿佩尔也坦陈,"我认为,对话伦理学中的这个问题不同于传统类型的伦理学尤其是康德伦理学中的这个问题。这个不同,就像你们可能预料的那样,是由如下事实所构成的:为了道德问题的解决方案,亦即为了具体的、实质的、情境相关的道德规范的基础,对话伦理学理想地假定了(受其影响或者对其拥护的人的)现实对话"③。既然那些对人产生影响或者受人拥护的现实对话被对话伦理学假定为是理所当然的事

---

① Karl-Otto Apel and others, *What Right does Ethics Have?*: *Public Philosophy in a Pluralistic Culture*, Edited by Sander Griffioen, Amsterdam: VU University Press, 1990, p. 19.
② Karl-Otto Apel, *The Response of Discourse Ethics*: *to the Moral Challenge of the Human Situation as Such and Especially Today*, Leuven: Peeters, 2001, p. 77.
③ Ibid.

情,那么它们就不可以被简单对待。这些现实对话与具体情境密切相关,而后者不是诸如康德伦理学所提供的善良意志能完全应付的,因为善良意志并不告诉人们他们在具体情境中应该做什么。换言之,为了解决道德问题,必须有什么东西被补充进来以应付具体的、实质的情境,这对于对话伦理学来说甚至是一个基础性的任务。对此,阿佩尔说道:"对话伦理学的理想要求的一种补充是需要的,因为有着善良意志的人在那些情境中需要知道他们应该做什么。提供一条补充原则的任务甚至是对话伦理学的最终基础之一;因为正如我们已经知道的,道德问题能够由以得到解决的所有可能的对话伙伴对对话伦理学的应用所负有的共同责任,亦即真正的实践对话的确立(实现),属于对话伦理学的基本规范。"[①]那么,这个补充原则是什么呢?对于这个问题,阿佩尔用他的对话伦理学中所区分的 A 部分和 B 部分来加以回答。

阿佩尔提问并作答道:"那么,对话伦理学的理想应用的一种补充所需要的原则会是什么呢?为了对这个问题给出一个回答,我过去曾经引入对话伦理学的 A 部分和 B 部分之间的一种区分。此区别的一个标准可以由两类可能的互动伙伴之间的理想型区分来提供:有一些人,人们可以以论辩而无须策略性保留来与他们交往,还有一些人,人们不可以以这样的方式与他们交往……"[②]显然,这里的不同在于策略性保留。我们前面曾经援引过阿佩尔在分析政治谈判和供给者经济交换时所提到的策略性交往,并且了解到,这种策略性交往不是语言的隐蔽策略性

[①] Karl-Otto Apel, *The Response of Discourse Ethics: to the Moral Challenge of the Human Situation as Such and Especially Today*, Leuven: Peeters, 2001, p. 91.
[②] Ibid., p. 92.

使用即直接用言语表现结果,而是依赖于语言的习惯共享意义。同样地,这里的策略性保留也应该如此看待。另外,如果我们考虑到有政治和经济这样的社会子系统需要应付,那么就不难理解对话伦理学的 B 部分为何要包含策略性保留了。当然,这在阿佩尔那里还需要一步步地展开。阿佩尔表示,"补充原则显然只属于对话伦理学的 B 部分,在那里,就对话没有策略性保留就不可能而言,理想交往共同体的条件并没有被给出。……作为对这类情境的回应,补充原则显然首先必须提供一种不仅符合风险责任的要求而且使其满意的手段。我的一位合作者为这种手段提出了术语'策略性-对策性'措施。(这些也许是话语的策略性使用例如威胁或说谎这样的公开和隐蔽的方式,而且也是例如自卫或正义战争中的杀戮这样的暴力措施。……)"[1]尽管阿佩尔认为策略性-对策性措施这个术语在某些方面还不够充分和完整,但是我们已经很容易从中看到传统的特别是义务论伦理学所忽视或者说回避的东西,这些东西在对话伦理学中是非常重要的组成部分。并且正是因为有了这些东西,对话伦理学才避免了从历史情境中抽象出来从而在应用问题上陷入窘境的命运。但质疑也随之而来,这就是,对应用条件的强调是不是意味着对话伦理学的原则被抛弃了?对此,阿佩尔的辩解是,"……就实践对话的理想义务论规范在 B 部分情境中无法应用而言,策略性-对策性措施——实际上——只是其道德上必然的和不幸的替代物。……对话伦理学的 B 部分并没有放弃或违反对话伦理学的原则,就像许多人怀疑的那样。在 B 部分,有一点只是变得比在 A 部分更加清楚了,这就是,对话伦理学在

---

[1] Karl-Otto Apel, *The Response of Discourse Ethics: to the Moral Challenge of the Human Situation as Such and Especially Today*, Leuven: Peeters, 2001, p. 92.

其应用性条件上并不是一种从其历史情境性中抽象出来的纯粹义务论类型的伦理学,恰恰相反,它是一种历史相关之责任或者毋宁说共同责任的伦理学……"[1]这里的重点仍然是责任,尽管策略性-对策性措施只能充当替代物,但唯有它才能应付责任或者说共同责任的问题,因为后者总是有着关联于历史和情境的种种条件。

所以,接下来,如果沿着这条进路继续前行,那么对话伦理学必然要走向各种更为具体的担责方式或者说应用方式。这就是阿佩尔紧接着表示的,"现在,从对话伦理学 B 部分这个有利位置出发,引入对话伦理学应用的进一步具体化就变得可能和必要了。它涉及对话伦理学 B 部分和例如实在法、政治和经济这样的社会机构或子系统的功能制约之间的关系"[2]。社会机构和子系统无疑更贴近从历史中发展出来的生活世界,因为现实的交往活动正是通过它们而发生并得到有效规范和制约的。随后,阿佩尔对对话伦理学和政治的、法律的以及市场经济的系统制约之间的关系进行了分析。他的这些分析使他看起来更像是一个社会科学的理论家,但是一旦考虑到他一直关注的责任问题,那么可以说,他只不过是希望那些在社会科学的标题下讨论的东西能够始终围绕共同责任而展开,而这恐怕就是规范性的回归。交往共同体从先天性的方面指向规范性,而社会子系统则从策略性的方面指向规范性。这样的双重指向是复杂的和困难的,不过至少它们在建基于先验语用学之上的对话伦理学中已经变得可表达和可考虑了。

---

[1] Karl-Otto Apel, *The Response of Discourse Ethics: to the Moral Challenge of the Human Situation as Such and Especially Today*, Leuven: Peeters, 2001, p. 94.
[2] Ibid.

结　语

　　无论如何，关于社会科学的争论没有结束。事实上，争论的目的也不是要以一种或几种结论而告终，而是探讨由以看待事情本来是怎样以及可能是怎样的视角。所以，无论是实用主义还是批判理论，或者说这本书里讨论的七个尽管可以被归结到这两种思潮中但其实具有各自鲜明特点的人物，都没有给出一个终极的方案。

　　不过，一个比任何方案都更加重要的方向得到了勾勒。这就是，那些代表人类对根本问题进行思考的理论家们的工作发生了一个转向——从哲学转向社会科学。这种转向其实是问题本身的转向，亦即人们越来越意识到，如果说哲学意味着对某种超越性的东西的思考，那么我们置身于其中的世界就是这种超越性的东西的结果，而后者正是社会科学要讨论的东西——我们知道，从皮尔士开始的那些实用主义者们就对结果、效果之类的东西抱有浓厚的兴趣。

　　今天，我们比以往任何一个时代都深陷于这个世界之中。为什么会这样？不要简单地回答说这个世界由于技术的原因拥有了空前强大的物质诱惑力。这是因为，对于人类而言，再大的物质诱惑力也有它的精神因素，如果不是说有它的精神基础的话。这就如同康德不无俏皮地谈到的，"……最后，我或许可以很容易确信，如果我处在一座无人居住的岛上，没有希望在某个时候再次遇到人类,并且我通过我单纯的愿望就能变戏法似的弄出一幢这样的华丽大厦,那么我甚至不会为此费这样的力,倘若我已经有了一间对我来说足够舒服的茅舍的话"①。在这里,华丽与其说见证了物质的方面,不如说超越了物质的方面,它同人与人之间精神上的交往有关。事实上,为了诸如华丽这样的跟精神有关的东西,人们有时候宁愿放弃身体上的舒适,比如阿多诺在分析日光浴时就说,为了那漂亮黝黑的皮肤,人们宁愿忍受烈日下的不适。② 相仿佛地,我们深陷于这个世界中无非是说我们总是置身于种种类似日光浴的情形之中。但是,这样的情形并不是强加给我们的东西,而是我们通过自己的行动产生的结果——杜威的以有机体与环境之间关系为基本模式的经验理论对此做出过阐发。如果是这样的话,那么对于我们置身于其中的种种情形,接受就并不是我们唯一的选择,恰恰相反,我们能够并且应该选择批判。批判理论家也许会被人质疑遗忘了马克思在《〈黑格尔法哲学批判〉导言》中说的那句话"批判的武器当然不能代替武器的批判,物质力量只能用物质力量来摧毁"③,可是如果我们考虑到前面提及的物质力量的精神因素和基础的话,那么就会发现他们的批判恰恰把握到了与之密切相关的人类交往活动,这在阿佩尔那里得到了详细考察。

可是,我们真的明白了问题的转向了吗? 如果我们还不了解由以接近这种转向的方法,那么就不能对这个问题给出肯定

---

① Immanuel Kant, *Kritik der Urteilskraft*, Herausgegeben von Karl Vorländer, Hamburg: Felix Meiner Verlag, 1993, S. 41.
② 参见 Theodor W. Adorno, *Critical Models: Interventions and Catchwords*, Translated by Henry W. Pickford, New York: Columbia University Press, 1998, p. 170。
③ 《马克思恩格斯选集》第一卷,北京:人民出版社,1995 年,第 9 页。

的回答。甚至可以说,转向就是转向的方法。就此而言,我们毋宁把本书所考察的两种思潮的学术贡献解读为方法论上的。无论是实用主义还是批判理论,它们都自觉地完成了方法论上的改造。唯其如此,它们可以把它们的考察对象或者说问题领域扩展到对每个人来说更为具体和切己的社会现象,而后者也就是在社会科学的标题下得到研究的东西。

本书的工作很大程度上是试图把握这种转向和方法的线索,无论有没有成功,这种把握已经开启了一项在接下来无疑更为艰巨的工作。另外,有必要说明的是,本书的部分文字已经先期在某些公开场合得到宣读或者发表,在此也对相关学术机构表示感谢。

参考文献

外文部分

Adorno, Theodor W., "Sociology and Psychology (Part I)", Translated by Irving Wohlfarth, in *New Left* I/46 (1967).

——*Negative Dialectics*, Translated by E. B. Ashton, New York: Continuum, 1973.

——*The Jargon of Authenticity*, Translated by Knut Tarnowski and Frederic Will, Evanston: Northwestern University Press, 1973.

——"Sociology and Empirical Research", in Theodor W. Adorno et al., *The Positivist Dispute in German Sociology*, London: Heinemann, 1976.

——*Introduction to Sociology*, Edited by Christoph Gödde, Translated by Edmund Jephcott, Cambridge: Polity Press, 2000.

——*Minima Moralia: Reflections from Damaged Life*, Translated by E. F. N. Jephcott, London: Verso, 1985.

——*Hegel: Three Studies*, Translated by Shierry Weber Nicholsen, Cambridge: The MIT Press, 1993.

——*The Stars Down to Earth and Other Essays on the Irrational in Culture*, Edited by Stephen Crook, London and New York: Routledge, 1994.

——*Critical Models: Interventions and Catchwords*, Translated by Henry W. Pickford, New York: Columbia University Press, 1998.

——*Metaphysics: Concept and Problems*, Edited by Rolf Tiedemann, Translated by Edmund Jephcott, Cambridge: Polity Press, 2000.

——*Aesthetic Theory*, Translated by Robert Hullot-Kentor, London and

New York: Continuum, 2002.

——Ästhetische Theorie, in Gesammelte Schriften: Band 7, Herausgegeben von Rolf Tiedemann, Frankfurt am Main: Suhrkamp Verlag, 2003.

——Kulturkritik und Gesellschaft I, in Gesammelte Schriften, Band 10.1, Herausgegeben von Rolf Tiedemann, Frankfurt am Main: Suhrkamp, 2003.

——Vermischte Schriften II, in Gesammelte Schriften, Band 20.2, Herausgegeben von Rolf Tiedemann, Frankfurt am Main: Suhrkamp, 2003.

——History and Freedom: Lectures 1964 - 1965, Edited by Rolf Tiedemann, Translated by Rodney Livingstone, Cambridge: Polity Press, 2006.

Adorno, Theodor W. and Horkheimer, Max, Dialectic of Enlightenment, Translated by John Cumming, London and New York: Verso, 1995.

——Dialektik der Aufklärung: Philosophische Fragmente, in Theodor W. Adorno, Gesammelte Schriften: Band 3, Herausgegeben von Rolf Tiedemann, Frankfurt am Main: Suhrkamp Verlag, 2003.

Apel, Karl-Otto, Selected Essays, Volume 1: Towards a Transcendental Semiotics, Edited and Introduced by Eduardo Mendieta, New Jersey: Humanities Press, 1994.

——Selected Essays, Volume 2: Ethics and the Theory of Rationality, Edited and Introduced by Eduardo Mendieta, New Jersey: Humanities Press, 1996.

——Diskurs und Verantwortung: das Problem des Übergangs zur postkonventionellen Moral, Frankfurt am Main: Suhrkamp, 1997.

——Towards a Transformation of Philosophy, Translated by Glyn Adey and David Fisby, Milwaukee: Marquette University Press, 1998.

——From a Transcendental-Semiotic Point of View, Edited by Marianna Papastephanou, Manchester and New York: Manchester University Press, 1998.

——The Response of Discourse Ethics: to the Moral Challenge of the Human

Situation as Such and Especially Today, Leuven: Peeters, 2001.

Apel, Karl-Otto and others, What Right does Ethics Have?: Public Philosophy in a Pluralistic Culture, Edited by Sander Griffioen, Amsterdam: VU University Press, 1990.

Arendt, Hannah, "Introduction", in Walter Benjamin, Illuminations, Translated by Harry Zohn, London: Fontana Press, 1992.

Benjamin, Walter, Briefe, 1, Herausgegeben und mit Anmerkungen versehen von Gershom Scholem und Theodor W. Adorno, Frankfurt am Main: Suhrkamp Verlag, 1978.

——Briefe, 2, Herausgegeben und mit Anmerkungen versehen von Gershom Scholem und Theodor W. Adorno, Frankfurt am Main: Suhrkamp Verlag, 1978.

——Ursprung des deutschen Trauerspiels, in Gesammelte Schriften: Band I, 1, Herausgegeben von Rolf Tiedemann und Hermann Schweppenhäuser, Frankfurt am Main: Suhrkamp Verlag, 1991.

——Das Kunstwerk im Zeitalter seiner technischen Reproduzierbarkeit, in Gesammelte Schriften: Band I, 2, Herausgegeben von Rolf Tiedemann und Hermann Schweppenhäuser, Frankfurt am Main: Suhrkamp Verlag, 1991.

——Über einige Motive bei Baudelaire, in Gesammelte Schriften: Band I, 2, Herausgegeben von Rolf Tiedemann und Hermann Schweppenhäuser, Frankfurt am Main: Suhrkamp Verlag, 1991.

——Über den Begriff der Geschichte, in Gesammelte Schriften: Band I, 2, Herausgegeben von Rolf Tiedemann und Hermann Schweppenhäuser, Frankfurt am Main: Suhrkamp Verlag, 1991.

——Erfahrung und Armut, in Gesammelte Schriften: Band II, 1, Herausgegeben von Rolf Tiedemann und Hermann Schweppenhäuser, Frankfurt am Main: Suhrkamp Verlag, 1991.

——Kleine Geschichte der Photographie, in Gesammelte Schriften: Band II, 1,

Herausgegeben von Rolf Tiedemann und Hermann Schweppenhäuser, Frankfurt am Main: Suhrkamp Verlag, 1991.

——*Der Erzähler*, in *Gesammelte Schriften*: *Band II*, *2*, Herausgegeben von Rolf Tiedemann und Hermann Schweppenhäuser, Frankfurt am Main: Suhrkamp Verlag, 1991.

——*Einbahnstraße*, in *Gesammelte Schriften*: *Band IV*, *1*, Herausgegeben von Tillman Rexroth, Frankfurt am Main: Suhrkamp Verlag, 1991.

Borradori, Giovanna, *The American Philosopher*: *Conversations with Quine*, *Davidson*, *Putnam*, *Nozick*, *Danto*, *Rorty*, *Cavell*, *MacIntyre*, *and Kuhn*, Translated by Rosanna Crocitto, Chicago and London: The University of Chicago Press, 1994.

Cassirer, Ernst, *Die Philosophie der Aufklärung*, Hamburg: Felix Meiner Verlag, 1998.

Descartes, René, *The Philosophical Writings of Descartes*, Volume 1, Translated by John Cottingham et al, Cambridge: Cambridge University Press, 1985.

——*The Philosophical Writings of Descartes*, Volume 3, Translated by John Cottingham et al, Cambridge: Cambridge University Press, 1991.

Dewey, John, *Democracy and Education*, in *The Middle Works*, *1899-1924*, *Volume 9*: *1916*, Edited by Jo Ann Boydston, With an Introduction by Sidney Hook, Carbondale and Edwardsville: Southern Illinois University Press, 1980.

——*Philosophy and Democracy*, in *The Middle Works 1899-1924*, *Volume 11*: *1918-1919*, Edited by Jo Ann Boydston, With an Introduction by John Oscar Handlin and Lilian Handlin, Carbondale and Edwardsville: Southern Illinois University Press, 1982.

——*Reconstruction in Philosophy*, in *The Middle Works 1899-1924*, *Volume 12*: *1920*, Edited by Jo Ann Boydston, With an Introduction by Ralph Ross, Carbondale and Edwardsville: Southern Illinois University

Press, 1982.

——*Experience and Nature*, in *The Later Works 1925 - 1953*, *Volume 1*: *1925*, Edited by Jo Ann Boydston, With an Introduction by Sidney Hook, Carbondale and Edwardsville: Southern Illinois University Press, 1981.

——*The Quest for Certainty*, in *The Later Works 1925 - 1953*, *Volume 4*: *1929*, Edited by Jo Ann Boydston, With an Introduction by Stephen Toulmin, Carbondale and Edwardsville: Southern Illinois University Press, 1984.

——*Art as Experience*, in *The Later Works*, *1925 - 1953*, *Volume 10*: *1934*, Edited by Jo Ann Boydston, With an Introduction by Abraham Kaplan, Carbondale and Edwardsville: Southern Illinois University Press, 1987.

——"Democracy and Educational Administration", in *The Later Works 1925 - 1953*, *Volume 11*: *1935 - 1937*, Edited by Jo Ann Boydston, With an Introduction by John J. McDermott, Carbondale and Edwardsville: Southern Illinois University Press, 1987

——"Liberalism and Equality", in *The Later Works 1925 - 1953*, *Volume 11*: *1935 - 1937*, Edited by Jo Ann Boydston, With an Introduction by John J. McDermott, Carbondale and Edwardsville: Southern Illinois University Press, 1987

——"Democracy and Education in the World of Today", in *The Later Works*, *1925 - 1953*, *Volume 13*: *1938 - 1939*, Edited by Jo Ann Boydston, With an Introduction by Steven M. Cahn, Carbondale and Edwardsville: Southern Illinois University Press, 1988.

——"Creative Democracy — The Task Before Us", in *The Later Works*, *1925 - 1953*, *Volume 14*: *1939 - 1941*, Edited by Jo Ann Boydston, With an Introduction by R. W. Sleeper, Carbondale and Edwardsville: Southern Illinois University Press, 1988.

——"How Is Mind to Be Known?", in *The Later Works 1925 - 1953, Volume 15: 1942 - 1948*, Edited by Jo Ann Boydston, With an Introduction by Lewis S. Feuer, Carbondale and Edwardsville: Southern Illinois University Press, 1989.

——"Introduction to *Problems of Men*: The Problems of Men and the Present State of Philosophy", in *The Later Works 1925 - 1953, Volume 15: 1942 - 1948*, Edited by Jo Ann Boydston, With an Introduction by Lewis S. Feuer, Carbondale and Edwardsville: Southern Illinois University Press, 1989.

——"Challenge to Liberal Thought", in *The Later Works 1925 - 1953, Volume 15: 1942 - 1948*, Edited by Jo Ann Boydston, With an Introduction by Lewis S. Feuer, Carbondale and Edwardsville: Southern Illinois University Press, 1989.

Gilloch, Graeme, *Walter Benjamin: Critical Constellations*, Cambridge: Polity Press, 2002.

Hegel, G. W. F., *Phenomenology of Spirit*, Translated by A. V. Miller, Oxford: Oxford University Press, 1977.

——*Lectures on the History of Philosophy, Volume 1: Greek Philosophy to Plato*, Translated by E. S. Haldane, Lincoln and London: Universtiy of Nebraska Press, 1995.

——*The Science of Logic*, Translated and Edited by George Di Giovanni, Cambridge: Cambridge University Press, 2010.

Heidegger, Matin, *Holzwege*, Frankfurt am Main: Vittorio Klostermann, 1980.

——*Sein und Zeit*, Tübingen: Max Niemeyer Verlag, 1993.

Horkheimer, Max, Adorno, Theodor W. and Kogon, Eugen, "Die verwaltete Welt oder: Die Krisis des Individuums", in Max Horheimer, *Gesammelte Schriften, Vol. 13: Nachgelassene Schriften 1949 - 1972*, Herausgegeben von Gunzelin Schmid Noerr, Frankfurt am Main: S. Fischer, 1989.

Horkheimer, Max, *Critical Theory: Selected Essays*, Translated by Matthew J. O'connell and Others, New York: The Continuum Publishing Company, 2002.

James, William, *Pragmatism and Other Essays*, New York: Washington Square Press, 1963.

Kant, Immanuel, *Kritik der reinen Vernunft*, Hamburg: Verlag von Felix Meiner, 1956.

——*Critique of Pure Reason*, Translated by Werner S. Pluhar, Indianapolis: Hackett Publishing Company, Inc., 1996.

——*Kritik der Urteilskraft*, Herausgegeben von Karl Vorländer, Hamburg: Felix Meiner Verlag, 1993.

Marcuse, Herbert, *Reason and Revolution: Hegel and the Rise of Social Theory*, London: Routledge & Kegan Paul Ltd., 1955.

——*Eros and Civilization: A Philosophical Inquiry into Freud*, New York: Vintage Books, 1962.

——*Soviet Marxism: A Critical Analysis*, New York: Columbia University Press, 1969.

——*An Essay on Liberation*, Boston: Beacon Press, 1969.

——*Five Lectures: Psychoanalysis, Politics, and Utopia*, Translated by Jeremy J. Shapiro and Shierry M. Weber, London: Allen Lane The Penguin Press, 1970.

——"On Hedonism", in *Negations: Essays in Critical Theory*, Translated by Jeremy J. Shapiro, Harmondsworth: Penguin Books, 1972.

——*Counterrevolution and Revolt*, Boston: Beacon Press, 1972.

——"Some Social Implications of Modern Technology", in *Technology, War and Fascism: Collected Papers of Herbert Marcuse, Volume One*, Edited by Douglas Kellner, London and New York: Routledge, 1998.

——"Political Preface to Eros and Civilization, 1966", in *Towards a Critical Theory of Society: Collected Papers of Herbert Marcuse, Volume Two*, Edited by Douglas Kellner, London and New York: Routledge, 2001.

——"New Sources on the Foundations of Historical Materialism", in *Heideggerian Marxism*, Edited by Richard Wolin and John Abromeit, Lincoln and London: University of Nebraska Press, 2005.

——"The Affirmative Character of Culture", in *Art and Liberation: Collected Papers of Herbert Marcuse*, *Volume Four*, Edited by Douglas Kellner, London and New York: Routledge, 2007.

——*One-Dimensional Man: Studies in the Ideology of Advanced Industrial Society*, London and New York: Routledge, 2007.

Mead, George H., *The Philosophy of the Present*, Edited and with an Introduction by Arthur E. Murphy, LaSalle, IL: Open Court, 1932.

——*Movements of Thought in the Nineteenth Century*, Edited and with an Introduction by Merritt H. Moore, Chicago: University of Chicago Press, 1936.

——*Selected Writings*, Chicago: the University of Chicago Press, 1964.

——*Mind, Self, and Society: From the Standpoint of a Social Behaviorist*, Edited and with an Introduction by Charles W. Morris, Chicago and London: the University of Chicago Press, 1967.

——*Play, School, and Society*, Edited and Introduced by Mary Jo Deegan, New York: Peter Lang Publishing, Inc., 2001.

Nietzsche, Friedrich, *Human, All Too Human: A Book for Free Spirits*, Translated by R. J. Hollingdale, Cambridge: Cambridge University Press, 1996.

——*On the Genealogy of Morality*, Edited by Keith Ansell-Pearson, Translated by Carol Diethe, Cambridge: Cambridge University Press, 2007.

Novalis, *Fichte Studies*, Edited by Jane Kneller, Cambridge: Cambridge University Press, 2003.

Peirce, Charles Sanders, *The Collected Papers of Charles Sanders Peirce Vol. 5*, Edited by Charles Hartshorne and Paul Weiss, Cambridge: Harvard

University Press, 1934.

Rorty, Richard, "Pragmatism, Davidson and Truth", in *Truth and Interpretation: Perspectives on the Philosophy of Donald Davidson*, Edited by Ernest LePore, Oxford: Basil Blackwell, 1989.

——"Pragmatism, Relativism, and Irrationalism", in *Consequences of Pragmatism*, Minneapolis: University of Minnesota Press, 1994.

——*Contingency, Irony, and Solidarity*, Cambridge: Cambridge University Press, 1997.

——"A Cultural Left", in *Achieving Our Country: Leftist Thought in Twentieth-Century America*, Cambridge: Harvard University Press, 1999.

——"The Inspirational Value of Great Works of Literature", in *Achieving Our Country: Leftist Thought in Twentieth-Century America*, Cambridge: Harvard University Press, 1999.

——"Trotsky and the Wild Orchids", in *Philosophy and Social Hope*, London: Penguin Books, 1999.

——"Truth without Correspondence to Reality" in *Philosophy and Social Hope*, London: Penguin Books, 1999.

——"Failed Prophecies, Glorious Hopes", in *Philosophy and Social Hope*, London: Penguin Books, 1999.

——"Globalization, the Politics of Identity and Social Hope", in *Philosophy and Social Hope*, London: Penguin Books, 1999.

——"From Philosophy to Postphilosophy", in *Take Care of Freedom and Truth Will Take Care of Itself: Interviews with Richard Rorty*, Stanford: Stanford University Press, 2006.

——"After Philosophy, Democracy", in *Take Care of Freedom and Truth Will Take Care of Itself: Interviews with Richard Rorty*, Stanford: Stanford University Press, 2006.

——"Philosophy as a Transitional Genre", in *Philosophy as Cultural Politics*, Cambridge: Cambridge University Press, 2007.

——"Pragmatism and Romanticism", in *Philosophy as Cultural Politics*, Cambridge: Cambridge University Press, 2007.

——"Philosophy as Science, as Metaphor, and as Politics", in *Essays on Heidegger and Others*, Cambridge: Cambridge University Press, 2008.

——*Philosophy and the Mirror of Nature*, Princeton: Princeton University Press, 2009.

Rorty, Richard and Engel, Pascal, *What's the Use of Truth?*, New York: Columbia University Press, 2007.

Schiller, Friedrich, *Über die ästhetische Erziehung des Menschen in einer Reihe von Briefen*, in *Sämtliche Werke: Band V*, Düsseldorf und Zürich: Artemis & Winkler Verlag, 1997.

Schlegel, Friedrich, *Werke in Zwei Bänden: Erster Band*, Berlin und Weimar: Aufbau-Verlag, 1980.

Wittgenstein, Ludwig, *Tractatus Logico-Philosophicus*, Translated by D. F. Pears and B. F. McGuinness, London: Routledge & Kegan Paul, 1963.

——*On Certainty*, Edited by G. E. M. Anscombe and G. H. von Wright, Translated by Denis Paul and G. E. M. Anscombe, Oxford: Basil Blackwell, 1969.

——*Culture and Value: A Selection from the Posthumous Remains*, Edited by Georg Henrik von Wright, Oxford: Blackwell Publishers, 1998.

——*Philosophical Investigations*, Translated by G. E. M. Anscombe, Oxford: Blackwell Publishers, 1999.

Wolin, Richard, *Walter Benjamin: an Aesthetic of Redemption*, Berkeley and Los Angeles: University of California Press, 1994.

中文部分

《马克思恩格斯选集》第一卷,北京：人民出版社,1995年,

《马克思恩格斯选集》第二卷,北京：人民出版社,1995年,

《马克思恩格斯全集》第三卷,北京：人民出版社,2002年,

阿多诺：《否定的辩证法》，张峰译，重庆：重庆出版社，1996年。
——《美学理论》，王柯平译，成都：四川人民出版社，1998年。
阿多诺、霍克海默：《启蒙辩证法》，渠敬东、曹卫东译，上海：上海人民出版社，2003年。
阿佩尔：《哲学的改造》，孙周兴、陆兴华译，上海：上海译文出版社，2005年。
本雅明：《发达资本主义时代的抒情诗人》，张旭东、魏文生译，北京：生活·读书·新知三联书店，1992年。
——《经验与贫乏》，王炳钧译，天津：百花文艺出版社，1999年。
——《德国悲剧的起源》，陈永国译，北京：文化艺术出版社，2001年。
——《单行道》，王才勇译，南京：江苏人民出版社，2005年。
——《启迪》，阿伦特编，张旭东、王斑译，北京：生活·读书·新知三联书店，2008年。
卡西尔：《启蒙哲学》，顾伟铭等译，济南：山东人民出版社，1996年。
杜威：《确定性的寻求》，傅统先译，上海：上海人民出版社，1966年。
——《人的问题》，傅统先译，上海：上海人民出版社，1986年。
——《哲学的改造》，许崇清译，北京：商务印书馆，1989年。
——《民主主义与教育》，王承绪译，北京：人民教育出版社，1990年。
——《经验与自然》，傅统先译，南京：江苏教育出版社，2005年。
——《艺术即经验》，高建平译，北京：商务印书馆，2005年。
黑格尔：《精神现象学》上、下卷，贺麟、王玖兴译，北京：商务印书馆，1981年。
——《逻辑学》下卷，杨一之译，北京：商务印书馆，1982年。
——《哲学史讲演录》第一卷，贺麟、王太庆译，北京：商务印书馆，1983年。
海德格尔：《存在与时间》，陈嘉映、王庆节译，北京：生活·读书·新知三联书店，2000年。
——《林中路》，孙周兴译，上海：上海译文出版社，2008年。
霍克海默：《批判理论》，李小兵等译，重庆：重庆出版社，1989年。

参考文献

詹姆斯：《实用主义》，陈羽纶、孙瑞禾译，北京：商务印书馆，1979年。

康德：《判断力批判》，邓晓芒译，北京：人民出版社，2002年。

——《纯粹理性批判》，邓晓芒译，北京：人民出版社，2004年。

马尔库塞：《爱欲与文明》，黄勇、薛民译，上海：上海译文出版社，1987年。

——《单向度的人》，刘继译，上海：上海译文出版社，1989年。

——《现代文明与人的困境——马尔库塞文集》，李小兵等译，上海：上海三联书店，1989年。

——《理性和革命》，程志民等译，重庆：重庆出版社，1993年。

——《审美之维》，李小兵译，桂林：广西师范大学出版社，2001年。

——《苏联的马克思主义》，张翼星、万俊人译，北京：中国人民大学出版社，2012年。

马尔库塞等：《工业社会和新左派》，任立编译，北京：商务印书馆，1982年。

米德：《心灵、自我与社会》，赵月瑟译，上海：上海译文出版社，1997年。

——《十九世纪的思想运动》，陈虎平、刘芳念译，北京：中国城市出版社，2003年。

——《现在的哲学》，李猛译，上海：上海人民出版社，2003年。

尼采：《论道德的谱系》，周红译，北京：生活·读书·新知三联书店，1992年。

——《人性的，太人性的》，杨恒达译，北京：中国人民大学出版社，2005年。

罗蒂：《哲学和自然之镜》，李幼蒸译，北京：商务印书馆，2003年。

——《偶然、反讽与团结》，徐文瑞译，北京：商务印书馆，2003年。

——《筑就我们的国家》，黄宗英译，北京：生活·读书·新知三联书店，2006年。

——《实用主义哲学》，林南译，上海：上海译文出版社，2009年。

——《哲学的场景》，王俊、陆月宏译，上海：上海译文出版社，2009年。

——《哲学、文学和政治》，黄宗英等译，上海：上海译文出版社，2009年。

——《后哲学文化》，黄勇译，上海：上海译文出版社，2009年。

——《后形而上学希望》,张国清译,上海:上海译文出版社,2009年。
——《文化政治哲学》,张国清译,北京:北京大学出版社,2011年。
席勒:《审美教育书简》,冯至、范大灿译,上海:上海人民出版社,2003年。
施勒格尔:《雅典娜神殿断片集》,李伯杰译,北京:生活·读书·新知三联书店,2003年。
维特根斯坦:《逻辑哲学论》,郭英译,北京:商务印书馆,1985年。
——《论确实性》,张金言译,桂林:广西师范大学出版社,2002年。
——《文化与价值》,许志强译,杭州:浙江文艺出版社,2002年。
——《哲学研究》,陈嘉映译,上海:上海人民出版社,2005年。
怀特编著:《分析的时代:二十世纪的哲学家》,杜任之主译,北京:商务印书馆,1985年。

图书在版编目(CIP)数据

当代西方社会科学中的实用维度和批判维度/孙斌著.—上海：上海三联书店，2020.10
(社会科学方法论与社会哲学研究丛书)
ISBN 978-7-5426-7122-6

Ⅰ.①当… Ⅱ.①孙… Ⅲ.①社会科学-研究-西方国家 Ⅳ.①C15

中国版本图书馆 CIP 数据核字(2020)第 141048 号

当代西方社会科学中的实用维度和批判维度

著　　者 / 孙　斌

责任编辑 / 黄　韬
装帧设计 / 徐　徐
监　　制 / 姚　军
责任校对 / 张大伟

出版发行 / 上海三联书店
　　　　　(200030)中国上海市漕溪北路 331 号 A 座 6 楼
邮购电话 / 021-22895540
印　　刷 / 上海惠敦印务科技有限公司

版　　次 / 2020 年 10 月第 1 版
印　　次 / 2020 年 10 月第 1 次印刷
开　　本 / 890×1240　1/32
字　　数 / 220 千字
印　　张 / 9.125
书　　号 / ISBN 978-7-5426-7122-6/C·600
定　　价 / 48.00 元

敬启读者,如发现本书有印装质量问题,请与印刷厂联系 021-63779028